ガリツィア全史

The Complete History of Galicia

ウクライナとポーランドをめぐる歴史地政学

目次……………………………………………………………… 2

年表……………………………………………………………… 8

序章　東にとっての西、西にとっての東……… 11

東にとっての西……………………………………………………16
西にとっての東……………………………………………………20
さいごに……………………………………………………………26

地名・人名表記について…………………………………………26

凡例…………………………………………………………………27

第一章 中世のガリツィア ……………………………… 29

サモの国と大モラヴィア国………………………………………32
ルーシ………………………………………………………………33
ハーリチ公国………………………………………………………35
ハーリチ・ヴォリーニ公国とルテニア王国……………………38
ピャスト朝ポーランド王国………………………………………43
ハーリチ・ヴォリーニ継承戦争とハリチナのポーランド併合………45
ポーランド「王冠国家」の成立…………………………………47
コラム：ガリツィアの都市①…………………………………49

目次

第二章 近世のガリツィア ………………… **63**

ルシ県の成立……………………………………………………66
コラム：ポーランドの士族と日本の武士………………………68
ルヴフ／リヴィウにおける宗派と「ナティオ」の形成…………70
ルブリン合同とブレスト教会合同………………………………75
近世ルシ県における農場領主制と農民一揆……………………81
フメリニツィキーの乱と「大洪水」の時代……………………83
近世のルテニア人の権利闘争……………………………………91
コラム：ガリツィアの「ロビン・フッド」
　　ドウブシュとフツル人………………………………………94
近世ガリツィアのユダヤ人………………………………………96
近世ガリツィアの文化と芸術……………………………………99
コラム：ウクライナ語の起源 —ガリツィア・ポジッリャ方言、
　　ルテニア語…………………………………………………104

第三章 近代のガリツィア① ………………… **107**

ポーランド分割とハプスブルク支配の始まり…………………110
皇帝マリア・テレジアとヨーゼフ二世の改革…………………112
レンベルク／ルヴフ／リヴィウの都市改造と
　　オッソリネウム図書館……………………………………119
クラクフ都市共和国……………………………………………123
コラム：ガリツィアの都市②…………………………………125
1830年代のポーランド人独立運動（「ガリツィアの陰謀」）……129
1846年のクラクフ蜂起と「ガリツィアの虐殺」………………132
フレドロ、「ウクライナ派」、
　　ポーランド人によるウクライナ文学……………………134

ウクライナ国民文学の萌芽……………………………………… 136
コラム：ザッハー＝マゾッホとガリツィア………………… 139

第四章 近代のガリツィア② ……………………… **141**

1848 年革命とナショナリズム運動の高揚 …………………… 142
19 世紀中盤のポーランド人とウクライナ人の政治文化 ………… 147
1869 年の「小妥協」とポーランド人自治の始まり …………… 149
ルテニア人の政治運動の分裂と
　　ウクライナ・ナショナリズムの展開 ……………………… 153
近代ガリツィアのユダヤ知識人とシオニズム………………… 155
文化と学問の開花…………………………………………………… 157
　　①出版文化と文学サロン、カフェ ……………………… 157
　　②音楽 …………………………………………………………… 159
　　③レンベルク市立劇場 ……………………………………… 161
　　④チャルトリスキ美術館とクラクフ美術大学 …………… 162
　　⑤レンベルク（ルヴフ）・ワルシャワ学派………………… 163
　　⑥ 1894 年の地方総合博覧会 ……………………………… 164
　　⑦ガリツィア事典の編纂 …………………………………… 165
産業化と人の移動…………………………………………………… 170
シュチェパノフスキと東ガリツィアの石油開発……………… 174
ガリツィアの社会主義運動と民族問題………………………… 176
イヴァン・フランコ………………………………………………… 179
ロートとヴィットリンのガリツィア…………………………… 182
ガリツィアのフェミニスト……………………………………… 185
ガリツィアからの移民…………………………………………… 187
大衆運動の高まり――政党運動、農民運動、反ユダヤ運動……… 190
シェプティツキーと幻の 1914 年の妥協 …………………… 195
コラム：「ガリツィアの日本人」？

目次

──フェリクス・マンガ・ヤシェンスキ ……………… 198

第五章　第一次世界大戦とガリツィア …………… 201

第一次世界大戦の勃発とガリツィア戦線……………………… 204
開戦直後のガリツィア…………………………………………… 206
ロシア軍のガリツィア占領政策………………………………… 210
ガリツィアにおける戦災支援活動……………………………… 212
ポーランド軍団とシーチ射撃団………………………………… 216
戦後のガリツィアの帰属をめぐる議論………………………… 219
ロシア革命とブレスト・リトフスク講和……………………… 221
第一次世界大戦の終結と
　　西ウクライナとポーランドの二重の建国 ………………… 225

第六章　ガリツィア戦争 ……………………… 233

1918年のリヴィウ／ルヴフ市街戦 …………………………… 236
戦中のプシェミシル／ペレミシュリ自治とレムコ共和国…… 245
ウクライナ・ガリツィア軍の十二月攻勢と停戦協議………… 248
1918年11月のルヴフ／リヴィウのポグロム ………………… 256
西ウクライナ国民共和国の内政と外交………………………… 258
ポーランド・ソヴィエト戦争とルヴフ／リヴィウの戦い…… 260
リガ条約の締結とウクライナ国家の消滅……………………… 265

第七章　戦間期のガリツィア ………………… 269

ポーランドの東ガリツィア統治………………………………… 272
東ガリツィアにおける文化的差異の政治……………………… 278

議会政党と議会外政治組織……………………………………… 282
OUN の創設 …………………………………………………… 285
1935 年の関係「正常化」と東ガリツィア社会の動揺 ………… 288
ガリツィア経済の変容とエスニック・エコノミー…………… 291
戦間期の都市文化と文化交流…………………………………… 295
「シュコツカ・カフェ」とルヴフ数学学派…………………… 301
ルヴフ／リヴィウのスペクタクル―レム少年の見た
　「東方見本市」と映画、ラジオ ……………………………… 303

第八章 第二次世界大戦とガリツィア ………… 307

独ソ占領支配下のガリツィア…………………………………… 310
NKVD に逮捕、投獄されたウクライナ国民民主同盟（UNDO）の幹部…… 315
東ガリツィアのナチ・ドイツ占領支配………………………… 320
ナチ・ドイツ占領下におけるテロルとホロコースト………… 324
東ガリツィアにおけるゲットーの設置とユダヤ人殺戮……… 328
ゲットーの解体とユダヤ人救助………………………………… 330
ナチ・ドイツ占領支配の終焉とポーランド・ウクライナ紛争…… 335

第九章 第二次世界大戦後のガリツィア ……… 343

ポーランド・ウクライナ間の住民交換………………………… 344
ヴィスワ作戦……………………………………………………… 347
東ガリツィアからポーランドへの「移住者」………………… 350
西ウクライナの「ソヴィエト化」と「リヴィウ人」の登場…… 352
コラム：社会主義期のポーランドと
　西ウクライナの新都市・団地 ……………………………… 356

ウクライナ・ディアスポラ………………………………………… 358

ディアスポラ世界におけるポーランド人とウクライナ人の邂逅… 360

冷戦崩壊とウクライナ独立………………………………………… 363

「中欧」論とガリツィアの「地詩学」…………………………… 367

ガリツィアの歴史をめぐる国際的な対話と研究の発展………… 372

ガリツィアの歴史認識問題と過去をめぐる想起………………… 375

参考文献…………………………………………………………… 380

あとがき…………………………………………………………… 402

索引………………………………………………………………… 405

古代・中世

西暦 5-6 世紀	スラヴ人の部族がハリチナ（ガリツィア）に定住。
10 世紀頃	ハリチナがルーシの一部に。
1084 年	ハーリチ公国が成立。
1199 年	ヴォリーニ公ロマンによってハーリチ・ヴォリーニ王国が成立。
1238-1264 年	ダニーロ・ロマノヴィチがハーリチ・ヴォリーニを再統一。
1240 年代	モンゴルの侵攻、ダニーロはモンゴルに恭順。
1253-1254 年	ダニーロがルテニア（ルーシ）王位に即位。
1349 年	ポーランド王カジミェシュ三世がハーリチ・ヴォリーニの公位継承を主張し、ハリチナを占領。
1366 年	ハリチナをポーランド王国が併合。

近世

1434 年	ガリツィアが、ルシ県としてポーランド王国の行政単位に統合。
1569 年	ルブリン合同、ポーランド・リトアニア共和国成立。
1596 年	ブレストでカトリックと正教双方の聖職者が招集、合同を決定。
1648-1649 年	ポーランド支配に対して蜂起したフメリニツィキー軍がガリツィアに侵攻。
1655 年	ロシア・ポーランド戦争、フメリニツィキー軍がガリツィアに再侵攻。
1672 年	オスマン軍がガリツィアに侵攻。
1704 年	大北方戦争中、スウェーデン軍がガリツィアに侵攻。
1768 年	ポーランドでバール同盟の蜂起、ガリツィアで戦闘。

近代

1772 年	第一次ポーランド分割。ガリツィアはハプスブルク帝国に併合され、ガリツィア・ロドメリア王国と改称。
1774 年	合同教会がローマ・カトリックと対等な地位を得、「ギリシャ・カトリック」と改称。
1795 年	第三次ポーランド分割。クラクフ、キェルツェ、サンドミェシュをガリツィアに編入。
1815 年	ウィーン会議で、ハプスブルクが第三次ポーランド分割で得た領土を放棄、ハプスブルクのガリツィア支配が再確認される。
1830 年	ロシア領ポーランドで十一月蜂起。ガリツィアにポーランド人亡命者が逃れる。

1846 年	クラクフでポーランド人勢力が蜂起、ハプスブルク皇帝側を支持する農民が蜂起軍を虐殺（ガリツィアの虐殺）。翌年にクラクフがハプスブルク領に編入。
1848 年	一八四年革命。ウクライナ人勢力がガリツィアの東西分割を主張、ハプスブルク政府が農奴制を廃止。
1863 年	ロシア領ポーランドで一月蜂起。
1867 年	オーストリア＝ハンガリー二重帝国成立。
1869 年	小妥協成立、ガリツィアでポーランド人中心の自治が開始。
1876 年	ロシア帝国でウクライナ語出版を禁じるエムス法が制定、ガリツィアにウクライナ人亡命者が逃れる。

二十世紀初頭（第一次世界大戦前後）

1908 年	ガリツィア総督アンジェイ・ポトツキをウクライナ人ナショナリストが暗殺、ポーランド人ナショナリストが報復し、両者の緊張が高まる。
1914 年	第一次世界大戦開戦。ロシア軍がガリツィアに侵攻、大半を占領。
1915 年	オーストリア＝ハンガリー軍とドイツ軍がロシアからガリツィアを奪還。
1918 年	東ガリツィアで西ウクライナ国民共和国が独立を宣言。翌年1月 22 日に東ウクライナと統合。
1918-1919 年	ポーランド・ウクライナ戦争、ポーランドがガリツィア全土を占領。
1921 年	ポーランドとソヴィエトの間でリガ条約締結、ウクライナを両国で分割。

戦間期（1921-1939）

1921 年	ポーランド政府がガリツィア自治政府廃止、東ガリツィアを三県に分割。
1923 年	連合国大使が、東ガリツィアのポーランド領有を認める宣言。
1934 年	ポーランド政府が敢行する対 OUN 平定作戦に対抗し、OUN が内相ピェラツキを暗殺。
1937 年	東ガリツィアで農民によるゼネスト。

第二次世界大戦

1939 年	ナチ・ドイツとソ連がポーランドに侵攻。ガリツィアはサン川を境に両国で分割占領。
1941 年	ナチ・ドイツがソ連に侵攻し、東ガリツィアはドイツ占領下に入る。
1942-1943 年	ホロコーストによりガリツィアのユダヤ人コミュニティが破壊。

| 1943-1944 年 | OUN／UPA とポーランド国内軍の間で東ガリツィアをめぐる紛争。OUN／UPA によるポーランド人住民の殺害、追放が発生。 |
| 1944 年 | リヴィウをポーランド国内軍が掌握するが、直後に赤軍が占領。ソ連、ポーランド社会主義政権の間でルブリン会談、住民交換が決定。 |

第二次世界大戦後

1945 年	ヤルタ会談により東ガリツィアのソ連編入が正式に承認。
1946 年	ギリシャ・カトリックがロシア正教会と「再合同」、前者はソ連国内で活動禁止に。
1947 年	ヴィスワ作戦により旧西ガリツィアのウクライナ人住民が強制移住。
1988 年	ゴルバチョフが教皇庁を訪問、ギリシャ・カトリックの合法化を約束。
1991 年	ウクライナ独立、ハリチナ（旧東ガリツィア）地域は同国の一部に。
2004 年	ウクライナでオレンジ革命。
2014 年	ユーロマイダン（尊厳）革命、ロシアのクリミア占領、ドンバス戦争。
2022 年	ロシアのウクライナ全面侵攻開始。リヴィウはウクライナ東部からの避難民を受け入れ。

序章

東にとっての西、西にとっての東

2013年11月24日、リヴィウの中心部

[Magocsi 1983：XII]

序章

米の政治哲学者マーシ・ショアは、2014年、ウクライナのマイダン革命に参加した人々の群像を『ウクライナの夜』（2017年）において精彩に富む筆致で描いている。同書には、革命の参加者の一人として、翻訳家、エッセイストのユルコ・プロハーシコという人物が登場する。彼は、ウクライナ西部の都市イヴァノ＝フランキウシク出身で、幼少期を過ごしたのはソ連時代であった。当時彼の両親が住むアパートには「失われた楽園の名残であり、私が自分一人で神秘的な言葉『ガリツィア』で要約していた数々」の物があったという。ユルコにとってガリツィアというソ連時代以前の「古い世界に属するものは何でも――建物、さまざまな物、芸術、言語――それらに取って替わった新時代のものより優れていた」。またユルコの前には、ガリツィア時代の、古いウクライナ語を話す年寄りたちが、若者とは異なる表情を目に浮かべていて、彼らの盛んな身振りやわざとらしい表現のことごとくが、「失われた世界の名残であることを示していた」。彼は成人すると、ヨーゼフ・ロートやユゼフ・ヴィットリン、デボラ・フォーゲルなど、ガリツィア出身のドイツ語、ポーランド語、イディッシュ語の作家の作品をウクライナ語に訳すようになった。

　ユルコのガリツィアへのあこがれは、単に彼の興味や好奇心だけからくるのではなかった。ユルコの家族の経歴をショアは次のように書く。

　　ユルコが自分もその一部であると感じた歴史的環境は、ブルーノ・シュルツの世界に深く根差していたが、その歴史的環境が実在していたことを疑うものはまずいまい。ユルコの家系は、ギリシャ・カトリック（合同）教会を信じる聖職者貴族だった。ポーランド化もロシア化もされていないギリシャ・カトリックを信仰するガリツィア系ウクライナ人、1848年のヨーロッパ革命のリベラルなナショナリズムを受け入れたウクライノフィレの末裔だったのだ。戦間期ヨーロッパで最後の、そしてごく少数のリベラル

序章

であった、こうした狭い環境にある者たちは、ステパン・バンデ
ラやウクライナ蜂起軍の急進的なナショナリズム、また彼らの
ポーランド人やユダヤ人やそのほかの民族に対する敵意やテロリ
ズム、民族浄化をけっして受け入れなかった。なぜならそうした
伝統が自分たちのものであったことなどなかったからだ。［ショア
2022：15（訳文は筆者が一部変更）］

この引用部分で言及されている「ブルーノ・シュルツの世界」「ギ
リシャ・カトリック」「ウクライノフィレ」（ウクライナ派）について
は、専門書を除いて日本語で知る機会は多くない。それに対して、「ス
テパン・バンデラ」や「ウクライナ蜂起軍」という言葉は、残念なが
ら現在のロシア政府が流すプロパガンダによって、読者も目にしたり
耳にしたりすることがあるかもしれない。しかし、ユルコの祖先らが
受け継いできたガリツィアのリベラルなナショナリズムの伝統は、バ
ンデラが活動した第二次世界大戦前後よりもはるかに長く 19 世紀中
盤から第二次世界大戦勃発までの 1 世紀あまりを通して培われたもの
であり、ギリシャ・カトリックの伝統はさらに数世紀に渡るものであ
る。実際、現在は西ウクライナの一部をなすガリツィアのリベラルな
伝統は、2014 年のマイダン革命を機に再び注目を浴びることになる。
西ウクライナの中心都市リヴィウは、市長を含め、市全体が革命の側
についており、リヴィウでは既に「すべてが勝ち取られていた」。［ショ
ア 2022：55］ただし、ガリツィア出身者が、たとえば冷戦末期のよう
に、指導者を立て一つの政治勢力としてマイダン革命後のウクライナ
政治を主導しようとしたわけではない。ガリツィアを代表する地域政
党などは首都キーウを中心とする政界では存在感がほとんどなく、ロ
シアがネオナチ政党と呼ぶ、一時西ウクライナで支持を集めた自由（ス
ヴォボーダ）党もマイダン革命後の議会選挙で 1 にまで議席を大幅に
減らしている。［赤尾 2022：128］このように現在のウクライナ政治に
おけるガリツィアの役割は、一部の識者が強調するほど大きくはない

のである。むしろ今日重要なのは、ロシアに支配されたことのない歴史を持つガリツィア（ソ連期はウクライナ・ソヴィエト社会主義共和国の一部）が、ウクライナの一部をなしていることの意義であろう。その際、ガリツィアの歴史とは、かつてその地に住んでいた、ウクライナ人、ポーランド人、ユダヤ人、ドイツ人、アルメニア人たちが紡いだ小さなヨーロッパの歴史であり、その歴史から伝統と教訓を、今日のウクライナ人は受け継いでいる。

　失われた文化世界、リベラリズムの伝統、急進的ナショナリズム——それらが意味するものはそれぞれ異なるといえ、ガリツィアという地域にかかわる事柄である。本書は、現代の政治的偏向を極力排し、過去の文脈をたどりなおしながら、ガリツィアの歴史に関する様々な事柄や出来事を、本邦の一般の読者に向けて解説するのが目的である。

　本書でも著書をしばしば参照している西ウクライナ出身のウクライナ史家、ヤロスラウ・フリツァークは、「ガリツィアは西にとっての東であり、東にとっての西である」という、ガリツィア史を理解するための鍵となる発言をしている。[Hrycak [2018] 2022：120] ガリツィアから「東」の世界（西ウクライナ地域を除くウクライナ、あるいは隣国のベラルーシやロシア）がガリツィアを「西」とみなし、ガリツィアから「西」の世界（ポーランド、ハプスブルク、ドイツ等の中欧、西欧諸国）がガリツィアを「東」とみなしてきたことが、ガリツィア史に固有のダイナミズムを生んだというのである。序章ではこの「東にとっての西」「西にとっての東」の意味を具体的に考えながら、本書の内容を要約したい。

東にとっての西

　そもそもガリツィアとは、どこを指すのだろうか。現代の地図帳で探してもその地名は見当たらない。ガリツィアとは、現在のウクライナ西部のヴォリーニ、ポジッリャ、ブコヴィナと並ぶ「ハリ

序章

チナ（Галичина）」という一地方がラテン語化した名称（英語では Galicia、ポーランド語では Galicya / Galicja、ドイツ語では Galizien、なおロシア語では Галиция）である。アルファベットの綴りが似ていることからスペインのガリシア地方と混同されやすい。ガリツィア地方の範囲に該当する地方自治体は、リヴィウ州（Львівська область）、イヴァノ＝フランキウシク州（Івано-Франківська область）、テルノーピリ州（Тернопільська область）である。

　この小さな一地方がなぜウクライナ人にとって重要なのだろうか。まず、ウクライナ人にとってガリツィアは、中世のハーリチ・ヴォリーニ公国や第一次世界大戦後の西ウクライナ国民共和国といった、短命ながら歴史上ウクライナ人の国が存在した点で重要である。中世のルーシ国家の後継はどちらかという問題をめぐって現代のロシアとウクライナの間で論争があることは知られている。ウクライナ側の主張は、次のようである。ガリツィアを根拠地とするルーシの分領国の一つハーリチ・ヴォリーニ公国のダニーロ・ロマノヴィチ公は、13 世紀にルーシを滅ぼしたモンゴル軍の侵入を防ぎ、モンゴルから西のキリスト教世界を守護する者としてローマ教皇からルーシの王位を与えられた。また、モンゴル軍によって破壊されたキーウ／キエフの正教会の総主教座に代わり、ガリツィアに新たな府主教座を設置した。この「西」から与えられた正統性を基に、ルテニア王国（ルテニアはルーシのラテン語名）は、ルーシの後継を自任した（第一章）。「西」とガリツィアのウクライナ人の関係は、14 世紀半ばにハーリチ・ヴォリーニ公国を併合したポーランド・リトアニア共和国の時代でも重要な転機を迎えた。この時期、ガリツィアは「ルシ県」というポーランドの地方行政区の一つとなった。当時ルテニア人と呼ばれたウクライナ人の貴族は、新たに移住してきたポーランドの士族（貴族）と同等の権利を得る代わりにポーランド語文化を受け入れた。中にはローマ・カトリックに改宗する者も現れ、「ルテニア人にしてポーランド国民」という複合的な帰属意識を持つようになったのである。ガリツィアの

正教会の多くもまた、18世紀までに、東方の典礼を守りながらロー
マ教皇庁の傘下に入る「合同（ユニエイト）教会」という独特の教会
組織に変貌した（第二章）。

　1772年のポーランド分割後、ハプスブルク帝国の統治下に入った
ガリツィアは、ハプスブルク政府による様々な近代化政策の影響を受
ける。1848年の農奴解放によって農民は法的には完全な自由民となっ
た。合同教会はギリシャ・カトリックと改称され、ローマ・カトリッ
クと対等な立場に置かれた。19世紀中盤からヨーロッパ全域で広まっ
た、抑圧された民族の解放を訴えるリベラルなナショナリズムもガリ
ツィアに移入し、近代的なウクライナ・ナショナリズムの運動が起き
たが、ハプスブルク政府はポーランド人ナショナリズムに対抗させる
ため、それを一定程度許容した。ここで重要なのは、当時のウクライ
ナ・ナショナリズムの担い手が、知識階層のギリシャ・カトリックの
聖職者ないしその子息であった点である。19世紀後半、隣国のロシ
アでウクライナ人やポーランド人の民族運動に対する抑圧が強まるに
つれ、ロシアから多くの亡命者が逃れたガリツィアは、両民族運動の
拠点となった。ただし、第一次世界大戦までウクライナ（ルテニア）
人のナショナリストの当面の目的は、独立よりも、1869年にハプス
ブルク政府と「小妥協」を結んでガリツィア全域の自治権を得ていた
ポーランド人と同等の政治的・文化的自治を、交渉や選挙など合法的
手段によって得ることであった。例えば、ウクライナ語の初等教育は
19世紀後半から認められていたが、ウクライナ人勢力は新たなウク
ライナ語教育の大学の設立などを求めた（第三章、第四章）。

　1918年の大戦末期、ハプスブルク帝国が崩壊の危機に瀕する中、
ガリツィアのウクライナ人勢力は、リヴィウで西ウクライナ国民共和
国を建国し、独立のためにキーウのウクライナ国民共和国と統一して
ポーランドと戦った。しかしポーランド・ウクライナ戦争にウクライ
ナ側は敗れ、ガリツィア全土は1919年にポーランドに占領された。
1920年–1921年のポーランド・ソヴィエト戦争では、それまで反目

序章

していたポーランドとキーウ政権がともに「東」のソヴィエト・ロシアと戦った。その際ポーランドに占領されたガリツィアの回復を断念するという苦渋の決断をウクライナ側は強いられたにもかかわらず、勝機を得られず、戦争は、ポーランドとソヴィエトによるウクライナの分割で終結した（第五章、第六章）。

　戦間期（1921–1939 年までを本書では指すものとする）ウクライナ人勢力の多数派は、ポーランド政府に対して、ハプスブルク期と同様の自治を求めたが、抑圧を強めるポーランド政府とウクライナ人勢力の間の亀裂は深まった。後者の一部が急進的なイデオロギーを掲げてウクライナ民族主義者組織（OUN）を設立すると、OUN のテロ活動とポーランド政府による平定作戦という、両者による力の応酬が続いた。他方で、ポーランド政府の干渉を受けながらも、ガリツィアのウクライナ人やユダヤ人の少数民族系の協同組合は経済的な成長を遂げ、それぞれ「東」の民族同胞のネットワークを通じて東方の市場を開拓しようとした（第七章）。

　ロシアは、帝政期においては、19 世紀後半までガリツィアのルテニア人の政治運動を支援したが、1876 年のエムス法制定を機に国内のウクライナ人運動を抑圧し、ガリツィアへの支援も停止した。その一方で、ガリツィアを占領支配した第一次世界大戦中のロシア軍や、第二次世界大戦中のソ連軍は、ウクライナの「西」の辺境のガリツィアを西欧化＝ポーランド化、ドイツ化の象徴とみなし、モスクワを中心とする「東」の世界に統合するためガリツィア社会の改造を試みた。農業集団化やウクライナ語政策を導入した点でソ連はロシアと違いがあるものの、双方の占領政策は、反対派に対する過酷な弾圧を伴った（第五章、第八章）。ロシア占領軍の標的は、ウクライナ・ナショナリスト、ソ連占領軍の標的は反共の自由主義者とされたが、弾圧されたのはいずれも、ギリシャ・カトリックの聖職者やウクライナ人の中道派、左派政党であった。OUN やウクライナ蜂起軍（UPA）などの急進的なナショナリストは、こうしたウクライナの他の政治勢力が壊

滅した後も、地下組織として第二次世界大戦中に抵抗を続けたが、ソ連軍の鎮圧により組織は崩壊した（第八章）。

　第二次世界戦後から冷戦崩壊の時期のガリツィアは、ソ連を構成するウクライナ・ソヴィエト社会主義共和国の一部となった。ガリツィアではギリシャ・カトリックに対する弾圧が続く一方で、ウクライナの他地域からガリツィアに移住した人々は、新たな「リヴィウ人」として、ガリツィアに残る「西」の文化の影響を受け、地下のギリシャ・カトリック教会とともに冷戦末期の反体制運動を担うようになった（第九章）。

　以上のような経緯をたどると、ガリツィアが「東にとっての西」として重要な位置を占めていることがわかる。歴史的に常にウクライナがロシアと一体であったわけではなかったという理解は、最近日本でも広まっているが、具体的にウクライナ史とロシア史の違いを探るには、ガリツィアを含む西ウクライナやクリミア半島など、ウクライナの歴史を「西」や「南」から見る必要がある。

西にとっての東

　では、なぜハリチナというウクライナ語よりも、ガリツィアというラテン語化した名称が一般に知られているのだろうか。それはガリツィアという地名が、ウクライナ人以外にもかつてこの地に住んでいたポーランド人やユダヤ人、ドイツ人にもなじみが深く、共通の故郷として記憶されているためである。近世のポーランド・リトアニア共和国、近代のハプスブルク帝国、戦間期のポーランド第二共和国によって支配された結果、ガリツィアには西からポーランド人、ユダヤ人、ドイツ人が移住し、東のウクライナ人、ルシン人、アルメニア人とともに多様な住民が混住する地域となった。このようにガリツィアの歴史をたどることは、ポーランドやハプスブルクの歴史を深く理解することにもつながるのである。

序章

ここで注意するべきは、時代ごとにガリツィアが示す範囲が異なる点である。中世と現代のハリチナは、ハプスブルク期や戦間期では主に東ガリツィアと呼ばれる地域に相当する。ただし、プシェミシル、サノク、ジェシュフ等の都市は、中世から近世にかけてはハーリチ・ヴォリーニ公国やルシ県に属したが、ハプスブルク期は西ガリツィアの一部としてみなされ、現在はポーランド南東部の都市に属するなど、複雑な過程を辿った。これに対して、クラクフを中心としてポーランド語でマウォポルスカ（Małopolska）と呼ばれる地域は、ハプスブルクの統治期のみ「西ガリツィア」と呼ばれた。米の東欧史研究者ラリー・ウルフは、ハプスブルク政府が、こうした起源の異なる地方から構成される新領土の正当性を主張するため、「ガリツィア人」という文化的な表象を創造し、ガリツィアという領域を実体化させようとしたと指摘する。[Wolff 2010] 本書ではガリツィアの歴史をハプスブルク期のみに限ることはしないが、ガリツィアが指す領域が時代ごとに変化し、その都度、それを表す表象が変化したことは注意したい。

　ハプスブルク期にガリツィア領に加えられた西ガリツィア地方は、マウォポルスカという地名で独自の歴史を持っており、本書では、主にハプスブルク期以降で取り上げる。サン川を境界線として西ガリツィアでは住民の多数がポーランド語を話し、宗教的にはローマ・カトリックであったのに対し、東ガリツィア（ハリチナ）では住民の多数がウクライナ語を話し、宗教的にはギリシャ・カトリックであるなど、両地域の住民構成は対照的であった。ただし、近世の旧ルシ県に含まれていた西ガリツィアのプシェミシルやサノク、またその近隣のレムコ（ポーランド語ではウェムコ）地方では、ウクライナ人やルシン人のマイノリティが居住する一方、リヴィウなど東ガリツィアの都市部ではポーランド人が多数派を占めるなど、第二次世界大戦に至るまで両地域では様々な民族、宗派の人々が混住していた。

ハプスブルク期のガリツィアの諸都市の宗派別人口
（1910年のオーストリアの国勢調査）

各市域（郊外を含む）	ローマ・カトリック	ギリシャ・カトリック	アルメニア・カトリック
レンベルク／ルヴフ／リヴィウ	105,469	39,314	165
クラカウ／クラクフ	116,656	1,698	15
ブロディ	31,714	91,226	-
ドロホビチ	37,566	102,242	11
コロメア／コウォミア／コロミヤ	22,189	77,323	103
ペレミセル／プシェミシル／ペレミシュリ	56,623	79,954	8
ジェシュフ／リャシウ	127,548	2,633	-
サノク／シャニク	42,727	54,664	6
スタニスラウ／スタニスワヴフ／スタニスラヴィウ	35,288	90,965	150
タンシュタット／タルノポル／テルノーピリ	46,189	76,061	12

各市域（郊外を含む）	正教徒	アルメニア正教徒	新教徒	イスラエリート（ユダヤ教徒）
レンベルク／ルヴフ／リヴィウ	525	35	3010	57,387
クラカウ／クラクフ	64	5	1045	32,321
ブロディ	268	35	303	22,596
ドロホビチ	-	11	2251	29,588
コロメア／コウォミア／コロミヤ	281	1069	-	2,388
ペレミセル／プシェミシル／ペレミシュリ	220	2	607	22,543
ジェシュフ／リャシウ	13	1	80	13,993
サノク／シャニク	9	5	18	11,249
スタニスラウ／スタニスワヴフ／スタニスラヴィウ	394	-	1344	29,754
タンシュタット／タルノポル／テルノーピリ	17	-	132	19,724

序章

ポーランド、ハプスブルクの統治政策は互いに差異があるとはい
え、「東の辺境地帯」としてガリツィア（ルシ県、ハプスブルク期の
東ガリツィア）を半ば植民地のようにとらえていた点は類似してお
り、両国の政策は、ガリツィア統治を通して、「東」の視点から見直
すこともできる。たとえば、ポーランドによるガリツィアのカトリッ
ク化と合同教会の成立は、他方で正教徒に対する抑圧を強める結果と
なった。近世を通じ正教徒は地方行政の参画や商業活動において制限
を受けるなど、様々な法的差別を受ける一方、合同教会もまた、ロー
マ・カトリックの従属下に置かれたのである。正教徒側は、法的差別
解消のために権利闘争を始め、それは必ずしも十分な成果を収めな
かったものの、階層を越えたウクライナ人同士の団結を強めた（第二
章）。また、ハプスブルク期に合同教会から改称されたギリシャ・カ
トリックは、西欧化の波に対して伝統的な東方の典礼を守り続けた。
19世紀中盤にポーランド人中心のガリツィア自治政府によるウクラ
イナ語をキリル文字からラテン文字に表記を変更する改革に対しては
強硬に反対し、ギリシャ・カトリック主導のウクライナ人の強い抵抗
を見たハプスブルク政府は、改革を中止させたのである（第四章）。

　戦間期のポーランドでは、東ガリツィアや、ベラルーシ西部、リト
アニアのヴィルニュスなど東部領土は、「クレシ」（辺境）と呼ばれた。
ポーランド政府は、これらの地域の多数を構成している住民を、民族
意識に「目覚めて」いない「半文明」の民として捉え、住民を一部の
「ウクライナ人」や「ベラルーシ人」を自称する「ナショナリスト」
の勢力の影響から切り離せば、ポーランド国家への同化が可能と考え
た。しかし、そうした見方は、それまでポーランドと独立と領土をめ
ぐり争っていたウクライナ人、ベラルーシ人、リトアニア人の存在を
軽視したものであり、ポーランド政府の少数民族統治は、少数民族側
との妥協が失敗すると、1930年代後半には抑圧的なものに変化して
いった（第七章）。

　第二次世界大戦におけるナチ・ドイツのガリツィア占領支配は、辺

境である「東」のガリツィアを占領者のドイツ人のための植民地に作り替えることが主要な目的であった。ウクライナの独立を期待して、当初ナチに協力した OUN は、バンデラなどの指導者が、ガリツィア占領後すぐにナチに捕らわれてしまった。大戦中の OUN がナチのユダヤ人迫害に対してどれほど関与したかについては今日ウクライナ内外で議論されている。ガリツィアにおけるポーランド人、ウクライナ人、ユダヤ人の関係は、大戦中のホロコーストや OUN / UPA によるポーランド人住民の虐殺、また戦後のポーランド・ウクライナ間の強制的な住民交換と「ヴィスワ作戦」と呼ばれるポーランド政府によるウクライナ人住民の強制移住によって、決定的な破局を迎えた（第八章、第九章）。現代においても第二次世界大戦の歴史認識をめぐる問題は、ポーランド・ウクライナ関係に影を落としている（第九章）。

　近世から 19 世紀半ばまでのドイツ人、ポーランド人の作家や芸術家は、自分たちとは異なる異質な「東」を思わせるウクライナの風土を作品でエキゾチックに取り上げており、ハプスブルク期のガリツィア関連の書物などにも「半アジア」といった同様のオリエンタリズム的な見方が看取される（第二章、第三章、第四章）。対して、ザッハー＝マゾッホ、イヴァン・フランコ、ヨーゼフ・ロート、ユゼフ・ヴィットリン、ブルーノ・シュルツ、マネス・シュペルバー、ユーリー・アンドルホーヴィチなど、19 世紀後半から 20 世紀のガリツィア出身の作家は、ポーランド人、ウクライナ人、ユダヤ人の関係の緊張や経済的貧困、戦争の惨禍など、ガリツィアが直面する諸問題を意識して、作品にも取り入れていた（第三章、第四章、第九章）。

　他方でガリツィアにおける民族間の融和や和解を追求した人々、組織にも本書は注目する。第一次世界大戦後のポーランド・ウクライナ戦争では、敵方であったウクライナ人を対等に扱い、その自治を認めるよう求める人々が、ポーランド社会党に存在した。戦中にギリシャ・カトリックのアンドレイ・シェプティツィキー府主教は、ローマ・カトリックのユゼフ・ビルチェフスキ大司教とともに停戦を仲介した

序章

（第六章）。シェプティツィキー府主教はまた、第二次世界大戦中に「汝殺すなかれ」という書簡を発表して暗にナチのユダヤ人虐殺を非難し、ダヴィド・カハネをはじめリヴィウのラビやユダヤ人生徒を教会にかくまい続けた（第八章）。第二次世界大戦後、パリのイェジ・ギェドロイツを中心とする亡命ポーランド知識人は雑誌「クルトゥーラ」を刊行するかたわら、同じく亡命した西ウクライナ知識人と交流しその活動を支援するとともに、戦前はポーランド人が多数派の街であったリヴィウ（ルヴフ）の返還を求めるポーランド世論に対して、戦後のポーランド・ウクライナ国境を尊重するよう訴えた。1970年代にポーランドの反体制運動の精神的主柱であったクラクフ司教のカロル・ヴォイティワは、亡命中のギリシャ・カトリックのヨシフ・スリピー総大主教と接触、ソ連の弾圧下にあるギリシャ・カトリックの活動を励ました。スリピー総大主教も、ヴォイティワ司教が教皇ヨハネ・パウロ二世に就任すると、彼のエキュメニズム（教会合同）の活動を支えた。またソヴィエト期、リヴィウの作家協会会長であり反体制運動の指導者でもあったロスティスラウ・ブラトゥニは、ウクライナ国民という共通の帰属意識に必ずしも共通の文化が必要であると考えず、ウクライナの独立に際しては、国家統合のために、ポーランド語やロシア語を含むウクライナ国内の多様な文化を尊重するべきと説いた。こうして冷戦崩壊までにポーランド、ウクライナ間の和解を進める機運が非政府レベルで徐々に高まったのである。現代では、ポーランド・ウクライナ間のガリツィア研究者同士の交流も盛んであり、失われたポーランド人、ユダヤ人の文化的遺産を保存し、過去の記憶を想起する取り組みもウクライナ側で始まっている（第九章）。今日のロシア・ウクライナ戦争に際して、ウクライナと歴史認識問題を抱えるポーランドが同国の支援を進める理由には、こうした歴史的背景もあると考えられる。本書は、第二次世界大戦中のホロコーストやジェノサイドによってガリツィアの多民族社会が崩壊したことをもってその歴史を閉じることはせず、戦後の展開まで叙述することで、「西に

とっての東」としてのガリツィアの意義をたどりたい。

さいごに

　専門家の間でガリツィアは、過去の度重なる戦争や最近のロシア・ウクライナ戦争でもウクライナが戦地となったことで、ヨーロッパ諸国とロシアが衝突する「破砕帯」や「流血地帯」といった名称を付けられ、戦争・紛争の多発地域として例に挙げられる。他方で、ガリツィアは東西文化の境界地域でもあり、混淆（ハイブリッド）文化も花開いた点が積極的に評価されている。本書が双方の見方に配慮することで、本邦の読者がガリツィアの歴史を単純化することなく、その複雑な全体像を理解されれば、筆者にとって望外の喜びである。

　本書は、今なお戦禍に苦しみながらも、耐え抜こうとするウクライナの人々と、日夜懸命に同国に支援を続けるポーランドなど周辺諸国の人々に捧げられる。

地名・人名表記について

● 歴史的背景にかんがみ、第九章の現代編までは、地名はウクライナ語とポーランド語の併記を基本とし、ハプスブルク期に当たる近代編はドイツ語も地名に併記した。たとえばウクライナ語地名は UA リヴィウ、ポーランド語地名は PL ルヴフ、ドイツ語地名は DE レンベルクと表記する。また、併記が繰り返される場合はスラッシュ（／）で示す。なお RU はロシア語、LI はリトアニア語。）ただし固有名称に地名が出る場合は煩雑なため、併記はせず、時代ごとに名称を変更した（レンベルク大学、ルヴフ大学、リヴィウ大学など）。併記する場合、現在ウクライナ領の地域はウクライナ語を、ポーランド領の地域はポーランド語を優先した。しかし、表記する時代に

序章

ポーランド領であった場合は、歴史的表記を尊重し、ポーランド語の地名を基本的に優先した。またハプスブルク期はドイツ語が公用語であったため、ドイツ語表記を優先した。ワルシャワなど慣用的に用いられている名称はそのまま用いた。＊なお表記は衣笠 [2020] を参考にした。

●人名は、ウクライナ人はウクライナ語を、ポーランド人はポーランド語を、ドイツ人はドイツ語で表記した。ただし複数の国々から自国民として重視される人物は、複数の言語で表記する場合もある。ユダヤ人はドイツないしポーランドに同化（文化変容）する場合が多かったため、ドイツ語、ポーランド語で表記したが、ヘブライ文字で人名を表記する場合もある。

●ウクライナ語の地名、人名の発音は、平野 [2020]、プロヒー [2024] を参照したほか、ユリヤ・ジャブコ先生（茨城キリスト教大学准教授）にご教示いただいた。

凡例

●ネイションは「国民」「民族」、ナショナリズムは、「国家主義」「国民主義」「民族主義」など複数の訳語があてられるが、地域や階層を超えて人々の政治的主体を構成する概念という意味では共通する。そのためネイションやナショナリズムが単体で出る場合は訳さず、他の名詞とともに現れる場合（民族学校など）や固有名称（西ウクライナ国民共和国など）で出る場合にのみ国民や民族などに訳し分けた。

●本文中で登場する「ルーシ」と「ルテニア」とは、後者が前者をラテン語化したもので、本来は同じ語だが、ロシアと区別して現在のウクライナの領域を指すために近世、近代はルテニアで表記する。なお、「ルシ」は「ルーシ」のポーランド語表記である。

●本文中で登場する「東ウクライナ」はガリツィア、ヴォリーニ、ザ

カルパッチャ、ポジッリャ、ブコヴィナの西ウクライナを除く地域を指す。

●近代の章では本文中のオーストリア政府はハプスブルク政府と同義で用いられる。

●引用に際して筆者による補注は [] で示した。

第一章

中世のガリツィア

LEO PRINCEPS RVSSIÆ FVNDATOR VRBIS LEOPOLIS

ハーリチ・ヴォリーニ公レウー世像の肖像画
（ルカ・ドリンシキー画）

[Magocsi 1983：51]

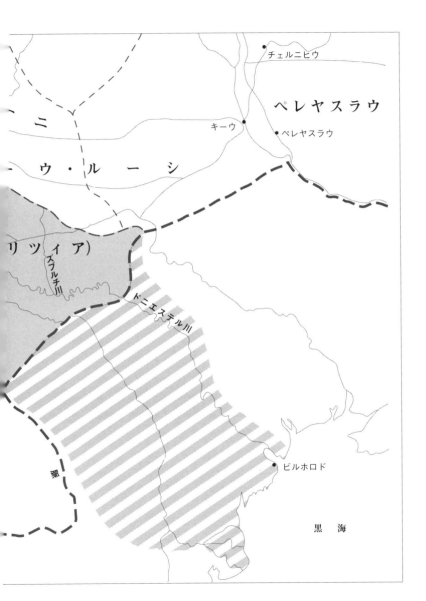

中世のガリツィアの歴史は、北米のウクライナ史家ポール・ロバート・マゴチによれば、3 つの段階に分けられる。すなわち、980 年代から 1199 年までのルーシの支配下におかれる時代、次に 1199 年から 1238 年までの、ハーリチ・ヴォリーニ公国の成立と内紛、そして再建が図られる時代、そして 1238 年から 1349 年までのハーリチ・ヴォリーニ公国がルテニア王国に改称され同国の絶頂期を築いたダニーロ王の治世から、ポーランドのカジミェシュ大王にハリチナが支配下に置かれるまでの時代である。[Magocsi 1996：115] 中世の時代を扱う本章では、このハリチナの歴史に焦点を当てる。ハリチナは、ルーシやポーランド、ハンガリーなど大国が、その領有をめぐり、たびたび争っていた。そのため、本章では史上初のスラヴ国家であるサモの国や大モラヴィア国、そしてルーシやポーランド王国の成立についても触れる。それによって歴史が、ウクライナ史において重要な位置を占めていることを示すと同時に、中東欧全体の歴史の一部を成すことを明らかにしたい。

サモの国と大モラヴィア国

中東欧の言語集団は、スラヴ人、マジャル人、そして（ロマンス語系の）ヴラフ人に分かれる。その内、スラヴ人は、カトリック圏の西スラヴ（ポーランド、チェコ）、東方正教圏の東スラヴ（ウクライナ、ベラルーシ、ロシア）、ビザンツ帝国宗主下の南スラヴ（クロアチア以南のバルカン諸国）に便宜的に分類される。

スラヴ最初の国家とされるのは、633 年頃、ボヘミア、モラヴィア、スロヴァキアの地域に当たるスラヴ人が、フランク人とされる商人サモの指導下に建国された「サモの国」であるが、実態は不明である。同国は 659 年頃にアヴァール人によって滅ぼされたが、アヴァールも 9 世紀の初めに滅亡した。その後、今日のチェコのモラヴィア地方に「大モラヴィア国」が成立した。同国は 9 世紀末にモラヴィアを中心

第 1 章

に、現在のポーランド南東部（マウォポルスカ）や現在のウクライナ南西部のザカルパッチャを含む周辺地域に領土を拡大した。また大モラヴィア国のロスティスラフ候は、863 年にビザンツ皇帝ミカエル三世の命で派遣された聖職者キリュロスとメトディオスの兄弟を受け入れ、スラヴ人に対する布教活動を支えた。布教のためキリュロスが作ったスラヴ語最古の文字であるグラゴール文字は、後に弟子たちによってキリル文字に発展し、東方正教会の典礼に用いられる教会スラヴ語の基礎となった。大モラヴィア国はマジャル人によって 10 世紀初めに滅亡した。

ルーシ

　ルーシ（[UA] キーウ・ルーシないし [RU] キエフ・ルーシと後世呼ばれる）をめぐっては現在も様々な論争がある。同国を、ウクライナ史学とロシア史学がそれぞれ自国の「起源」として主張する政治化された論争は、現在も注目を集めている。しかし、北米の亡命ウクライナ人出身で中世ロシア・ウクライナ史の権威であったオメリャン・プリツァクは、ルーシの民族的起源を問うこと自体が不適切であると「ルーシの起源」（1977 年）という論文でいち早く指摘していた。

　そもそもルーシの起源をめぐっては、ルーシを建国したのは、スカンディナヴィア半島からヴォルガ河、ドニプロ河を南下し、スラヴ住民を支配したヴァリャーグ（ヴァイキング）である、というロシア宮廷付きのドイツ人歴史家ゲルハルト・フリードリヒ・ミュラーが唱えた「ノルマン説」があった。これに対し外国人をルーシの起源とすることはロシアの「威信」にかかわるとして、建国は土着の東スラヴ人によってなされたというロシア人歴史家による「反ノルマン説」が唱えられ、「ノルマン説」対「反ノルマン説」の論争が 18 世紀から現在まで二世紀以上続いている。ノルマン説によれば、ルーシはフィンランド語でスウェーデン人の漕ぎ手を意味するルオツィ（Ruotsi）に

中世のガリツィア

由来し、その語源は古代スウェーデン語の rodr（「漕ぐ」の意味）に
あるという。フィンランド人はスウェーデン人とスラヴ人の両方と
密接かつ長年にわたって交流があったため、フィンランド人の呼称
がスラヴ人に伝わったと考えられる。これに対し、反ノルマン説に
よれば、ルーシという言葉は、ウクライナ中央部のポリアニ部族が
居住していたドニプロ川支流のローシ（Рось）川に由来しているとい
う。また、ペルシャ語で rhos（「光」の意味）を語源とする遊牧民族
「ロクソラン人」に関連しているという説もある。しかし、プリツァ
クは、ノルマン説、反ノルマン説のいずれも根拠が不十分であると指
摘し、本来ルーシとは、バルト海と地中海経済圏を結ぶ交易路を支配
した、多民族・多言語の行商人のまとまりを指し、その後、ルーシ商
人団長の娘と東方のハザール・ハン国の息子が婚姻したことで、UA
キーウ／RU キエフを中心とする国家が成立したという説を提唱した
のである。[Pritsak 1977：中井 1998b：98] プリツァクの説は反響を呼
んだが、ルーシの起源についての決定的な答えはまだなく、ウクライ
ナ史学者、ロシア史学者の間でいまなお議論は続いている。[Subtelny
2009：25；Magocsi 1996：54；栗生沢 2015；同 2024]

　　しかし、ヴァリャーグと呼ばれるスカンディナヴィア系の人々が、
ルーシの地に進出し、政治上一定の役割を果たしたことは、今日学
問的にはほぼ承認されている。[栗生沢 2015：114-115] ルーシはこの
リューリク一族を筆頭とするルーシのノルマン系統治階層からスラヴ
系の被支配民に拡大して適用されるようになり、当時の支配者が、自
国を「ルーシの地」と呼んだことから、後代の歴史学では、国家その
ものを意味するようになった。12 世紀以降、ルーシの概念は、後述
する分領公国すべてに適用されるようになった。すなわち、西南のハー
リチ、ヴォリーニ、北東のロストフ、スズダリ、西北のピンスク、トゥ
ロフ、ポロツク、さらに北方のノヴゴロドをも含む、広大な領域を包
摂したのである。[福嶋 2017：190-192] 本書ではルーシの住民を「ルー
シン人」とする（他にも「ルーシ人」等の訳語がある）。

第 1 章

ルーシの初代リューリク公から数えて四代目の🆄🅐ヴォロディーミル／🆁🆄ヴラジーミル大公が 988 年にキリスト教に改宗したことでルーシはキリスト教文化の影響を受けた。息子の🆄🅐ヤロスラウ／🆁🆄ヤロスワフは、法典の制定や首都キーウ／キエフの整備など内政の安定に務める一方、ポーランド王やビザンツ皇帝とも縁戚関係を結び、賢公と呼ばれた。ウクライナ人歴史家のヤロスラウ・フリツァークは近著『過去の克服：グローバルなウクライナ史』(2022 年) の中で、この中世初期のルーシは、民族国家というより、同時期のカロリング朝フランク帝国のように、多様な住民をキリスト教信仰によって統合した「帝国」であったと興味深い指摘をしている。[Грицак 2022：52-53]

　ちなみに、ウクライナという呼称が史書において最初に確認できるのは、『イパーチイ年代記』の 1187 年の項であり、1189 年の項ではハーリチ公国に対して「ハーリチ・ウクライナ」という表現が、1213 年の項ではルーシ諸国とポーランドの間の係争地となっていた西ヴォリーニ地方の諸都市に対して「すべてのウクライナ」という表現が見られる。ここから「分ける」という原義を持つ「ウクライナ」という呼称は、ルーシの版図に属し、分領された諸公国や諸地方に対して用いられたと考えられる。[原田 2018：17]

ハーリチ公国

　ハリチナの語源は、現イヴァノ＝フランキウシク州にある、ハーリチ（галич）と呼ばれるルーシの根拠地に由来する。黒海に注ぐ重要なドニステル川とプルート川の源流域、カルパチア山脈の東麓に位置するハリチナは、東部はなだらかで森林に覆われた平原が広がりヴォリーニ地方と接していた。ハリチナの西と北の境は、ハンガリーとポーランドが接し、北にはリトアニア諸部族が隣接していた。ハリチナとヴォリーニは近隣地域と比べ人口が多く、数多くの都市が西方の重要

中世のガリツィア

な交易路に位置していた。さらに、ハリチナには塩の鉱脈があり、同地域の重要な資源であった。[Subtelny 2009：57] 一部の学者は、ハーリチという地名そのものが、塩を意味するインド・ヨーロッパ祖語の「ハル（hal）」に由来すると主張しており、この説ではハリチナは「塩の土地」を意味すると考えられる。[Magocsi 1996：115]

ハリチナにはもともと東スラヴ系のドゥリービ（Дуліби）人やティヴェルツィ（Тиверці）人、そして南スラヴ系の白クロアチア人などが住んでいた。白クロアチア人は、伝承によればビザンツ皇帝ヘラクレイオスがアヴァール人対策のために、7世紀前半に現在のクロアチアに移住を促したとされるが、詳細は不明である。[栗生沢 2009：321-322] 980年から990年にかけて、ルーシのヴォロディーミル大公は、ハリチナとヴォリーニを領有した。ハリチナの地名が文献に現れる最も古い年は諸説あるが、12世紀初めに成立したルーシの『過ぎし年月の物語（原初年代記）』では981年に言及されている。[Magocsi 1996：115] 同書では次のように書かれている。

ヴラジミル[ヴォロディーミル／ヴラジーミル]はリャヒ[ポーランド]に行き、彼らの町、ペレムィシリ[プシェミシル／ペレミシュリ]、チェルヴェン、およびその他の町々を占領した。それらはいまでもルシの支配下にある。[國本他訳 1987：95]

チェルヴェン／チェルヴィエン地方

第1章

この出来事はルーシの西方進出を意味する。ハリチナ、ヴォリーニとポーランドの間の国境地帯は **UA** チェルヴェン／**PL** チェルヴィエン（Червен / Czerwień）地方と呼ばれ、**PL** ヘウム／**UA** ホルム（Chełm / Холм）、チェルヴェン／チェルヴィエン、**UA** ベルス／**PL** ベウツ（Белз / Bełz）とポーランド南東部の都市 **PL** プシェミシル／**UA** ペレミシュリ（Przemyśl / Перемишль）が位置する。この地方の支配権をめぐってルーシとポーランドは長年対立した。ヴォロディーミル大公の同地方の獲得から一世紀の間に、これらの都市は少なくとも5回にわたってルーシとポーランドの間で支配権が移り変わった。この領土紛争は第二次世界大戦後のウクライナ・ポーランド間の国境画定まで禍根を残し、ウクライナとポーランドの間の歴史論争を生むことになる。ウクライナ史学では、ヴォロディーミル大公が、チェルヴェン／チェルヴィエン地方を981年に「奪回した」とされ、ポーランド史学では、元々はポーランド歴史的領土であった同地方をルーシに「奪われた」と主張されたのである。[Magocsi 1996：115]

　ヤロスラウ賢公が1054年に没すると、ルーシは、5つの（後に13の）公国に分領された。その中にハーリチ公国とヴォリーニ公国がある。ハーリチ公国は、ヤロスラウ賢公の孫にあたるロスティスラヴィチ家が統治し、ヴォリーニ公国は、**UA** ヴォロディーミル／**RU** ヴラジーミル二世モノマフの子のムスティスラヴィチ家が統治した。

　分領された諸公国の中で、ハーリチ公国はとりわけ自立性が高かった。ヴォロダリ・ロスティスラヴィチ（Володарь Ростиславич 不詳-1124）公は、1104年に娘イレーナを、ビザンツ皇帝アレクシオス一世コムネノスの息子イサキオス皇子に嫁がせるなど、独自の外交を展開した。後継のヴォロディミルコ（Володимирко 1104-1154）公、ヤロスラウ・オスモミスル公（Ярослав Осмомисл 1130頃-1187）は、さらに現在のモルドヴァに当たるドニステル川河口の地域まで版図を拡大し、ハーリチ国内で産出される塩をコンスタンティノープルに河川を利用し輸出した。ヤロスラウ公は国内の平和と繁栄を維持しながら、

中世のガリツィア

ハンガリー王や神聖ローマ皇帝フリードリヒ一世と友好関係を築いた。ヤロスラウ公はその賢明さから「八人分の智者」を意味するオスモミスル（Осмомисл）と呼ばれ、名君とされている。

ハーリチ・ヴォリーニ公国とルテニア王国

RU ヴラジーミル／UA ヴォロディーミル公国のアンドレイ・ボゴリュブスキー（Андрей Боголюбский）公は、1169 年にキーウ／キエフを略奪し、大公を称してヴラジーミルに首都を移転した。こうして現在のモスクワの地を含む、このヴラジーミル・スズダリ公国と他の諸公国の間で、ルーシの後継をめぐる争いが激化した。他方でハーリチ公国もまたヤロスラウ公死後に内紛が発生し、混乱が続いた。

このハリチナの内紛の背景には、「ボヤール（Бояре）」と呼ばれる大地主の貴族が、農業や塩業によって経済的基盤を築き、隣国のハンガリーやポーランドと同様、内政に影響を与える存在として成長したことがあった。[栗生沢 1995：137] 他方で、貴族の力が相対的に弱かった隣国のヴォリーニ公国では、ロマン・ムスティスラヴィチ（Роман Мстиславич 1152-1205）公が統一国家形成を進め、1199 年にはハーリチ公国を併合した。ここにハーリチ・ヴォリーニ公国（Галицько-волинське князівство）が形成されたのである。ロマン公は 1202 年にキーウ／キエフを征服し、その版図を一時的にドニプロ川までに広げた。1204 年には対立する舅大公のリューリク二世を廃位し、代わりに「全ルーシの統治者（アウトクラトール）」として、ルーシの後継者を名乗った。しかし、翌年ロマン大公はポーランド遠征の最中に亡くなった。

ロマン大公の死後、統一されたルーシは再び分裂した。13 世紀に成立した『ハーリチ・ヴォリーニ年代記』はこの時期の経緯について記された歴史書の中で最古のものである。ハーリチ・ヴォリーニ公国は貴族の反乱とハンガリー王のアンドラーシ二世によるハンガリー軍

の侵攻によって混乱した。1213 年には貴族のヴラディスラウ・コルミリチチ（Владислав Кормильчич）が、ハンガリー軍の後ろ盾を受けて、自らハーリチ公を名乗った。しかしコルミリチチはほどなくして公位を追われ、1216 年にはハンガリー王アンドラーシ二世の息子カールマーン（Kálmán 1208-1241）が、教皇インノケンティウス三世からハーリチ王の称号を得て戴冠した。[Font and Barabás 2019] だが、カールマーンはルーシ諸侯との争いに敗れ、一時捕虜となった後に解放されると、ハンガリーに帰国して同国の王位を受けついだ。他方でハーリチ王位はカールマーンの弟のアンドラーシに譲られたが、アンドラーシはロマンの息子ダニーロ（Данило 1201-1264）の攻勢を受けて敗退し、戦中に亡くなった。その後もルーシの諸侯やドイツ騎士団、ウゴル人を平定したダニーロは、1238 年にハーリチ・ヴォリーニ公に即位し同公国を再建した。

ハーリチ・ヴォリーニ公国がルーシの中で重要性を増すのは、1237 年から 1240 年代にかけてのモンゴルによる侵略である。ルーシの諸公国の多くがモンゴル軍によって征服される中、ダニーロ公は公国軍を率い、果敢な抵抗の末に、モンゴルのジョチ・ウルス（キプチャク・ハン国）の軍門に降った。『ハーリチ・ヴォリーニ年代記』は、1246 年にダニーロ公がジョチ・ウルスの当主バトゥと会見した際に、ダニーロ公が慣

リヴィウのダニーロ王の騎馬像

中世のガリツィア

1238年にダニーロ公のハーリチ・ヴォリーニ軍がプロイセン地方から来襲したドブリン騎士団を破ったドロホビチの戦いを描いた絵画。(リヴィウ兵器廠博物館蔵)

れないモンゴル人の馬乳を飲み、バトゥの前に「跪いて、おのれを奴隷と名づけ」たと屈辱的に描写している。[レーベヂェフ編 1979：579-580] 他方で、この会見はハーリチ・ヴォリーニ公国がモンゴル側に従属しながらも、同国の独立が守られたことを示す象徴的な出来事でもあった。モンゴルは東西南北を色に例えて表す風習があり、モンゴルはルーシの南の地域、すなわち現在の西ウクライナを「赤ルーシ」と呼んだ。[中井 1998b：110]

　ダニーロ公は、モンゴルとの戦いの間も内政や外交に注力した。まずモンゴル軍によって破壊されたハーリチから UA ホルム／PL ヘウムに遷都すると、現在のリヴィウなどに城砦を築いた。また、モンゴルの侵攻に乗じてハーリチ・ヴォリーニの領土を狙うハンガリー、ポーランドの軍勢と国内の貴族の反乱軍の連合軍を1245年の

ヤロスラウの戦いで破り、周辺諸国に自らの力を誇示した。ハーリチ・ヴォリーニ公国の勢力拡大を見た教皇インノケンティウス四世は、モンゴルに対する十字軍を画策し、ダニーロ公に「ルテニア王（Rex Ruthenorum）」の称号を与えることを提案する。「ルテニア」はルーシのラテン語化された名称である。ダニーロ公は最終的にこの提案を受諾し、ウクライナ史研究者の推定では1254年1月7日に戴冠式が執り行われた。[Войтович 2015：329] こうしてハーリチ・ヴォリーニ公国は、全ルーシを代表する意味で「ルテニア（ルーシ）王国（Королівство Русь / Regnum Ruthenorum）」と呼ばれ、ダニーロ王はルーシ全土の宗主権を回復すべくモンゴルとの対決に転じた。ダニーロ王は、隣国のポーランド諸侯と同盟しポジッリャとヴォリーニ東部からモンゴル軍を追い出すことに成功した。しかし西欧側からの十字軍の救援は現れず、1259年には逆襲してきたモンゴル軍に敗北した。戦後、ハーリチ、ヴォリーニの諸都市の要塞はモンゴルの命で解体させられたが、国家自体は存続し得た。[Magocsi 1996：120] こうしてモンゴル軍には敗北したものの、ダニーロ王治世下のハーリチ・ヴォリーニ公国およびルテニア王国は、中世の中東欧国際政治におけ

16世紀頃のリヴィウの「ヴィソーキー城」（高い城）。ダニーロ王によって最初の木造の城が建造され、14世紀に石造りに変えられた。[Бевз та інші, 2008: 18]

中世のガリツィア

るメインプレーヤーとして浮上したといえる。ハプスブルク期ガリツィア出身のウクライナ人歴史家ステパン・トマシウシキー（Степан Томашівський 1875-1930）は、この点を踏まえ、ハーリチ・ヴォリーニ公国をロシアとは区別される「ウクライナ人初の国家」と呼んだ。

『ハーリチ・ヴォリーニ年代記』で古代イスラエルのソロモン王に次ぐ「第二のソロモン」と称えられたダニーロ王は 1264 年に病死した。息子のレウ一世（Лев I 1228-1301）は、再びジョチ・ウルスに服属したため、王位には就かず、ハーリチ・ヴォリーニ公を名乗った。レウ公の治世では、1303 年にハリチナに初めての府主教座が成立した。これはキーウ／キエフの府主教座がモンゴルの攻撃で破壊されたためであり、コンスタンティノープルの総主教の宗主下にハーリチ府主教座が設置され、6 つの教区が属した。[Magocsi 1996：122] また、これまでは、ポルトヴァ川の畔にある「レウ（獅子も意味する）の街」を意味する「リヴィウ（Львів）」の都市建設は父のダニーロ王の治世とされてきたが、近年の研究者の説では、レウ公の治世とされている。

リヴィウ市の紋章。「レウ」が獅子を意味することからリヴィウ市の紋章は、城門に獅子の像を組み合わせている。

[Войтович 2015：60] 1270 年頃、リヴィウはハーリチ・ヴォリーニ公国の首都となり、1340 年代にその国家が滅亡するまでその地位にあった。リヴィウは、貿易の中心地として機能し、小アジア、ヴォルガ地方、クリミア、モルドヴァにまで商業ネットワークが広がっていた。14 世紀のアルメニア語文書には、この時代のリヴィウが「最も祝福された、威厳ある都市の母（メトロポリス）」と記され、「神に守られた最も祝福された首都で

第 1 章

あり、キリスト教徒の王に属する諸都市の輝かしい母である」と述べられていた。[Hrytsak 2000：49]

　国力増強を図るレウ公は、ハンガリー王女を娶り、ボヘミアとも手を結ぶ一方、ジョチ・ウルスの援軍も得て、隣国ポーランド領のルブリンを占領し、さらにクラクフ公領を攻めたが、攻略に失敗した。レウの後継ユーリー一世（Юрій I 1252 頃 -1308 / 1315）は再び「ルテニア王」を名乗ったが、次代のアンドリー（Андрій 不詳 -1323）王が戦死すると、ハーリチ・ヴォリーニ公国の貴族は、ユーリー一世の娘の子でポーランドのマゾフシェ地方、チェルスコ公トロイデン一世の息子ボレスワフを招き、ユーリー二世（Юрій II 1305 / 1310-1340）として即位させた。後述するように、ユーリー二世は自家断絶の場合にはポーランド王カジミェシュ三世（後の大王）（Kazimierz III Wielki 1310-1370）に公位を継承することをあらかじめ決めていたとされる。これは、現代のウクライナ史学では史実として疑わしいという意見もあるが、少なくともいえるのは、ハーリチ・ヴォリーニ公のロスティスラヴィチ家に対し、婚姻を通じてこれまで関係を深めてきたポーランドやハンガリー、そしてリトアニアの君主が、それぞれハーリチ・ヴォリーニ公の継承権をめぐり複雑な争いを展開していたということである。[Яковенко 2009：78；Войтович 2015：373] 1340 年にユーリー二世が毒殺されると、ハーリチ・ヴォリーニ公国は、公位の継承とルテニア王位をめぐり周辺諸国を巻き込む戦乱に突入した。

ピャスト朝ポーランド王国

　ポーランドにおける統一国家は、ピャスト家のミェシュコ一世がポーランド中西部（ヴィエルコポルスカ）のグニェズノを拠点に支配を拡大し、963 年にポーランド大公に即位したことで始まった。キリスト教の宣教を通してポーランドへの影響力拡大を図る隣国の神聖ローマ皇帝オットー大帝に対抗し、ミェシュコは 966 年に洗礼を受けキリスト教を受容した。息子のボレスワフは、さらにローマ教皇から

カジミェシュ三世大王(ヤン・マテイコ画)

ポーランド王位を認められ、1025年に即位した。しかし、その後ポーランドは後継争いと再統一を繰り返し、1138年に大公ボレスワフ三世が亡くなると、ポーランドの領土は彼の5人の息子に分領された。

ポーランドとルーシの関係は、ミエシュコ一世とヴォロディーミル大公がボヘミアの支配するヴィスワ・ブク川上流域に相互に進出することで始まった。ポーランドとルーシの間では、チェルヴェン／チェルヴィエン地方の国境問題を抱えていたものの、頻繁に婚姻関係が結ばれた。

12世紀に入ると、ポーランド王国とルーシはそれぞれ分領化が進む一方で、両国の諸公の間の関係は、対立と接近を繰り返した。ボレスワフ三世の末子カジミェシュ二世公正公(Kazimierz II Sprawiedliwy 1138-1194)の姉の子に当たるのが、ハーリチ・ヴォリーニ公国のロマン大公であったが、カジミェシュ公の息子でクラクフ公であったレシェク一世白公(Leszek I Biały 1186頃-1227)を攻め、その遠征の途上で亡くなった。しかし、レシェク白公は、ロマン大公の妻子を引き取り、ロマンの息子ダニーロを育て、後にダニーロがモンゴル軍の攻撃から逃れてきた際にも保護を与えている。こうしてダニーロ王はクラクフ公と友好関係を回復した。ダニーロ王の後継のレウ一世は、白公亡き後のクラクフ公の後継争いで、マゾフシェのヴワディスワフ一世ウォキェテク(Władysław I Łokietek 1260/1261-1333)を支持して軍事介入し、前述のようにルブリンを占領し、クラクフ公領を攻めた。しかし、クラクフは敵対するヴロツワフ公に奪われ、ウォキェテクも一時的に国外亡命を余儀なくされた。その後、ポーランドに帰国し勢力を拡大したウォキェテクは、1320年にポーランド王ヴワディスワフ一世としてクラクフで即位した。ウォキェテクを支援してきたハーリチ・ヴォリーニ公国では、既にウォキェテクの妹がレウ一世の息子

第1章

ユーリー一世と結婚しており、ユーリー一世も娘をマゾフシェのチェルスコ公であるトロイデン一世に嫁がせた。ユーリー一世の次々代のユーリー二世が、このチェルスコ公出身であったことは前述の通りである。こうした経緯からユーリー二世は自家断絶の場合、公位をヴワディスワフ一世の子のカジミェシュ三世に譲ることを認めたというのが、ポーランド史学の通説である。[井内 1998：68-69]

ハーリチ・ヴォリーニ継承戦争とハリチナのポーランド併合

　カジミェシュ王はユーリー二世の暗殺後、ハーリチ・ヴォリーニ公の継承権を求めるハンガリーとともに直ちに軍勢を集め、リヴィウを占領した。カジミェシュ王はルテニア王国の伝統に配慮し、ハリチナでは「ルーシの地の領主にして王」と称し、当初ポーランド王国とルーシの連合を構想していた。[Serczyk 1990：55；Subtelny 2009：73；Войтович 2015：373] しかし、ハーリチ・ヴォリーニ公国の貴族は、ドミトロ・デディコ（Дмитро Дедько 不詳 -1349）を中心に抵抗を続け、北方で急速に台頭していたリトアニア大公国やジョチ・ウルスに救援を求めた。リトアニア大公ゲディミナスの末息子リュバルタス（Liubartas）も母がハーリチ公の血を引くことから、ハーリチ・ヴォリーニ公位の継承権を主張して参戦した。こうしてポーランド、ハンガリー連合軍とハーリチ・ヴォリーニの諸侯、リトアニア連合軍のハリチナ領有をめぐる戦いが 1344 年から 1345 年にかけて続いた。1349年にポーランド軍はようやくハリチナ全域を占領し、翌 1350 年のポーランド・ハンガリー協定で、カジミェシュ王がハリチナの領有権をハンガリーから生涯借り受けるという形で決着した。しかしヴォリーニをめぐるポーランドとリトアニアの間の戦争は継続し、1366 年にようやくカジミェシュ三世とリュバルタスは和約を結んだ。この和約により、リュバルタスはヴォリーニ東部とヴォルーニの中心都市ルーツィクを保持し、ポーランドがヴォリーニ西部とハリチナ全域を領有

中世のガリツィア

することで決着した。[Войтович 2015：374]

　カジミェシュ王の治世では、ハリチナに西方典礼の大主教座を設置しカトリックの宣教を図る一方、正教徒にも配慮し、東方典礼の府主教座を立てる構想も抱いていた。リヴィウはポーランド語で🇵🇱ルヴフ（Lwów）と呼ばれ、中欧の諸都市で採用されたマクデブルク都市法に基づく自治が敷かれた。また、ルテニア王国のための専用の貨幣「ルーシキー・グロシク（Грошик руський）」も鋳造された。しかし1390年にはルーシキー貨幣が廃止され、1434年にハリチナが「ルシ県（województwo ruskie）」の一部としてポーランド王国に編入されるなど、ポーランド王国への統合が徐々に進められていく。領土の拡大とともに国内の安定と経済発展を進めたカジミェシュ三世は、ポーランド史上唯一の大王（Wielki）と呼ばれた。

　他方でハーリチ・ヴォリーニ以東のルーシの地は、ジョチ・ウルスの支配下にあった。しかしリトアニア大公国が1366年に初めてヴォ

「1366年のルシ再征服」（ヤン・マテイコ画）

第1章

リーニ東部を領有しその後も半世紀以内にウクライナの大半の土地がリトアニア大公国に編入されることになる。さらにカジミェシュ大王の死後、リトアニアはヴォリーニ全域をポーラン

「ルーシキー・グロシク」

ドから奪取した。こうしてルーシの大部分は、ジョチ・ウルスからリトアニア大公国の支配に移ったのである。

ポーランド「王冠国家」の成立

　カジミェシュ大王の死後、ピャスト朝は断絶した。後継は大王の姉の子であるハンガリーのアンジュー王家の PL ルドヴィク／HA ラヨシュ（Ludowik / Lajos 1326-1382）が即位した。しかし、ルドヴィク王はハンガリー王位を兼ねており、ポーランド本土を不在とすることが多かった。そのため、それまでポーランド国内では王の家産と見なされることが多かった「国家」が、次第に王個人と切り離され、諸身分から成る国家として理解されるようになった。ここで国家自体が持つ権利の総体は「王冠」という言葉で象徴された。このポーランド「王冠国家」は、必ずしもポーランド民族単体の国家を意味するのではなく、支配下のルーシの諸身分を含む、複合的な身分制国家を指していた点が重要である。[井内 1998：70-71] 中世史家、エルンスト・H・カントローヴィチによれば、王冠は、法的秩序という抽象的な王の政治的身体を象徴し、その「王冠に従属するあらゆる臣民の共通の祖国が登場」したのである。[カントローヴィチ上 2003：320]

　他方で、ルドヴィク王はハリチナの経営をハンガリーに譲渡し、ハリチナを利用してハンガリーとポーランドの同君連合を維持しようとした。しかし、ルドヴィク王の死後、ハンガリー国家に吸収されることを恐れるポーランドの諸身分は、ハンガリー王のマーリアではな

中世のガリツィア

ヤギェウォ王（ヤン・マテイコ画）

ヤドヴィガ王（ヤン・マテイコ画）

くルドヴィクの末娘のヤドヴィガ（Jadwiga 1373 / 1394-1399）をポーランド王位に迎え、彼女は弱冠 11 歳でポーランド王に即位した。1385 年、ヤドヴィガはリトアニア大公国の LT ヨガイラ／PL ヤギェウォ（Jogaila / Jagiełło 1362 頃 -1434）大公と結婚し、ヤギェウォは、キリスト教への改宗とポーランド王冠の諸特権を確認した。ここに「クレヴォの合同」と呼ばれるポーランド・リトアニア同君連合が誕生した。ヤギェウォは自領のリトアニアとルーシをポーランド「王冠」国家に編入すると述べた。[井内 1996：78] ただし、この合同は「人的連合」と呼ばれる属人的なもので、合同がポーランド、リトアニア両国の制度全体まで行われたわけではない。

　いずれにせよ、ハンガリーはポーランド王位との関係を絶たれ、1387 年、ポーランドはハンガリーからハリチナの支配を回復した。

第 1 章

コラム：ガリツィアの都市①

ここではリヴィウ／ルヴフ以外のガリツィアの都市を紹介する。範囲は、第一章の中世のハリチナと第二章のルシ県の都市である。なおブロディは第二章「近世ガリツィアのユダヤ人」と第四章「ロートとヴィットリンのガリツィア」、ドロホビチは第四章「シュチェパノフスキと東ガリツィアの石油開発」で説明するため、ここでは割愛する。

コロミヤ

UA コロミヤ／PL コウォミア／DE コロメア（Коломия / Kołomyja / Kolomea）は、プルート川沿いにある、現イヴァノ＝フラ

コロミヤ市役所

中世のガリツィア

19世紀後半のコロメア／コウォミア／コロミヤ中心部の広場 [Purchla, et. al. (eds.) 2014: 389]

ンキウシク州中部の一都市である。1240年以下のヒパティア年代記で初めて言及され、ポーランド王カジミェシュ四世ヤギェロィンチクによって1405年にマクデブルク法の権利を与えられた。中世からこの付近で塩が採掘され、コウォミア／コロミヤは重要な塩交易の中心地となった。モルダヴィア国境に近かったため、町はモルダヴィア人、クリミア・タタール、オスマン帝国の襲撃にたびたび見舞われた。ハプスブルクの支配下（1772年–1918年）には、市と郡の中心地となった。商業と行政の中心地としての重要性から急成長を遂げ、1880年には人口23,100人、1900年には34,200人、1910年には42,700人となり、そのうちユダヤ人が多くを占めるようになった。第一次世界大戦後、商業的な重要性は低下した。その結果、1931年までに人口は33,400人に減少し、ナチスがユダヤ人を絶滅させた後の1943年には、18,500人しか残っていなかった。

テルノーピリ城とテルノーピリ市街（2009 年）[Бойко, Гаврилюк 2009: 7]

テルノーピリ

UA テルノーピリ／PL タルノポル／DE タンシュタット（Тернопіль / Tarnopol / Tannstadt）は、現在テルノーピリ州の州都。1540 年、ポーランド王ヤン・タルノフスキがタタールの攻撃に備えて要塞を築き、1548 年にはマクデブルク法の権利を与えられた。1570 年、オストロジキー家の所有（私領都市）となり、病院財団と正教会の兄弟団が設立された。その後、他の貴族に所有が移りながら、度重なるタタール人の攻撃にもかかわらず、タルノポル／テルノーピリは製造業と貿易の中心地として発展した。コサック・ポーランド戦争の間、1648 年と 1655 年にコサック軍に占領された。1675 年にはオスマン軍が要塞を解体した。1672 年までのテルノーピリの人口は 2400 人で、ウクライナ人、ユダヤ人、ポーランド人（ほとんどが駐屯地の兵士）を占め、17 世紀のタルノポル／テルノーピリには 3 つの正教会、1 つのカトリック教会、複数のシナゴーグがあった。18 世紀にはクリミア・タタール、オスマン帝国の攻撃は止み、比較的平穏になったが、市の経済は衰退した。1770 年にはコレラが流行し、人口の 40 パーセントが死亡した。1772 年、タルノポル／テルノーピリはハプスブルク帝国に併合され、行政の中心地として選ばれた。1809 年から 15 年にかけてはロシアに占領された。19 世紀半ばには、農産物の取引とロシア帝国とヨーロッパ間の中継貿易によっ

中世のガリツィア

て、ガリツィア領のポジッリャ（ポドリア）地方最大の都市となった。
1870年にルヴフ／リヴィウからの鉄道が開通し、タンシュタット／
タルノポル／テルノーピリは商業の中心地としての地位を高めた。
1817年に10,200人だった人口は、1869年には20,100人、1900
年には30,415人、1914年には35,200人と着実に増加した。ガリ
ツィアの中でも裕福で清潔な都市であった。1918年11月1日から
1919年7月までテルノーピリは西ウクライナ国民共和国の一部であ
り、1918年11月21日から1919年1月2日までは同共和国の暫
定首都であった。1919年6月、ウクライナ軍とポーランド軍はテル
ノーピリの支配権をめぐって争った。一時期ソ連軍に占領された以外
は、タルノポル／テルノーピリは1939年9月までポーランドの支
配下にあった。第二次世界大戦中、タルノポル／テルノーピリはソヴィ
エト軍（1939年9月から1941年7月まで）とドイツ軍（1944年
5月まで）に占領された。ソ連当局は、1941年に街を放棄する直前
に、多くのウクライナ人活動家を逮捕・国外追放し、640人の捕虜
を殺害した。1944年3月と4月には、ソ連軍に奪還されるまで、街
の半分以上が破壊された。1946年までに住民はわずか12,000人だっ
た。1945年8月、政府によって採択された一般的な計画に従って都
市は再建された。工業開発が進むにつれて人口は増加し、1950年の
26,000人から1959年には52,000人、1970年には85,000人、
1978年には139,000人となった。西ウクライナにおけるソヴィエ
ト化は、経済、文化、市民、私生活など、生活のあらゆる分野におけ
る大きな変化を意味した。テルノーピリの民族構成にも著しい変化が
あった。1959年には、人口の78パーセントがウクライナ人、15パー
セントがロシア人、5パーセントがポーランド人であったが、1989
年には、人口の91.2パーセントがウクライナ人、7.2パーセントが
ロシア人、0.6パーセントがポーランド人であった。1980年代末、
ウクライナの民族復興運動の中心地のひとつとなった。現在、テルノー
ピリは西ウクライナの主要な工業都市である。

第1章

イヴァノ゠フランキウシク

UA イヴァノ゠フランキウシク（Iвано-Франківськ）は、現在イヴァ
ノ゠フランキウシク州の州都であり、鉄道と高速道路の重要な分岐点
に位置する。1939 年までは UA スタニスラヴィウ／PL スタニスワ
ヴフ／DE スタニスラウ（Станиславів / Stanisławów / Stanislau）と
呼ばれた。ビストルィツャ・ナドヴィルニャンシク川とビストルィ
ツャ・ソロトヴィンシカ川の合流点近くに位置し、1662 年にポーラ
ンドの大貴族ポトツキ家によって、かつてのザボロチウ村の跡地に建
設された。1663 年にはマクデブルク法の権利を与えられた。1672
年にはポトツキ家の宮殿が、1695 年には市庁舎が完成した。1672
年にオスマン軍が南部のカムヤネーツィ゠ポジーリシキーを占領した
後、スタニスワヴフ／スタニスラヴィウはポーランド・リトアニア連
邦の南東部の国境の前線基地となった。1677 年、この町のアルメニ
ア人コミュニティは特別な特権を与えられ、それ以降、街にはウクラ
イナ人とポーランド人のための議会とアルメニア人のための議会の 2
つが設置された。市街地が形成されると間もなく、ユダヤ人も定住す
るようになった。17 世紀後半から 18 世紀半ばにかけて、この街は
重要な貿易と製造の中心地となり、定期的に市が開かれ、モルダヴィ
ア、ハンガリー、シロンスク、オーストリアの商品が地元産の皮革や
毛皮製品と取引された。

　スタニスワヴフ／スタニスラヴィウは文化の中心地としても栄え
た。1669 年にクラクフ・アカデミーの分校が設立され、1722 年に
はイエズス会の大学に改組された。1732 年、町の人口は 3321 人（45
パーセントがウクライナ人とポーランド人、44 パーセントがユダヤ
人、10 パーセントがアルメニア人）だった。その後、多くのアルメ
ニア人が市外に移住した結果、1769 年にアルメニア人自治が終了し
た。18 世紀、町の発展は度重なる戦争によって妨げられた。大北方
戦争では、1706 年から 1707 年にかけてヘトマン、イヴァン・マゼー

中世のガリツィア

19世紀後半のスタニスラウ／スタニスワヴフ／スタニスラヴィウの市街地
[Purchla, et. al. (eds.) 2014: 38]

パ軍が占領し、バール同盟の乱ではロシア軍に3度も占領された。1705年、1730年、1770年には疫病で人口が激減した。1772年、スタニスワヴフ／スタニスラヴィウはオーストリアの支配下に入り、1867年からは郡の中心となった。1801年、国がポトツキ家から町の所有権を譲り受け、1809年から12年にかけて要塞が取り壊された。1848-9年の革命の際、スタニスラウ／スタニスワヴフ／スタニスラヴィウのウクライナ人はレンベルク／ルヴフ／リヴィウのルテニア最高評議会の支部を組織し、民兵部隊と「ルテニア銃兵」中隊を編成してハンガリーやポーランドの反乱軍と戦った。1866年に鉄道が開通すると、1849年に11,000人だった人口は、1868年の大火にもかかわらず、1880年までに18,600人に増加した。1886年までには約30の小規模な工業企業があった。ギリシャ・カトリックの司教がスタニスラヴィウ教区に任命され（1885年）、ウクライナ語学校が設立された。

　第一次世界大戦中、スタニスラウ／スタニスワヴフ／スタニスラヴィウは戦線に近く、1916年から17年にかけて多くの被害を受け

た。1918年12月から1919年5月まで、西ウクライナ国民共和国の首都となった。1919年5月から1939年9月まで、同都市はポーランドの支配下にあり、ガリツィア地方でも有数の工業都市であった。主な産業は、機関車産業と鉄道車両保守、石油精製、

現在のイヴァノ＝フランキウシク市庁舎。第一次世界大戦で旧市庁舎が焼失した後に、戦間期ポーランド時代にモダニズム様式で再建された。

皮なめし、機械製造、食品加工、木工であった。1939年の人口6万4,000人の内訳は、ウクライナ人1万2,000人（19%）、ポーランド人2万3,500人（37%）、ユダヤ人2万6,500人（41%）、ドイツ人2,000人（3%）であった。スタニスラヴィウは、ギリシャ・カトリック神学校、3つの小教区、3つの修道院を擁する、ウクライナの宗教、文化、教育の重要な中心地であった。中等教育は、4つのウクライナ語と7つのポーランド語のギムナジウムによって提供されていた。

第二次世界大戦中、スタニスラヴィウはソ連（1939-1941年）とドイツ（1941-1944年）の占領下にあった。1944年7月以降のソ連の支配は、特に1945年から6年にかけての大規模な弾圧につながった。1959年の国勢調査では、総人口66,000人のうちウクライナ人が67%、ロシア人が25%、その他（主にユダヤ人とポーランド人）が8%だった。戦後、市の産業は再建され、拡大した。現在では45の企業があり、消費財、計器、工具・機器（特に石油・ガスの採

中世のガリツィア

掘・精製用）、鉄筋コンクリート、ガラス製品を生産している。イヴァノ＝フランキウシク市の主な教育機関は、イヴァノ＝フランキウシク国立大学、イヴァノ＝フランキウシク国立石油ガス技術大学、イヴァノ＝フランキウシク国立医科大学等である。

プシェミシル

PL プシェミシル／UA ペレミシュリ／DE プレミセル（Przemyśl / Перемишль / Premissel）は、ポーランドのポトカルパツカ県に位置し、カルパチア山脈の麓とサン川の低地の間にあるサン川沿いの都市である。1975年から1998年まで、ポーランドの県庁所在地であった。ガリツィア地方最古の都市のひとつでもあり、歴史を通じてウクライナの政治、文化、宗教の中心地であった。プシェミシル／ペレミシュリが初めて年代記に登場するのは981年のことだが、この地域には旧石器時代からほぼ継続して人が住んでいた。付近で発見された数多くのローマ・コインは、紀元1世紀、この都市がドニステル川とヴィスワ川を結ぶルートの重要な交易拠点であったことを示している。9世紀と10世紀の中世アラブのコインの大規模な宝庫が発見されたことで、この町の古くからの商業的重要性が確認された。1958年から60年にかけてザムコヴァの丘で行われた発掘調査では、9世紀にはプシェミシルが白クロアチア人とスラヴ司教団の中心地であったという仮説が支持され

現在のプシェミシル市街を流れるサン川

第1章

た。中世には、ルーシとポーランド、時にはハンガリーが、プシェミシル／ペレミシュリを巡って争った。ヴォロディーミル大公はプシェミシル／ペレミシュリをルーシに併合したが、1018–31年と1071–79年にはポーランドに占領された。11世紀後半にはヴォロディミルコ・ヴォロダロヴィッチ（Володимирко Володарович 1104-1152/1153）が統治するペレミシュリ公国の所在地となった。最終的にハーリチ・ヴォリーニ公国のダニーロ・ロマノヴィッチ公がペレミシュリ／プシェミシルをガリツィアに編入した。ダニーロ王とレウ公の治世の間に、ドイツ商人や商人が町に定住し、自治権を得た。当時、町はザムコヴァの丘とサン川に挟まれていた。

　1349年、ポーランド王カジミェシュ三世はプシェミシル／ペレミシュリを占領し、そこに新しい城を築いた。1375年には、プシェミシル／ペレミシュリにローマ・カトリックの教区が設立された。1389年にはヤギェウォ王がマクデブルク法の権利を認めた。ポーランドの法律と行政が導入され、1434年にルシ県が設置されると、プシェミシル／ペレミシュリは地方行政区であるプシェミシル地方の中心となった。1458年、同市は王冠都市の権利を獲得した。

　プシェミシル／ペレミシュリは15世紀半ばから17世紀半ばにかけて繁栄した。住民は主に革細工、醸造、織物等の商工業に従事していた。17世紀半ばには、町の人口は4,000人に達した。ウクライナ人とポーランド人のほかに、ドイツ人、アルメニア人、1559年に国王から特別な特権を与えられたユダヤ人がいた。各民族は町の異なる地域に住んでいた。ウクライナ人はポーランド人と同等の権利を求めて闘争し、兄弟団を組織した。17世紀末には、プシェミシル／ペレミシュリのウクライナ人社会は衰退していった。その一因は、ポーランド人による差別と抑圧、そしてプシェミシル教区における正教徒と合同派の宗教的対立があった。プシェミシル／ペレミシュリはポーランド文化の重要な中心地となった。16世紀から17世紀初頭にかけて、プシェミシル地方はポーランドのルネサンスと改革において重要

中世のガリツィア

19世紀後半のペレミセル／プシェミシル／ペレミシュリの中心広場 [Purchla, et. al. eds. 2014: 385]

な役割を果たした。町はまた、重要なユダヤ教の宗教的・文化的中心地でもあった。

　1772年の第一次ポーランド分割で、プシェミシル／ペレミシュリはハプスブルク帝国に割譲され、ハプスブルク皇帝ヨーゼフ二世は市民の要求に応じて1789年に町の権利と特権をすべて回復し、町は郡庁所在地となった。公務員や商人、主にドイツ人とチェコ人がプシェミシルに定住した。古い城壁は取り壊され、町の拡張が許可された。19世紀後半になると、ペレミセル／プシェミシル／ペレミシュリとクラクフ（1859年）、レンベルク／ルヴフ／リヴィウ（1861年）、ハンガリー（1872年）を結ぶ新しい鉄道が開通し、町には鉄道操車場や農業機械工場が建設され、1876年以降には要塞と駐屯地が拡張された。1860年には1万人にとどまっていた市人口は、1880年には20,700人、1900年には46,300人、1910年には54,700人（軍人7,500人を含む）に達した。オーストリアの支配下、ペレミセル／プシェミシル／ペレミシュリのウクライナ人社会には新たな機会が

開かれた。1880年代には、ペレミセル／プシェミシル／ペレミシュリはリヴィウに次いでガリツィアで2番目に大きなウクライナ中等教育の中心地となっていた。

1939年夏、ポーランド軍が崩壊すると、モロトフ＝リッベントロップ協定に基づき、サン川がドイツ占領地とソ連占領地の分水嶺となり、街は2つに分断された。多くのウクライナ人とポーランド人が川のソ連側からドイツ側に逃げたが、ソ連側に残った人々の多くがボリシェヴィキによって強制移住されるか、銃殺された。1941年6月末には、街全体がドイツの支配下に入った。

1939年、プシェミシル／ペレミシュリの住民54,200人のうち、8,600人（15.8パーセント）がウクライナ人（うち2,000人はポーランド語しか話せなかった）、27,100人（50パーセント）がポーランド人、18,400人（34パーセント）がユダヤ人であった。1942年のドイツ国勢調査によると、34,000人の都市住民のうち、8,100人（23.9パーセント）がウクライナ人、20,200人（59.5パーセント）がポーランド人、3,800人（11.2パーセント）がユダヤ人、1,800人（5.3パーセント）がドイツ人であった。

プシェミシル／ペレミシュリは1944年7月27日にソ連軍に奪還されたが、その過程で市街地の40％が破壊された。1945年のポーランド・ソ連協定により、ポーランドはプシェミシル／ペレミシュリを保持し、ウクライナ人はウクライナ・ソヴィエト社会主義共和国または新たにポーランドがドイツから獲得した西部の領土に再定住した。すべてのウクライナ人学校や組織は解散させられた。ウクライナの大聖堂や支部の建物はポーランド国家に没収された。新しい国境によって東と南の後背地から切り離されたプシェミシルは、第二次世界大戦後10年間停滞した。1946年から1953年まで、人口は36,800人から38,000人に増加しただけだった。その後、プシェミシルは成長を始めたが、その主な理由は工業投資である。食品産業、建築資材産業、冶金産業、木工産業、菓子産業が発達している。主要幹線道路と

中世のガリツィア

鉄道の分岐点に位置し、冷戦期はポーランド・ソヴィエト、そして現在はポーランド・ウクライナの貿易の重要な拠点になっている。

サノク

PL サノク／UA シャニク（Sanok / Сянік）はポーランドのサン川沿いの都市。1150年のヒパティア年代記にルーシの城塞都市として初めて言及される。その後、ペレミシュリ公国の一部となり、さらにハーリチ・ヴォリーニ公国の一部となった。1339年、ユーリー2世によってマクデブルク法の権利を与えられ、重要な貿易として発展した。14世紀半ば、サノク／シャニクはポーランドに併合され、ルシ県サノク地方の中心となった。1550年、カトリックによる正教徒迫害の過程で、聖デメトリウス教会は閉鎖された。16世紀末からサノクは衰退した。1772年のポーランド分割によりハプスブルク領

現在のサノク市街

第1章

ガリツィアの郡庁所在地となった。19 世紀後半、町は鉄道の要衝と
して発展し、工業も誘致された。19 世紀半ばには 2,500 人だった人
口は、1880 年には 5,100 人、1900 年には 9,000 人、1921 年には
12,100 人に増加した。同時に、サノク／シャニクのウクライナ系住
民は強いポーランドへの同化圧力にさらされた。1880 年から 1900
年にかけて、ウクライナ人の人口は 18％から 13.5％に減少した。戦
間期には、この町は東レムコ地方のウクライナ文化生活の中心であり
続けた。1939 年初頭、町の住民のうち 1,800 人（11.5 パーセント）
がウクライナ人、8,700 人（56 パーセント）がポーランド人、5,100
人（32.5 パーセント）がユダヤ人だった。ドイツ占領下（1939—
44 年）、ウクライナ人の人口は 3,000 人に増加し、ウクライナ人中
等学校が設立された。1946 年から 7 年にかけてのヴィスワ作戦で、
ウクライナ人は町から強制送還され、共同体の生活の痕跡はすべて消
滅した。サノクではズジスワフ・ベクシンスキ（Zdzisław Beksiński
1929-2005）が戦後ポーランドを代表する画家の一人として活躍し
た。

ジェシュフ

PL ジェシュフ／UA リャシウ（Rzeszów / Ряшів）は、ポーラン
ド、ポトカルパチェ県の県都である。古くはサンドミェシュ地方の辺
境の町で、14 世紀初頭にハーリチ・ヴォリーニ公国に支配されたが、
カジミェシュ二世によってポーランドに編入された。1354 年にマク
デブルク法による自治が敷かれ、ルシ県の一都市となった。15 世紀
以降、多くのユダヤ人が移住し、16 世紀後半から 17 世紀前半にク
ラクフからルテニアへのルート上の重要な工芸品と貿易の中心地と
して繁栄した。1772-1918 年のオーストリア統治時代には郡庁所在
地となり、1858 年にはクラクフと、1861 年にはリヴィウと鉄道に
よって結ばれ、家畜と農産物の交易拠点となった。1918 年に西ウク

中世のガリツィア

ジェシュフ城

ライナ国民共和国が同市を領有しようとしたが、ポーランド軍によって排除された。戦間期にはルヴフ県に属し、郡庁所在地となった。1939年のナチ・ドイツの占領下では、市内にポーランド人捕虜の収容所、ユダヤ人の強制収容所とゲットーが置かれた。1942年には約25,000人のユダヤ人市民のうち、2,000人以上が市内で射殺され、残りはアウシュヴィッツとクラクフ・プワシュフの強制収容所、ベウジェツの絶滅収容所に移送された。戦後、ジェシュフ市は航空産業が発展するに従い、近隣の村や集落を編入し、人口は5倍以上、面積は7倍に増加した。2022年、ロシアのウクライナ全面侵攻が始まると、ウクライナ国境に近い地理的環境から、ウクライナから避難する人々の中継点となり、国連難民高等弁務官事務所（UNHCR）が拠点を構えた。また、同年2月28日に在ポーランド日本国大使館ジェシュフ連絡事務所が設置された。

参考：[Encyclopedia of Ukraine 2001；Wielka Encyklopedia PWN 2005]

第二章

近世のガリツィア

『ルヴフ近郊のフメリニツィキーとトハイ・ベイ』(ヤン・マテイコ画、ワルシャワ国立美術館蔵)。フメリニツィキーとトハイ・ベイの前にドゥクラの聖者ヤンが立ちはだかったという伝説が描かれている。

[Magocsi 1983：51]

近世のポーランド王国支配下のハリチナ（ガリツィア）は、当時の
ヨーロッパ諸国と比較すると、神聖ローマ帝国におけるボヘミア王国
やハプスブルク君主国におけるネーデルラントと、条件としては類似
していたといえる。いずれの地域も帝国や王国内の多数派と比べ、住
民の間で話される言語や有力な宗派が異なっていたものの、在地の貴
族層は国家の支配機構に組み込まれ、国内の諸侯と婚姻関係で結ばれ
ていた。他方で、当時のボヘミアは他のドイツの諸邦と同様の自立し
た王国であり、特にボヘミア王は皇帝を選出する特権を有する選帝侯
の地位にあったのに対し、ネーデルラントは、本国から派遣される総
督によって統治されていた。ハリチナは1366年にポーランドに併合
された後も、他のポーランド諸県とは異なる形で統治されていたが、
15世紀以降、「ルシ県」とよばれる地方行政区として、他のルーシの
諸地域とともにポーランド・リトアニア共和国に統合された。しかし、
17世紀頃からウクライナ（当時はルテニアと呼称）では、統治政策
や宗派問題をめぐりコサックが共和国政府と対立して反乱を起こし、
独自の政治的実体を持つまでになった。他方でポーランドへの併合時
期が比較的早く、都市部には多様な宗派、言語話者が居住し、ルテニ
ア（ウクライナ）人だけでは自立するための政治力、経済力を持てな
かったルシ県（ハリチナ）は、他のウクライナの諸地域とは異なる歩
みを見せることになった。

ルシ県の成立

　1401年のヤギェウォ王の死後、ヴワディスワフ二世（Władysław II
Jagiełło 1352/1362-1434）が即位した。ヴワディスワフ王の治世では、
1425年から1434年にかけて、ポーランド法がハリチナに施行され、
法的な面でポーランドへの統合が徐々に進んだ。[Serczyk 1990：58]
1430年、ヴワディスワフ王は、イェドルネィンスコ＝クラクフの特
権（Przywilej jedlneńsko-krakowski）と呼ばれる権利を貴族に認めた。

第2章

これは、裁判に基づかない王による貴族の逮捕は不当とされるなど貴族の諸権利を定めたものだったが、これがハリチナのルーシン人貴族（ボヤール）にも適用されたのである。これによって従来のルーシン人貴族の地位は改善されていく。それまで、ルーシン人貴族は「ルシ法」という特別な法の下に置かれていた。この法ではルーシン人貴族は、ポーランド国王の個人的な従者とみなされており、彼らの土地財産に権利にも、特別な許可なしに領地を売却したり譲渡したりする権利が無いという制限があった。また、ポーランド王から土地を没収されることを恐れ、ルーシン人貴族は、王の召集に応じて定期的に兵役を負担し、閘門の修理や橋の修復を行い、一定の現物税を納める義務を負っていた。1434 年まで、ハリチナは行政と司法を司る王室の総督によって統治されていた。[Яковенко 2009：80-81]

　しかし 1430 年代に入るとルーシン人貴族は、当時台頭しつつあったポーランドの士族（シュラフタ）とともに、地位の向上に向けてポーランド国内で運動を展開した。すでに 1436 年から 1437 年にかけて、ルヴフ／リヴィウ、ハーリチ、プシェミシル／ペレミシュリ、その他のルーシ諸邦のルーシン人貴族、ポーランド人士族は最初の合同会議を組織し、イェドルネィンスコ＝クラクフの特権によって約束された貴族の自由の精神に則り、ポーランド統治の改革を要求した。こうしてルーシン人貴族に課せられていた義務や奉仕は次第に撤廃されていった。ポーランド政府はハリチナに地方行政府と裁判所を設置し、住民に法を適用する権利が与えられた。同時に、貴族や聖職者等上層階層からなるルーシン人評議会もルヴフ／リヴィウで開かれた。[Яковенко 2009：82]

　1434 年、ハリチナには「ルシ県（województwo ruskie）」が設置され、法的にポーランド王国の地方行政区となった。同県は、ハーリチ地方、ルヴフ地方、ヘウム地方、プシェミシル地方、サノク地方という行政単位に分かれ、5300 平方キロメートルを擁し、東はポドレ県とヴォウィン県、北はベウス県、西はサンドミェシュ県とクラクフ県、南は

近世のガリツィア

トランシルヴァニアやモルダヴィアと接していた。

　近世のルシ県は、南方のモルダヴィアやクリミア・ハン国に隣接する地域であり、外国との交易や人の往来が盛んであった。1356年にルヴフ／リヴィウの勅許状には、「サラセン人」という名が記されており、後世の歴史家はこのサラセン人が、カライム人、トルコ人、アラブ人、あるいはジェノヴァ人を指すのではないかと推測している。[Hrytsak 2000：47] その一方で、ルシ県はポーランド王とモルダヴィア、クリミア・ハン国との戦いの前線にもなった。ポーランド王は士族の協力なしには、戦争を遂行できなかったため、士族はより王権を制限して自らの権力を強めていった。しかし、国王ジグムント二世が中央集権化を進めようとしたため、1537年、士族はルヴフ／リヴィウに集結し、王の命じたモルダヴィアの軍事遠征を拒否し、反乱を起こした。ジグムント王は遠征を中止し、改革を中断して士族と和解せざるを得なかった。これを別名「ニワトリ戦争」と呼ぶ。[小山、中井 1998：125-126]

コラム：ポーランドの士族と日本の武士

　シュラフタ（szlachta）はポーランドの貴族階級であるが士族と訳される。その起源は 10-11 世紀に成立した従士層にあり、12 世紀までに騎士層に，14-15 世紀を通じて歴代国王の特許状によって特権的な騎士階級として発展し、16-18 世紀の選挙王制時代には国政を左右する支配階級となった。その地位が最終的に消滅したのは，1921 年の憲法による。法的に士族は平等とされたが、広大な領地を持つ大貴族（マグナート）もいれば、農民と同じように農作業に従事する者や、全くの土地を持たない者もいた。

　このポーランド士族と日本の武士を早くから比較していたのが、新渡戸稲造であった。彼は 1904 年にルヴフ／リヴィウ（当時はハプス

第 2 章

ブルク領）で出版された『武士
道』のポーランド語版に寄せた
序文の中で、日本の「大名」や
「侍」を説明する際に、ポーラ
ンド士族の「城代（kasztelan）」
や「代官（starosta）」を引き合
いに出し、赤穂浪士四十七士を
バール同盟に、武士の「大和」
精神をポーランド士族のサルマ
チア主義と比することで、ポー
ランド人読者にも理解しやすく
した。当時から新渡戸が一定の
ポーランド史の知識を得ていた
ことが分かる。こうした類似性
に加え、深い祖国愛という精神
的な共通性から、西洋人から

新渡戸稲造『武士道』ポーランド語版
（1904 年）（ポーランド国立図書館）

「野蛮」と思われていた日本の武士を最も理解できる読者はポーラン
ド人である、と新渡戸はポーランド人読者に共感を寄せたのである。
[Nitobe 1904：5-8] 既に新渡戸は 1898 年のドイツ留学時代にポー
ランドを訪れており、1904 年に日本人で初めてポーランド外交官と
接触した牧野伸顕からポーランド事情を聞いていた。[ロドヴィッチ
2003] ちなみに日露戦争での日本の勝利を記念して 1910 年に当時
の市民によって名づけられた「日本通り（Вулица Японська / Ulica
Japońska）」は今もリヴィウ市街にその名を残している。
　しかし、武士と違い、ポーランドの士族は自領での個人的な身分保
障に基づき、広範な社会、経済上の特権を行使でき、聖俗両界にも進
出した。特にリベルム・ヴェト（自由拒否権）と連盟結成権という特
権を手に入れたことで、士族は、議会（セイム）での立法権、国王選
出権を行使し、聖職者、農民、市民の諸階級を圧倒した。中小士族は

17世紀以降に没落したが、ポトツキ家、チャルトルイスキ家等の大貴族の権勢は王権をしのいだ。ポーランド分割後、農奴解放や資本主義経済の発展により、土地を手放した中小士族は、都市部で知識人層を形成した。1921年に士族層は廃止されたが、近代、現代ポーランド史のなかで演じたその役割と影響は大きい。[ブリタニカ国際大百科事典；新版　東欧を知る事典]

ルヴフ／リヴィウにおける宗派と「ナティオ」の形成

　中世以来、他のヨーロッパ諸国と同様、ルシ県の職能身分は、「祈る人」(聖職者)、「戦う人」(士族)、「働く人」(商人、手工業者、農民)に分かれていた。先述のように「祈る人」が宗派ごとに明確に分かれ、カトリックとそれ以外の宗派では法的な差別も存在した一方、「戦う人」である士族間では、ポーランド人とルーシン人が対等な地位になり、婚姻によってさらに関係が深まった。また「働く人」においては、都市部においてユダヤ人やドイツ人、アルメニア人が商人として活躍する一方、農村部では、ルーシン人農民やポーランドから士族とともに移住した農民が大半を占めた。

　ポーランドのハリチナ併合後、リヴィウはポーランド側で PL ルヴフ (Lwów) と呼ばれた。同市は、中東欧の諸都市で広く取り入れられたマクデブルク法による自治が敷かれた。ポーランド国内からルヴフ／リヴィウへの移住者が増加したが、ポーランド王は特に商業の活性化のため、ドイツから商人を移住者として受け入れた。また市内のカトリックやポーランド人は、関税や租税の免除という経済的特権を得ていた。市の行政を担ったのは、主にポーランド人特権層(ナティオ)やカトリックであり、正教徒とユダヤ人の市民は、行政職に就くことを許されなかった。また階層としては、カトリックの商人と行商人が、ルヴフ／リヴィウの市中心の政治や経済を支配していた。商人には、ビール醸造業者、薬剤師、金箔職人、鋳物職人、鉄砲職人

第2章

等、商業に近い活動をする職人も含まれた。ルヴフ／リヴィウの市
参事会の議席は、こうした商人の代表によって占められた。[Капраль
2014：33]

　カジミェシュ大王のハリチナ併合後、ルーシン人の利害を代表した
のは、貴族層と正教会であった。1375 年にハーリチにローマ・カトリッ
ク司教座が置かれた一方で、カジミェシュ大王によって一時的に再建
された正教教区は、大王の死後に廃止されていた。この状況に対し、
ヴォリーニの有力なルーシン人貴族であるコスチャティン・オストロ
ジキー（Костянтин Острозький 1460-1530）公の説得によって、ポー
ランド宮廷は正教の共同体と教区の再建を認めた。[Magocsi 1996：
157] 1539 年に正教の主教が任命され、ルヴフ／リヴィウの「生神女
就寝教会（Успенська церква）」に府主教座が設置され、世俗信徒の互
助団体である兄弟団も結成された。同様にアルメニア教徒、ユダヤ教
徒の共同体も形成された。現代の西ウクライナの歴史家、ミロン・カ
プラリが指摘する通り、こうした宗教共同体は都市部で「ナティオ」
と呼ばれる社団（中間団体）を構成し、共同体内部で慣習法による自
治が許された。ナティオは、後のネイション（国民、民族）の語源と
なる用語であり、ネイションの起源をめぐる論争でも参照される。と
はいえ、ナティオは当時、主に都市部に集中する特権身分の集団や団
体を指す公法上の概念であり、近代以降、居住地や階層を超えて人々
の政治的主体を構成するネイション概念とは区別される。近世では、
後述するフメリニツィキーの反乱で、ルヴフ／リヴィウのルテニア人
正教徒のナティオが、ルヴフ／リヴィウ市に忠誠を誓い、フメリニツィ
キー率いるルテニア人のコサックと対峙する例もあったからである。

　しかし他のヨーロッパ諸国でも見られるように、18 世紀以降、知
識人による社団の再編論争の中で、階層限定的であったナティオ概念
は相対化され、次第にゲンス（種族、民族）と同一視されていく傾向
にあった。[中澤 2009：92]

近世のガリツィア

ナティオ（natio）：高位聖職者、貴族、王国自由都市およびその参事会等の貴族
　　的地位にある、特権身分社団の総称。
ポプルス（populus）：ナティオ下層部の中小貴族や手工業者等、一定の主体的権
　　利を持つ階層の中で最も下層に位置する人々を想定した概念。
ゲンス（gens）：ローマ法における私法上の主体を指し、「種族的帰属、族譜を同
　　じくする集団」と定義される。

[中澤 2009：61-62]

1544 年ルヴフ／リヴィウ市の不動産所有者における民族（ゲンス）構成
（Капраль 2003：331）

	ポーランド人		ルテニア（ウクライナ）人		ドイツ人	
	数	％	数	％	数	％
市中心部	94	38	25	9	31	11
市全体	298	37	208	26	62	8

アルメニア人		ユダヤ人		未詳		合計
数	％	数	％	数	％	数
42	16	28	10	43	16	263
52	6	64	8	124	15	808

　1550 年頃までの、ルヴフ／リヴィウ市人口の民族（ゲンス）の構
成はポーランド人（38％）、ルテニア人（24％）、ドイツ人（8％）、ユ
ダヤ人（8％）、アルメニア人（7％）と推定されている。ポーランド・
リトアニア共和国において、あるいはヨーロッパ全域において、5 つ
の民族がそれぞれ人口の 5％以上を占める大都市は他になかったとい
う。[Hrytsak 2000：50] ルヴフ／リヴィウ市街は、民族・宗派によっ
て居住地が分けられていた。市南東部にはユダヤ人街（ゲットー）が、
その東にはルテニア人街が、さらにルテニア人街の北にはアルメニア
人街があった。それぞれの街にはユダヤ人通り、ルテニア人通り、ア

17世紀のルヴフ／リヴィウ市街

ルメニア人通りが通っていた。[Капраль 2014：34]

　ルヴフ／リヴィウ市の多様な住民の内、特権的な「ナティオ」の地位を与えられたのは、市内のカトリックに加え、ルーシン人正教徒、アルメニア正教徒、そしてユダヤ教徒であったが、非カトリックはカトリックと異なり、王家の恒久的な免税の対象にはならず、時々の王から与えられる勅許状で明記された場合のみ納税が免除された。ポーランド人貴族と同等の権利を得ていくルーシン人貴族層に比べ、正教の聖職者や庶民は、カトリック聖職者やポーランド市民と比べ、依然として下位に置かれ続けた。1525年、ポーランド国王ジグムント一世は、正教聖職者が、祖

現在のリヴィウの旧ユダヤ人街

近世のガリツィア

14世後半に建てられたルヴフ／リヴィウのアルメニア正教会

先が所有していた土地以外の他の土地を購入し所有することを禁じるとともに、ルーシン人がギルドに加入し、ウォッカ、ワイン、ビール、布を販売することを禁止した。[Serczyk 1990：63-64] 1572年5月、ポーランド王ジグムント二世アウグストは、ルヴフ／リヴィウの正教共同体に宗教面での自治を認める憲章を与え、不動産購入の自由や、同時に正教徒の市参事会での選出の権利を付与する勅許を発した。しかし、カトリック側が強く反対し、ジグムント王の後継のステファン・バトーリは1572年の勅許に明記された正教徒の権利を取り消し、カトリックと非カトリックの完全な同権は達成されなかった。[Капраль 2003：65-66]

1573年にポーランドの士族の間でワルシャワ連盟協約が結ばれ、ポーランド国内のキリスト教諸派の尊重と寛容が法的に保障された一方、宗派の選択は領主に委ねられた。協約には聖職碌保全に関する一文に正教徒も言及されたが、ルーシン人貴族のカトリック化が進むことで、正教会はむしろ困難な立場に陥ったのである。[小山 2013；福嶋 2015：43]

**中世後期のルシ県（赤ルーシ）における宗派別、社会階層別の適用法
[Janeczek 2004：31 を一部修正]**

	貴族	都市民	農民
カトリック	土地法（1433年以降）	マクデブルク法	ドイツ法
正教徒		マクデブルク法（制限付き）	ルシ法
アルメニア正教徒			-
ユダヤ教徒	-	カリシュ法	-

ルブリン合同とブレスト教会合同

　15世紀以降、ポーランド・リトアニア同君連合は、隣国のモスクワ大公国やオスマン帝国の台頭に直面した。共通の敵を抱え、政治的、社会的に一体化する必要に迫られたポーランド王国とリトアニア大公国の士族は、1569年、ルブリンで会議を開き、両国の国会や貨幣制度等を共通とする制度的な合同（物的連合）を成すとともに、ヤギェウォ朝最後の王ジグムント二世以降の君主を士族による選挙で選出することで合意した。以降、ポーランド・リトアニアは「二国民の共和国（Rzeczpospolita Obojga Narodów）」と呼ばれ、「王のいる」共和国となった。この時、ポーランド士族とリトアニア士族の地位は平等に

ルブリン合同（ヤン・マテイコ画）

近世のガリツィア

定められ、これはルーシン人貴族にも及んだ。またリトアニア領の
ルーシは、現在のウクライナまでがポーランド領に帰属が変更され、
この時リトアニア大公国とポーランド領ウクライナの境が、現在のベ
ラルーシとウクライナの国境となった。[小山 2022：78] ルブリン合
同後、国政の重心が東方に移動したのに伴い、首都もクラクフから東
寄りのワルシャワに移った。本書では、これ以降ロシアと区別するた
め、ルーシやルーシン人を、当時ポーランドで呼称されたラテン語化
されたルテニア、ルテニア人と表記する。

　ポーランド士族と対等な権利を獲得するにつれ、ルテニア人貴族
はカトリックに改宗しポーランド語を習得するなど、「ポーランド
化」といえる例も確認された。しかし、ルテニア人貴族は単にポーラ
ンド人に同化したのではなく、より複雑な帰属意識を持っていたと
される。それが「ルテニア人でありポーランド国民（Gente Rutheni,
Natione Poloni）」と呼ばれるものである。ここでは、ルテニア人は「ゲ
ンス（種族）」を指し、「ポーランド国民」や「ポーランド国家」は、ポー
ランド民族やその民族国家ではなく、第一章で説明した、王冠に従属
する全ての臣民と、その「共通の祖国」を指す。特に近世には、王の
空位が続いたことで、王権よりも士族（シュラフタ）の力が強まり、ポー
ランド・リトアニアは、「士族共和国（Rzeczpospolita szlachecka）」と
呼ばれるほどであった。士族、貴族層の間では宗派や民族を超えて、
イランの遊牧民族とされる「サルマチア人」の共通の子孫であるとい
う「神話」が作られた。ルテニア人貴族の中には、ヴォリーニに所領
を持つオストロジキー家など、ポーランド・リトアニア共和国の政界
で活躍する者もいた。ただし、最近の研究によれば、「ルテニア人で
ありポーランド国民」という表現がよく用いられたのは 19 世紀以降
とされる。また、この言葉を最初に用いたとされる、プシェミシル／
ペレミシュリ出身で父がカトリックの士族、母がルテニア人正教徒で
ある著作家のスタニスワフ・オジェホフスキ／スタニスラウ・オリホ
ウシキー（Stanisław Orzechowski / Станіслав Оріховський 1513-1566）

第 2 章

76

は実際にはこの表現を使わず、ポーランド人と同様、ルテニア人を「国民」として捉えていたという指摘もある。[Althoen 2003; Świątek 2019：59]

士族、貴族の場合と異なり、宗教面では、ルブリン合同でカトリックと清教徒の地位は平等と表向きには定められたにもかかわらず、正教徒はカトリックに比べ差別的な地位に置かれ続

スタニスワフ・オジェホフスキ／スタニスラウ・オリホウシキーの現在のプシェミシルにある彼の生家

けた。1609年ルヴフ／リヴィウの正教徒は、ポーランド宮廷に請願を行い、正教徒に商業活動やギルドへの参入を許すことや、ルヴフ／リヴィウの正教徒にカトリックと対等な裁判権を導入するよう求めた。1670年、正教徒の裁判管轄権をポーランドの管轄権に編入することで、裁判で正教徒はカトリックと同等の権利を持つことになった。[Капраль 2003：126]

このように正教徒の権利向上の運動や訴訟は、ルテニア人のポーランド社会への統合を進める結果になった。その一方で正教文化を守る活動も展開され、オストロジキー家の支援で学校や出版所が建てられた。1585年には、ルヴフ／リヴィウに兄弟団の学校が設立された。1592年にはコスチャティン・バシーリ・オストロジキー（Костянтин Василь Острозький 1526-1608）公が請願し、同校でラテン語による自由学芸七科の教授もポーランド王から認可された。[Яковенко 2009：153] また当時のルヴフ／リヴィウのイエズス会学院では、後にコサック大反乱を起

コスチャティン・バシーリ・オストロジキー

近世のガリツィア

こす若きボフダン・フメリニツィキー（Богдан Хмельницький 1595-1657）が学んでいた。1661 年にイエズス会学院は、ヤン・カジミェシュ三世によってルヴフ大学に発展改組された。

同時期にはポーランド王ジグムント三世やイエズス会が、国内のプロテスタントの拡大に対抗しようとしていた。彼らは、1438 年に「フェラーラ・フィレンツェ公会議」で決定されながらもビザンツ帝国の滅亡で実現されなかったカトリックとギリシャ正教の「合同」をポーランド・リトアニア共和国で再現することを正教会側に呼びかけた。カトリックとの同権を期待する正教会側の聖職者も合同に関する交渉に応じた。こうしてカトリック側と正教会側は、1596 年のブレストで教会会議を開き、正教の伝統的な東方典礼を維持しつつ、ローマ教皇の傘下に入ることを認める「三十三か条」を採択した。ブレスト合意では、合同教会主教が、ローマ・カトリックと同等の権利、すなわち元老院の議席を得る点が記されたが、共和国議会（セイム）の支持を得られず実現には至らなかった。しかもオストロジキー公やリヴィウ主教ゲデオン・バラバンが教会合同に反対の意を示すなど、正教徒の間ではブレスト合意をめぐり混乱が広がった。結局ポーランド・リトアニア共和国内では従来の正教会と新たに成立した合同教会が併存する状況となった。合同教会は、正教会と比べ待遇は改善されたものの、ローマ・カトリックに対し、従属的な地位に置かれ続けたのである。[福嶋

ルヴフ／リヴィウの正教学校規約

第 2 章

ミハウ(ミカエル)教会の傍の旧ルヴフ大学学舎

2015：55-59]

　1630年、ルヴフ／リヴィウのアルメニア正教のミコワイ・トロソヴィチ（Mikołaj Torosowicz,／Նիկոլայ Թորոսովիչ 1605-1681）主教は、カトリックとの合同に同意した。こうして同市には、アルメニア・カトリックとアルメニア正教が併存することになった。

　近世のルシ県の主な宗派分布については、ルヴフ／リヴィウ市以外のルシ県西部の小都市では次のようであった。

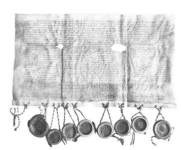

ブレスト教会会議の宣言文

近世のガリツィア

**17–18世紀のルシ県（サノク地方とプシェミシル地方）の街の宗派構成
[Motylewicz 2005：37]**

都市	ローマ・カトリック		合同教会信徒（後のギリシャ・カトリック）		ユダヤ教徒	
	人口	%	人口	%	人口	%
ディヌフ（Dynów）	1332	73.1	79	4.2	435	23.5
ドロホビチ（Дрогобич）	1274	34	263	7	2200	58.8
ヤロスワフ（Jarosław）	2683	53.7	1196	23.9	1116	22.3
レジャイスク（Leżajsk）	1628	57.1	484	16.9	738	25.8
ウィンツト（Łańcut）	1368	62	-	-	809	37.1
モスティシカ（Мостиська）	1230	62.2	238	12.1	494	25.1
プシェミシル（Przemyśl）	1202	39.5	147	4.8	1692	55.6
プシェヴォルスク（Przeworsk）	2802	75.9	-	-	887	24
ラディムノ（Radymno）	860	79.4	196	18.2	26	2.4
ジェシュフ（Rzeszów）	1661	50.1	-	-	1648	49.8
サムビル（Самбір）	4016	68.1	378	6.4	1500	25.4
サノク（Sanok）	346	48.7	184	14.7	259	36.4
ストリー（Стрий）	3559	88.8	225	5.6	220	5.4
ヴィシュニャ（Вишня）	462	59.9	248	32.1	61	7.9

　上記の表はルシ県の中で、現在のポーランド領にかかる割合の多い
サノク地方とプシェミシル地方の小都市における宗派別人口の内訳を
示している。ここでは、すべての街でローマ・カトリックが3–4割以
上を占め、ほとんどの街の人口の多数を占めていることがわかる。た
だし、ドロホビチ、プシェミシル／ペレミシュリ、ジェシュフ等商
業が盛んな街は、ユダヤ人口が5割を超え多数派を占めている。他
方で、合同教会信徒は、それぞれの街の人口の3割以下であった。
[Motylewicz 2005：37-38] 他方で、ルテニア人が人口の大半を占める
国境地帯の南東部、すなわちルシ県の東部のルヴフ地方やハーリチ地
方では、合同教会信徒が多数派を占める街もあった。例えば、16–17
世紀にかけて建設されたルヴフ地方の**UA** ジョウクヴァ／**PL** ジュウ
キエフ（Жовква / Żółkiew）では郊外や近隣の都市から移住してきた

ルテニア人が住民の多数派であった。[Капраль 2016：7-8] ルシ県に関する宗派別、民族別人口についてはウクライナ史研究、ポーランド史研究において個別の研究はこれまで蓄積されてきているが、全体的な統計については両方で受け入れられているものは未だにないのが現状である。

近世ルシ県における農場領主制と農民一揆

　東欧地域が 16 世紀以降、ヨーロッパ全土で拡大する「近代世界システム」と呼ばれる資本主義的生産様式に取り込まれたことが重要である。この理論の主唱者であるエマニュエル・ウォーラーステインによれば、近代世界は、交易の拠点であり中心市場や工業地域として成長した経済的「中核」とそれに原料・農産物を供給する「周辺」（そして双方の要素を持つ過度的な「半周辺」）から成る。自営農の成長が進まなかった東欧（正確にはエルベ川以東）では、市場向けの換金作物を生産する「周辺」としてこのシステムに組み込まれた結果、「農場領主制」と呼ばれる、自由農民を再び農奴として賦役労働に就かせる身分制の拡大が進んだ（再版農奴制）。[ウォーラーステイン 1993：165-166] ここで注意するべきは、特に大貴族（ポーランド語で「マグナート（magnat）」）が不況の対応策として、コストの削減と競争相手の排除をポーランド国内で進めたことである。具体的には没落した士族（シュラフタ）や農民から土地を買い入れ、農奴の賦役労働の時間を延長することで、安価な作物を生産し、競争相手を追い落としていった。こうして競争相手が減るにつれ、ますます大貴族に土地が集積していくというサイクルが出来上がる。こうして、政治的にも大貴族の影響力が拡大し、ポーランド王国の貴族支配と国家権力の弱体化につながったとウォーラーステインは述べている。

　17 世紀初期のルシ県における有力な士族としては、スタドニツキ、ヘルブルト、リゲンザ、クラシツキ、ゴルスキ、ポトツキ、ヤズゥォヴィ

近世のガリツィア

エツキがあった。しかし、一族同士の領地争いもあり、これらの一門は次第に没落し、代わりにワィンツト（Łańcut）を拠点とするルボミルスキ家、ジョウクヴァ／ジュウキエフのジュウキェフスキ家、ポトホルツェ／ピドヒルツィ（Podhorce / Підгірці）のコニェツポルスキ家、オレスコ（Olesko / Олесько）のソビェスキ家、クリスティノポル／チェルノヴォフラド（Krystynopol / Червоноград）のポトツキ家が、新たな大貴族として台頭した。彼らは、領地内に私有する都市（私領都市）を拠点として、教会の建立、教区の聖職者の任命、地方下級官吏職の推薦（実質的任命権）等様々な権力を行使した。[白木 2011：108-109]

　他方で領主から農民が課せられた賦役は、領主の直営地で農作業を行う農耕賦役に加え、生産物や家畜を運搬する運搬賦役、狩猟賦役、紡績賦役等、多岐に渡るものだった。こうした領主の搾取には、農民側も一揆を起こしたり、農地から逃亡したりした。1490 年、ブコヴィナ出身の農民ムハ（Myxa / Mucha）に率いられた数千人の反乱軍がハリチナに現れた。彼らは一時ハリチナの主要拠点を占領したが、ロハティンの戦いでポーランド士族とドイツ騎士団の連合軍と衝突し、敗北を喫した。しかし翌年にもムハはアンジェイ・ボルラ（Andrzej Borula）と名乗り、反乱軍を結成して領主に戦いを挑んだ。1492 年、ポクッチャ平原に現れたムハは捕らえられ、クラクフに連行され、獄死した。しかし、農奴制の義務を拒否した農民が、荘園を攻撃し、領主や代官を殺害する事例はその後も見られ、これらは近隣のヴォリーニでも頻繁に起こった。[Serczyk 1990：63] 農地から逃亡した農民は、次節で述べるように、現ウクライナ南部のザポロージェを拠点にコサックに成長していく。

　ただし、最近の研究では、近世を通して農民が土地に緊縛され、移動の自由がなかったという定説には疑問が投げかけられている。例えばポーランド史学では、ルシ県の近隣のクラクフ県やサンドミェシュ県を事例に、農民の移動や移住を検証した研究や、18 世紀に移住農

第 2 章

民らによって形成された小都市に関する実証的な研究が現れている。
[Wyżga 2019; Miodunka 2023]

フメリニツィキーの乱と「大洪水」の時代

　現在の東ウクライナでは、ポーランドとリトアニアの領主の支配から逃亡した農民が、クリミア・タタールとの抗争を通して武装化し、コサック（ウクライナ語では正確には「コザーク（козак）」）と呼ばれた。ポーランド政府は、隣国のモスクワ大公国やオスマン帝国、クリミア・ハン国との戦いのためにコサックを軍人として雇い入れ、一切の封建的義務を免除する「登録コサック」制度を 1570 年から始めた。また、ルシ県プシェミシル地方のルテニア人貴族の家に生まれながら、東ウクライナでコサックに入隊し、その指導者となったペトロ・コナシェヴィチ＝サハイダーチニー（Петро Конашевич-Сагайдачний 1570-1622）の下でコサックは正教を受容した。しかし、17 世紀前半には、登録コサックの数に比して、非登録コサックの数が増加し、後者は財政難から登録を制限するポーランド政府に不満を持った。その一方でポーランド政府は、コサックの統制とカトリック化を強引に押し進め、コサックの反発を買った。1648 年春、コサックはフメリニツィキーを指導者にポーランド・リトアニア共和国に対して、大規模な反乱を起こした。対してポーランド・リトアニア共和国政府は、国王ヴワディスワフ三世が死去し、新王が選出される最中で、反乱に有効に対処できないでいた。ルシ県の諸都市の貧困層や農民等はフメリニツィキーの軍の到来を期待し、各地でポーランド士族に対する反乱を起こした一方、都市部の特権階層は、コサック軍を脅威と捉えた。[Грабовецький 1972：59-60] そもそもコサックの存在しないルシ県では、後に述べるように、ルテニア人住民もまた、コサック反乱に対して支持ばかりでも反対ばかりでもなく、居住地や階層によって反応は分かれていた。

近世のガリツィア

ヤレーマ・ヴィシネヴェツィキー／イェレミ・ヴィシニョヴィエツキ

フメリニツィキーの軍勢は、クリミア・ハン国のトハイ・ベイの軍と連合し、西ウクライナに進撃、1648年9月23日にポーランド軍をピリャーウツィの戦いで破り、ルヴフ／リヴィウに迫った。ルヴフ／リヴィウ市は避難民がポーランド軍の敗走を伝えると、パニック状態に陥った。市の中心部のベルナルディン教会で軍人やルテニア人貴族ヤレーマ・ヴィシネヴェツィキー（ポーランド語ではイェレミ・ヴィシニョヴィエツキ）（Ярема Вишневецький / Jeremi Wiśniowiecki 1612-1651）公、その他の領主らが集まり、作戦会議が開かれた。『ルヴフの歴史』を著した20世紀のポーランド人歴史家レシェク・ポトホロデツキは、その時起きた出来事を次のように書いている。

　会議の最中、象牙のカタジナ（Katarzyna Słoniowa）という貴婦人が教会に到着し、カルメル会修道院の銀貨と自分の貴重品を指揮官たちの足元に投げ、街の防衛を切々と訴えたのである。紆余曲折の末、ヴィシニオヴィエツキは軍を率いることに同意し、[ルシ県議会議長のミコワイ・]オストロルクとともに街を防衛する準備を整えた。市民は出費を惜しまず、短期間で現金数百万ズウォティと30万[ズウォティ相当の]貴重品が集まった。この金額の一部は3,348人の兵士の衣服と武装に用いられ、残りは新たな入隊のために騎兵大尉に与えられた。こうして数日のうちに、ルヴフはコルスンのヘトマン[＝フメリニツィキー]とほぼ同等の軍隊を編成し、「ルヴフは常にポーランドに忠実なり（Leopolis Poloninae semper fidelis）」を歴史上初めて証明したのである。[Podhorodecki 1993：73]

第2章

しかし、ヴィシネヴェツィキーの軍は、ルヴフ／リヴィウの籠城戦を困難と見極め、より防御の堅固な近郊のザモシチの要塞に早々に撤退してしまった。そのためルヴフ／リヴィウに残されたわずかな数の守備隊と民兵が市を防衛せざるを得なかった。ルヴフ／リヴィウの陥落が危ぶまれたのは、市内のルテニア人正教徒が「正教の守護者」を掲げるフメリニツィキー軍に寝返るのではないかと懸念されたからである。1648年6月にルヴフ／リヴィウのルテニア人評議会は、「共和国内の平和のためには、市民間のすべての不一致、口論、憎悪が解決されることが必要であると考える」という文言の決議を行い、ルテニア人正教徒が共和国に協力することには同意して

ポーランド重騎兵（フサリア）の甲冑とコサック軍のティンパニ（リヴィウ兵器廠博物館蔵）

いたが、代わりに正教徒に対する法的差別の撤廃を要求していた。[Томашівський 1898：102] 他方で、都市部の裕福なルテニア人市民は、ポーランド人と同じくらいコサックを恐れており、ルヴフ／リヴィウ包囲戦の間、ルテニア人市民から市の防衛側に対する敵対的な発言はなかったとポーランド人歴史家のポトホロデツキは指摘している。[Podhorodecki 1993：74]

　ルヴフ／リヴィウ市内の各宗派・ナティオの協力の下、コサック軍

近世のガリツィア

1648年ルヴフ／リヴィウ攻防戦 [Podhorodecki 1993]

に対する防衛戦は10月初頭から3週間続いた。ルヴフ／リヴィウ市の攻防戦では、郊外に住むルテニア人がフメリニツィキー側につき、市防衛の要衝である「ヴィソーキー城」（高い城）に通じる道を教え、コサック軍は城を攻め落とした。[Грабовецький 1972：70] コサック軍は続いて市街地に進攻したが、すぐに自陣営に戻ってしまった。この予期せぬ展開は、15世紀のカトリックの聖者であるドゥクラのヤン（Jan z Dukli）が天から現れ、コサックたちを恐れおののかせ、退却させたからであると市民の間で信じられた。翌年、市はベルナルディン教会の前に「奇跡」を起こした聖者を称える記念柱を建立した。[Podhorodecki 1993：75] いずれにせよ、コサック軍がルヴフ／リヴィ

ヴィソーキー城の戦い [Бевз та інші, 2008: 19]

ウを攻めあぐねている間に、ザモシチ要塞ではコサック軍撃退の準備が整った。フメリツィニキーは、11月に自陣営を訪れたルヴフ／リヴィウ市の代表、ルテニア人正教会代表、アルメニア正教会代表らと会談、身代金と引き換えに包囲を解き、ザモ

第2章

現在のズバラシ城 1[Бойко, Гаврилюк 2009: 30]

シチの攻撃に移った。同時期にワルシャワでは国王選挙が行われ、ヴァーサ家のヤン二世カジミェシュ（Jan II Kazimierz Waza 1609-1672）がポーランド王に選出された。この知らせを聞いたコサック軍は、ザモシチの包囲を解きキエフ／キーウに撤退、ヤン二世との交渉の扉を開い

現在のズバラシ城 2[Бойко, Гаврилюк 2009: 33]

た。しかしルヴフ／リヴィウを含むルテニア全土の確保を目指すフメリニツィキーと共和国政府との交渉は失敗に終わり、1649年に両者の間の戦闘が再開された。[Яковенко 2009：212]

　1649年夏にフメリニツィキーのコサック軍とクリミア・ハン国連合軍は、ヴィシネヴェツィキーの軍が立てこもる🆮タルノポル／🆄🇦テルノーピリのズバラシ城を包囲した。ズバラシ城の戦いは、19世紀のポーランド人国民作家ヘンリク・シェンキェヴィチの代表作の

近世のガリツィア

一つである『火と剣によって（Ogniem i Mieczem）』（1884年）でも取り上げられ、1999年にはポーランドで映画化されるなど有名である（邦訳版も販売されたが、大幅に短縮されている）。8週間の包囲戦の末に、クリミア・ハン国軍が離反し同国が共和国側と単独講和したため、フメリニツィキーも城の攻略を諦め、共和国政府と講和を結ばざるを得なかった。この「ズボリフ合意」では、登録コサックの増大が約束されるとともに、ルテニア東部（現在の東ウクライナ）にコサックによる事実上の政府が形成された。[小山・中井 1998：169]

ルヴフ／リヴィウの市街戦では、ルテニア人を含む市民が避難する各所の教会をコサックが略奪して回ったことをポトホロデツキらポーランド史家が指摘している。[Podhorodecki 1993：75] コサックによるガリツィアの都市や村の略奪と破壊については、西ウクライナの歴史家の中でも批判的に叙述する者がおり、ハプスブルク期の歴史家トマシウシキーはコサックを「暴徒」と表現さえした。[Томашівський 1898] その一方で、ソ連期の西ウクライナ出身の歴史家ヴォロディーミル・フラボヴェツィキー（Володимир Грабовецький 1928-2015）は、コサックを暴徒と呼ぶトマシウシキーの歴史観は、典型的な「ブルジョワ史観」であると批判し、フメリニツィキーの乱を、ポーランド貴族の封建支配に対するウクライナ民族の解放戦争と農民の階級闘争の相互作用として描いた。また、ポーラ

ポーランドのイェジ・ホフマン監督作『火と剣によって』（1999年）（邦題『ファイアー・アンド・ソード』）[https://gapla.fn.org.pl/plakat/2187/ogniem-i-mieczem.html]

ンドの支配下に残ったガリツィアにおいて、フメリニツィキーに加担した農民の反乱に対する鎮圧作戦が行われた際、ポーランド士族に率いられた兵士が、各地のルテニア人の村で略奪と殺戮を引き起こした出来事を、フラボヴェツィキーは批判的に取り上げている。[Грабовецький 1972：144-157] 冷戦が崩壊し、民族解放史観や階級闘争史観が弱まった現在では、ウクライナ史、ポーランド史、ユダヤ史の各専門家の間で、フメリニツィキーの乱がそれぞれの歴史でどのように捉えられてきたかについて国際的な共同研究が行われるなど、研究者の間の対話が続いている。[Glaser ed. 2015]

　ポーランドとコサックの関係は、1649 年の講和以降も紆余曲折を経た。1650 年にポーランドはコサックに対して攻勢に転じ、戦場で大勝した。クリミア・ハン国の助けを得られず、窮地に立たされたフメリニツィキーは、1654 年にモスクワのツァーリ、アレクセイと「ペレヤスラフ協定」を結び、コサックの自治権を認めつつ、ツァーリに臣従することに合意した。1655 年には、フメリニツィキーとモスクワの同盟軍がルヴフ／リヴィウを再び攻めたが、攻略には至らなかった。フメリニツィキーの死後、コサック側は、スウェーデンとの戦争で疲労していたポーランド・リトアニア共和国と交渉し、カトリックと正教徒の権利を同等にするとともに、コサックの支配地に「ルテニア公国」を建国し、ポーランド・リトアニア・ルテニア共和国に再編するという「ハジャチ合意」を 1658 年に結んだ。[福嶋 2010] 同合意は共和国議会で批准されたが、実現には至らなかった。1667 年には、共和国とロシアの間でアンドルソフ協定が結ばれ、ウクライナはドニエプル河を境に両国によって分割された。

　フメリニツィキーの乱を端に発するポーランド・リトアニア共和国の混乱を指して「大洪水」と呼ばれる 17 世紀後半以降、ルヴフ／リヴィウは、「共和国の東方の砦」として軍事拠点の役割を果たした。そのため、コサック以外にも諸外国からの侵攻を受け、1672 年にはオスマン軍が、1704 年にはスウェーデン軍が、ルヴフ／リヴィウに攻め

近世のガリツィア

1683年にウィーンをオスマン軍から解放したヤン・ソビェスキ（ヤン・マテイコ画、ヴァティカン美術館蔵）

寄せた。いずれも同市を占領するには至らなかったものの、ガリツィアは長い戦乱によって荒廃し、商業は衰退した。ルヴフ／リヴィウ市の復興は18世紀に入ってからであった。

　1672年の侵攻以降、オスマン帝国は現ウクライナ中西部のポジッリャの大部分を占領していた。ルヴフ地方のオレスコ城に生まれたポーランド貴族のヤン・ソビェスキ（Jan Sobieski 1629-1696）は共和国軍司令官（ヘトマン）や最高司令官（マルシャウェク）として領土奪還のためオスマン帝国と戦い、1676年にはポーランド王に選出されヤン三世として戴冠した。1683年、ヤン三世ソビェスキは共和

国軍を率いオスマン軍による包囲からウィーンを解放すると、1699年のカルロヴィッツ条約でポジッリャまでの領土を回復した。しかし、ブコヴィナ北部までは依然としてオスマン帝国の支配下にあり、カルパチア山脈の西部はハンガリーが支配していた。[Subtelny 2009：154] ちなみに、1683年のウィーン包囲の際に、当地の貿易会社で働いていたルヴフ／リヴィウ近郊のルテニア人貴族出身であるユーリー・フランツ・クルチツキー（Юрій Франц Кульчицький 1640-1694）は、トルコ語に堪能であったことから、包囲する敵陣のオスマン軍の監視を潜り抜け、ロレーヌ公からの援軍を請う大役を果たした。その軍功を

第二次世界大戦後、リヴィウからグダニスクに移されたヤン・ソビェスキ王の騎馬像

現在のリヴィウにあるユーリー・フランツ・クルチツキーの像

ウィーン市議会から称えられたクルチツキーは、ウィーン解放後に、敗走するオスマン軍が残した大量のコーヒー豆を与えられ、ウィーンで「ツアー・ブラウエン・フラッシェ」というコーヒー店を開いた。これが世にいうウィンナ・コーヒーの始まりとされている。

近世のルテニア人の権利闘争

　フメリニツィキーの反乱は、単に共和国政府に不満を持つコサックや農民の反乱だけではなかった。ウクライナ人歴史家フリツァーク

は、同時期に起きた三十年戦争（1568–1648）やイギリス革命（1642–1651）を挙げ、当時のヨーロッパの革命イデオロギーに大きな役割を果たしたのは、反カトリックという原則であったと指摘する。フメリニツィキーの乱においても、国家から登録を受けられず政治的権利を得られなかったコサックが、これまで法的差別を受けてきた正教徒と同盟することで、宗派や階層を超えたウクライナの政治共同体の基礎が形成されたという。[Грицак 2022：119] 他方で、ルヴフ／リヴィウでもフメリニツィキーの乱を機に、共和国側についた正教徒の間でも、権利の向上を求める運動が高まった。コサック軍のルヴフ／リヴィウ包囲戦の後、ルヴフ／リヴィウの正教兄弟団の代表者は、ワルシャワに使節を派遣し、ルテニア人正教徒の権利拡大を請願した。請願は宗教面と世俗面に分かれ、宗教面では、共同体による司祭の自由な任命等、自治の拡大、また世俗面に関しては、市参事会への正教徒の出席と経済的制限の撤廃の実現等が列挙された。ヤン二世は請願を聞き入れたものの、正教徒の差別は結局廃止されなかった。むしろポーランド・カトリックによるルテニア人正教徒に対する弾圧は強まり、ルヴフ／リヴィウの市当局が、1651年7月にリヴィウの正教兄弟団の印刷所を閉鎖し、財産を差し押さえたため、正教徒側は市裁判所に訴訟を起こした。正教徒側は市当局の措置が不法である点について、逐一法的根拠を示し、王立裁判所にも訴えたが、当局を支持する裁判所の判決は覆らなかった。これに対し、ルヴフ／リヴィウの正教兄弟団はキエフ／キーウやモルダヴィアの正教会関係者にもはたらきかけ、ヤン・カジミェシュ王を説得した。1652年に王は財産差し押さえを無効とし、兄弟団は印刷所と財産を取

17世紀のルヴフ／リヴィウの正教兄弟団の印刷所

り戻すことに成功した。[Капраль 2003：134-136]

　しかし、1667年の共和国・ロシア間のアンドルソフ協定の締結後、それまで共和国内に合同教会主教座とともに併存していた正教会キエフ主教座は、キエフ／キーウがロシア領になったため、1686年、コンスタンティノープル総主教座からモスクワ総主教座の傘下に移った。こうして共和国領に残存したルシ県をはじめとするルテニア地域では、正教会の力は衰え、合同教会が優勢となったのである。[福嶋 2015：71-72] 1709年、ルヴフ／リヴィウの正教兄弟団はそれまで反対していた正教とローマ・カトリックとの合同をついに受け入れた。1713年9月、ポーランド王アウグスト二世は、ルヴフ／リヴィウのルテニア人にカトリックのポーランド人と同等の政治的・経済的権利を与える勅令を発したが、これを不満とするルヴフ／リヴィウの市当局と正教徒の間で訴訟が続き、同権化の実施は先延ばしされた。1730年ポーランド王アウグスト二世は、ルヴフ／リヴィウのルテニア人に商業面でのカトリックのポーランド人との同権化と、ルテニア合同教会における自治権の拡大を布告した。その一方で、ローマ・カトリックのポーランド人が多数を占める地域行政には、教会合同を受け入れたにもかかわらず、依然としてルテニア人の参画が困難な状態が続いた。ルテニア人側の求めに応じ、1746年に宮廷は、再びカトリックと合同教会信徒の同権化を実施しようとした。しかし、ルヴフ／リヴィウの市当局は、合同教会の多数を占めるルテニア人とロシアとの結びつきを疑い、同権化によってルテニア人の力が強まることで、ロシアの干渉が増すと反対した。1753年6月には三度目の合同教会信徒の市行政の参画が勅令で布告されたが、市当局の消極的な姿勢により、合同教会出身者の市政への登用はわずかにとどまった。結局、1772年のポーランド分割に至るまで、歴代のルヴフ／リヴィウ市長に、正教徒出身者は一人も出すことができず、合同教会出身者の市長も二人だけであった。このように長期の権利闘争にもかかわらず十分な成果を得られなかった都市部のルテニア人ナティオは、ポーランド社会へ

近世のガリツィア

の統合という希望を次第に失う一方、権利闘争を通してポーランド人とは別個の民族としてまとまるようになったとウクライナ人歴史家のカプラリは指摘する。[Капраль 2003：141-157] ただし、ルテニア人が市人口の多数を占めるジョウクヴァ／ジュウキエフでは、ルテニア人の権利闘争の結果、1726 年にコンスタンティン・ソビェスキ公の認可によって市政に参加する権利が法的に完全に認められる場合もあった。[Капраль 2016：8] 近世のガリツィアの宗派対立は、単に宗教政治の問題にとどまらず、ナティオが介在することで近代以降のガリツィアの民族問題の前兆と見ることもでき、歴史家の議論は続いている。

コラム：ガリツィアの「ロビン・フッド」ドウブシュとフツル人

　18 世紀中盤以降、ポーランド・リトアニア共和国は、度重なる内乱に悩まされた。1768 年から 1772 年には「バール同盟」と呼ばれる士族の反乱、1768 年には農民とコサックによる「ハイダマキ」の乱が起こった。同時期のカルパチア山脈近くのルーシン人が住むフツル地域では、オプリシュキ（Опришки）という盗賊が活動した。盗賊の指導者はオレクサ・ドウブシュ（Олекса Довбуш 1700-1745）やイヴァン・ボイチュク（Іван Бойчук）という人物であった。ドウブシュは 1700 年、ガリツィア東部の都市 UA コロミヤ／PL コウォミア近郊のペチェニジン（Печеніжин）に生まれた。彼は弟のイヴァンとともに、ポーランドやウクライナ、ハンガリー等各地から逃亡した無法者 30 ～ 50 人の集団を率い、地主、貴族、高利貸し、商人から金品を奪い、貧しい人々に与えた。そのため、領主の搾取に苦しむルーシン人農民は、ドウブシュを義賊としてしばしば称賛した。彼の盗賊団は主にカルパチア山脈近くのフツル地域とポクッチャで

第 2 章

活動していたが、時には東方のポジッリャ地方まで遠征することもあった。共和国軍最高司令官ユゼフ・ポトツキは、最大2,000人のポーランド軍の討伐隊を率い、数年をかけてドウブシュを捕らえようとしたが成果は上がらなかった。結局、ドウブシュは仲間のオプリシュキに裏切られた末に亡くなったが、死後も彼の伝説は人々を魅了した。ドウブシュは、後世のウクライナの民間伝承、文学、絵画、音楽で主題となり、1959年にはドウブシュの映画が、当時のウクライナ・ソヴィエト社会主義共和国で制作された。現在までドウブシュとオプリシュキは、ウクライナ国民やカルパト・ルーシン人の「英雄」として扱われている。[Internet Encyclopedia of Ukraine "Dovbush, Oleksa"; Magocsi

オレクサ・ドウブシュ博物館（イヴァノ＝フランキウシク）

コロミヤの歴史博物館に展示されているフツル人の衣装

2015：96-97] ドウブシュの乱以降も、フツルのルーシン人（あるいはフツル人）は、独自の地域アイデンティ意識と文化を保ちながら暮らした。ソ連時代、1964年に制作された『忘れられた祖先の影（火の馬）』（セルゲイ・パラジャーノフ監督）は、山間部に居住するフツル人の生活を見事に映像化している。[梶山 2024：76-77]

近世のガリツィア

近世ガリツィアのユダヤ人

　ユダヤ人（ユダヤ教徒）は、近世のガリツィアの多様な宗教・宗派の一つを構成していた。ユダヤ人の来歴には諸説あるが、元々11世紀の十字軍の迫害によって西欧から逃れたユダヤ人が、ボレスワフ公やカジミェシュ三世によって保護されルシ県にポーランド士族とともに移住してきたとされている。ユダヤ人の地位に特徴的であったのは、他の宗徒とは異なる勅令（「カリシュの法令」）によって「王の隷属民」、すなわち王の財産として扱われた点である。具体的には王の庇護下で生命の安全や宗教・経済活動の自由が保障されるとともに、「カハウ」と呼ばれる独自の自治機関の設置が許され、そこではユダヤ法による裁判が行われた。当時のユダヤ人自治は「共同体（ケヒラー）」「地方評議会」「四地方評議会」の三層から成っていた。居住地も都市部やその周辺の「シュテトル」と呼ばれる小規模な街に集住し、イディッシュ語と呼ばれる高地ドイツ語方言とヘブライ文字を用いた独自の言語を使用していた。一方で経済面においては、農地を持

19世紀初頭のブロディの市街 [Purchla, et. al. (eds.) 2014: 304]

たないユダヤ人は、経済活動において独自のネットワークを構築し、「仲介人」としての商業的役割も中世以来担ってきた。これは農村で買い付けた農産物を都市で売り付け、代わりに都市で購入した品物を農村で再び売ることで、経済を循環させるというものである。[ハウマン 1999：22] 彼らの中には被服業など手工業に従事したり、PL グダニスク／DE ダンツィヒの海港を拠点に、商人や銀行家として財を成す者もいた。[Polonsky, vol.1, 2010, pp. 91-113.] ルシ県でもユダヤ人の経済的役割は重要であった。ここでは当時ユダヤ人口が全人口の半数を超えていたブロディを例に挙げる。ブロディはポーランド支配時代に典型的に見られる私領都市（貴族が自らの所領に有する町）の一つであった。同都市は当時西欧から、ウクライナやオスマン帝国領である黒海までの南北の通商ルートと、ロシアからオーストリアまでの東西の通商ルートの交点に位置していた。領主の貴族は、ブロディを通商の一大拠点にするため商人を各地から呼び寄せた。その結果多くのユダヤ商人が、アルメニア人商人やギリシャ人商人、スコットランド人商人、ドイツ人商人とともに集まり、魚や麻、皮、蜂蜜、硝石、塩、羊毛などを取引したのである。[Kuzmany 2011：41] 経済的に繁栄したユダヤ商人は、町に膨大な税収をもたらすとともに、市内のユダヤ人共同体を支援することで、新たなシナゴーグ（ユダヤ教会堂）が建設された。

　こうして財産を蓄えたユダヤ人の中には、王や貴族、聖職者の持つ徴税特権や塩鉱の経営権、貴族の領地の経営権、そして酒の独占販売権（プロピナツィアの権利）を、あらかじめ資金を貴族らに前払いする代わりに得た者もいた。これらの特権は「アレンダ」、またその特権を持つユダヤ商人は特に「賃借人」と呼称されていた。[野村 2008：28、38] ユダヤ人と非ユダヤ人は互いに偏見を抱えながらも、経済面において相互依存的な関係を結んでいたといえる。

　しかし、ユダヤ人はキリスト教徒からの迫害にもさらされた。1648 年のフメリニツィキーの反乱に際しては、貴族と農民の間に立ち、農

近世のガリツィア

民から経済的利益を「搾取」しているとみなされた「賃借人」に対するコサックの憎悪が、ユダヤ人全体へ拡大し、ユダヤ人に対する暴力的な迫害につながった。1648年から49年は、ユダヤ人の間で「破局」として記憶されている。ユダヤ人の多くは、コサックを敵とみなし、ポーランド側について武装して対抗する場合もあったが、中にはコサック側につくユダヤ人も少数ながらおり、後に20世紀のヴォリーニ出身のウクライナ人詩人・作家のユーリー・コサチ（Юрій Косач 1908-1990）がフメリニツィキーの乱に関する作品でコサックのユダヤ人を取り上げている。[Magocsi and Petrovsky-Shtern 2018：29] 1648年のルヴフ／リヴィウ包囲戦に際しては、フメリニツィキーは、ユダヤ人がコサックに対抗するための軍用金と、タタール人に対する身代金を提供したことを理由に、ユダヤ人市民の引き渡しを要求したが、市側はこれを拒否した。[Podhorodecki 1993：76] ユダヤ人市民はルヴフ／リヴィウ市民によってコサックから守られたが、市がフメリニツィキーに支払った身代金は、ユダヤ人側が負担しなくてはならなかった。[野村 2008：44] 1655年にフメリニツィキーが再度ルヴフ／リヴィウを包囲した際にも、フメリニツィキー側はユダヤ人の引き渡しを要求したが、「ユダヤ人は共和国の市民である」と市側に拒否され、代わりに多額の身代金を得て兵を引いている。[Podhorodecki 1993：79] 他方で、1664年にはイエズス会学生が扇動したポグロム（暴力的迫害）も市内で発生した。

ヤコブ・フランク

フメリニツィキーの乱によるユダヤ人社会の荒廃の後、18世紀の半ばには、ヤコブ・フランク（1726-1791　יעקב פרנק）の宗教活動がガリツィアのユダヤ人の間で広がった。フランクはタルノポル／テルノーピリの農村コロルフカ／コロリウカ（Korolówka／Королівка）に生まれ、17世紀の宗教指導者シャブタイ・ツヴィの生まれ変わりと自称

し、ツヴィの広めた神秘主義を継承、その教えを広めた。20世紀最大のユダヤ教思想史家、ゲルショム・ショーレムは、フランクを「権力に飢えた救世主」と呼び、「支配への意志が彼における他のいっさいの上にみちあふれ、そのために彼に、魅惑的でありながらまた品位に乏しく、悪魔的な偉大さの雷雲をはらんだイメージを与えている」と評している。[ショーレム1985：446-447] ショーレムはフランクの思想をシャブタイ主義の堕落とみていたが、彼が宗徒の精神的指導者である義人（ツァディーク）の支配を強めた点を、後のハシディズムへの影響として注目していた。現代ではフランク主義の体系的な学術研究も進んでおり、ポーランドのノーベル賞作家オルガ・トカルチュク（Olga Tokraczuk 1962-）が、フランクをテーマにした長編を著すなど、非ユダヤ教徒の間にも関心が広がっている。[Tokarczuk 2021] 19世紀以降、ガリツィアのフランク主義はウクライナ東部から広がったバアル＝シェム・トーヴのハシディズム（敬虔主義）と合流し、東欧有数のハシディズム運動の拠点となった。

近世ガリツィアの文化と芸術

　近世のルシ県には、裕福な大貴族（マグナート）の城館が各地に建てられた。その中で最大級のものは、ルヴフ地方のポトホルツェ／ピドヒルツィにある、スタニスワフ・コニェツポルスキ（Stanisław Koniecpolski 1591-1646）が建てた城館である。コニェツポルスキはウクライナ中西部のポジッリャに広大な所領を有するポーランド人貴族であった。彼はまた、共和国軍司令官としてフサリア（husaria）と呼ばれるポーランドの重騎兵を率い、ロシア軍やオスマン、タタール軍、そしてグスタフ・アドルフ率いる

19世紀のポトホルツェ／ピドヒルツィの旧コニェツポルスキ城館

近世のガリツィア

コニェツポルスキ館「タタール兵」

コニェツポルスキ館「トルコ兵」

コニェツポルスキ館「ロシア兵」

19世紀のベルナルディン教会

スウェーデン軍と戦い、数々の武勲を挙げた。晩年には事実上ウクライナの副王として同地の権力を掌握したコニェツポルスキの城館は、その地位に相応しいバロック様式の絢爛豪華なもので、「戦士の間」には、コニェツポルスキが戦場で戦ったタタール兵、トルコ兵、ロシア兵、スウェーデン兵の図像が描かれた。城館の部屋を飾った絵画は、第二次世界大戦後にソ連が接収し、現在リヴィウ美術館をはじめ、ウクライナやポーランドの複数の美術館に分散して所蔵されている。[Rąkowski 2007：350]

近世のルシ県の教会建築としては、まずルヴフ／リヴィウの教会群が挙げられる。ベルナルディン教会（Kościół Bernardynów）は、17世紀にローマ・カトリック系のベルナルド（シトー）修道会の教会である。現在はギリシャ・カトリックの聖アンドリー教会（Церква святого Андрія）に転用され、市の中心部にあるバロック様式の象徴的建築物として知られて

第2章

いる。同じく市の中心部に位置する「生神女就寝教会」は正教会の府主教座として 16–17 世紀に建てられたルネサンス建築である。18 世紀中盤にはドミニコ修道会の大聖堂が、十字架状の建物の中央部にドームを配したバロック様式で建てられた。同時期にはルヴフ／リヴィウ市西部のスヴャトヒルシク山に、合同教会の総本山である聖ユーラ（ゲオルギウス）大聖堂の建設が始まった。大聖堂の外観は華麗なバロック・ロココ様式であったが、内部は装飾を排し、ローマ・カトリックのものとは異なる東方典礼を行う空間として設えられた。聖ユーラ大聖堂は、隣接する府主教館とともに、合同教会、後にはギリシャ・カトリックと改称されるガリツィアの一大宗派の中心となった。

生神女就寝教会

ドミニコ会聖堂

地方部では木造教会群が特筆される。ウクライナ側ではドロホビチ郊外の木造教会、ポーランド側ではホティニェツ（Chotyniec）の木造教会が 17 世紀頃に建てられた現存する教会で最古のものに属する。現在

聖ユーラ大聖堂遠景

近世のガリツィア

ドロホビチの聖十字架教会

リヴィウのA. シェプティツィキー国立博物館の聖画

サノク城美術館の聖画

は「ポーランドとウクライナのカルパチア地方の木造教会群」として世界遺産に登録されている。また近世のルシ県に当たる地域の合同教会（東方カトリック教会）の聖画は、教会のほか、現在は各地の美術館にも展示されているが、とりわけリヴィウのシェプティツィキー国立美術館や、ポーランドのサノク城美術館のコレクションは傑出している。

近世のユダヤ教会堂（シナゴーグ）の建築としては、ルシ県に属していたワィンツトのシナゴーグが古代エルサレムを表現した荘厳な内装を現代に伝えている。

近世のルヴフ／リヴィウで書店や出版産業が発達するに従い、ポーランド文学では多彩な人物が輩出された。世俗作家ではポーランド・ラテン語詩人セバスティアン・クロノヴィチ（Sebastian Klonowicz 1545-1602）、「ポーランドのピンダロス（古代ギリシャの抒情詩人）」と呼ばれた詩人シモン・シモノヴィチ（Szymon Szymonowicz 1558-1629）が活躍した。クロノヴィチには、ルヴフ／リヴィウやキーウ／キエフ、ポジッリャ等ルテニア各地の旅

第2章

を通しウクライナの人々や風土、慣習を、ラテン語の詩文で描写した『ロクソラニア』(1584年)という作品があり、シモノヴィチの作品にもウクライナ人農民の名が登場している。[ミウォシュ 2006：152、155] また早世の詩人シモン・ジモロヴィツ (Szymon Zimorowic 1608-1629) は、ルヴフ市長である兄の婚礼の際に書いた『ロクソランキ (ルテニアの乙女たち)』(1654年に兄が出版) で、ルテニアの俗語表現も取り入れている。[ミウォシュ 2006：223] 聖職者の著作家としてはファビアン・ビルコフスキ (Fabian Birkowski 1566-1636) や反宗教改革の旗手であったピゥォトル・スカルガ (Piotr Skarga 1536-1612) が知られる。ポーランド人以外では、ルテニア人貴族でフメリニツィキーの乱に参加し、『リヴィウ年代記』を著したミハイロ・フナシェウシキー (Михайло Гунашевський 17世紀頃 -1672) が著名である。当時、ルテニアやリトアニア大公国では公用語は「ルテニア語」と呼ばれ、ポーランド語から多くの単語を借用していた。ルテニア語の南北での変種が後にウクライナ語とベラルーシ語に分かれた。(本章コラム参照) [ミウォシュ 2006：188]

ヴィンツトのシナゴーグの内観

　アルメニア正教徒においても傑出した作家、芸術家が現れた。文学では、アルメニア正教聖職者シメオン・レハチ (Սիմեոն Լեհացի / Symeon Lechacy 1584-1639) が、ルヴフ／リヴィウからエルサレムへの巡礼を経てイタリアに至るまでの旅行記を著し、絵画では、アルメニア教徒出身のポーランド宮廷画家シモン・ボグショヴィチ (Szymon Boguszowicz / Բոգուշևիչ 1575-1648) やイェジ・シェミギノフスキ＝エレウテル (Jerzy Siemiginowski-Eleuter / Եժի Սեմիգինովսկի-Էլեուտեր 1660-1711) が肖像画や歴史画を数多く描いた。

近世のガリツィア

彫刻では、16世紀中盤にスペインによる宗教的、政治的弾圧から逃れ、ルヴフ／リヴィウに移住したと考えられるオランダ人ヘルマン・ヴァン・ヘッテ（Herman van Hütte 16世紀頃）とヘンドリク・ホルスト（Hendrik Horst 16世紀頃）の作品が現在もポーランド各地の教会で見られる。[Lipińska 2014] 音楽では、マルチン・レオポリタ／マルティン・レオポリタ（Marcin Leopolita / Мартин Леополіта 1537-1584）が近世ポーランド、ウクライナの宗教音楽を代表する作曲家の一人に数えられる。[Podhorodecki 1993：66-67, 91]

コラム：ウクライナ語の起源
──ガリツィア・ポジッリャ方言、ルテニア語

　ガリツィア（ハリチナ）は、ウクライナ語の形成において重要な位置を占めている。現代のウクライナ語と他のスラヴ諸語の類似性について、ウクライナ語は、ロシア語（64％）よりも、ポーランド語（70％）やベラルーシ語（84％）、スロヴァキア語（68％）の方が近いとされている。[ウクライナー 2023] このような差異が生まれた背景について、ここでは20世紀の代表的なウクライナ言語学者ユーリー・シェヴェリョウ（Юрій Шевельов 1908-2002）の古典的な研究を参照する。シェヴェリョウによれば、古スラヴ語の存在した時代以降で、多少なりとも完全かつ信頼性をもって再構築できる最も古い発展段階は、言語的な「領土・地域単位」が最も早く現れた6-7世紀である。重要な公国の中心地である都市の名前に基づいていて、シェヴェリョウは、5つの言語的・領土的単位を挙げている。すなわち、①ノヴゴロド・トヴェリ（NT）、②ポロツク＝スモレンスク（PS）、③ムーロム＝リャザン（MP）、④キーウ（KP）、⑤ガリツィア（ハリチナ）＝ポジッリャ（GP）である。

第2章

シェヴェリョウは、この5つの方言が、キエフ・ポレーシャ地域の一部を除いて、その原型をとどめておらず、後のウクライナ語、ベラルーシ語、ロシア語に再形成されたと考えた。まずロシア語の形成であるが、1478年にノヴゴロドがモスクワ大公国に占領され、住民が移住した結果、西部のNT、特にノヴゴロドとその周辺は非常に大きな変化を遂げた。古代およびそれ以降の歴史的状況は、モスクワ周辺およびそれ以遠に、将来のロシア語の方言の中核が出現するための条件を作り出し、政治的・文化的中心地としてのモスクワが中心となって方言の統合を強化し、5世紀から17世紀にかけて、近代的な意味でのロシア語が形成された。これらの過程はすべて、ウクライナ語の形成に直接的な影響を与えることはなかったとシェヴェリョウは指摘する。

　これに対して、ウクライナ語は、ガリツィア（ハリチナ）＝ポジッリャ方言とキーウの南部の方言（GPとKP）を統合したものを基礎としている。まずKPがキーウ・ルーシを、GPがハーリチ・ヴォリーニ公国を中心に形成されると、ヴォリーニ南部でGPとKPの南部方言が交わり、徐々に西と北に拡大するKPがGPを吸収した。13世紀以降は、モンゴルやタタール人の侵入を経て、ウクライナ・ステップをキリスト教徒が支配を回復した後に、キーウの南と東における方言が混合し、現在のウクライナ語が形成されたとシェヴェリョウは指摘する。このように、ロシア語がNTとMPの要素から発展し、ベラルーシ語がPSとKPの要素から発展し、そしてウクライナ語がKPとGPの要素からそれぞれ発展した根拠について、シェヴェリョウは、発音の変化といった、主に音声学の視点から証明している。
[Шевельов 1994]

　これに対し、書き言葉（文語）については、教会スラヴ語がロシア、ベラルーシ、ウクライナという東スラヴ諸国で共通して用いられてきたとソ連期の研究では考えられてきた。しかし、近年の研究では、15-18世紀にかけては、「ルテニア語」と呼ばれるウクライナ語とベ

近世のガリツィア

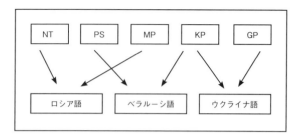

ラルーシ語共通の文語があったのに対し、モスクワではこの当時から既に独自の文語が成立したと指摘されている。また、ルテニア語は、当時ベラルーシ、ウクライナで支配的であったポーランド語から多くの語彙を取り入れていた。19世紀以降、ウクライナ、ベラルーシでは既に分かれて発展していた口語に文語を近づけることで、それぞれ標準ウクライナ語、標準ベラルーシ語の文語が成立した。その一方で、ザカルパッチャのルシン人が話すルシン語は、ルテニア文語をもとに発展したと考えられる。[Bunčić 2015]

東スラヴ諸語における文語の発展 [Bunčić 2015：278]

	ルシン語	ウクライナ語	ベラルーシ語	ロシア語
10-14世紀	古東スラヴ文語			
15-18世紀	ルテニア文語			ロシア文語
19-21世紀	標準ルシン語	標準ウクライナ語	標準ベラルーシ語	標準ロシア語

第三章

近代のガリツィア①

1846年のガリツィアの虐殺（ヤン・レヴィツキ画）

[Magocsi 1983：93]

18 世紀後半のポーランド分割後、ハプスブルク領となったガリツィアで行われたのは、住民全体の「文明化」と近代化のプロジェクトであった。帝国政府によって、農奴制等封建的とされた制度は徐々に撤廃に向かう一方で、ドイツ人、ユダヤ人の農業入植事業や徴兵制の施行、教育・司法制度の整備、都市の再開発等、新たな統治政策が進められた。同時にハプスブルク政府は民族間の宗教的、文化的差異を超える「ガリツィア人」アイデンティティを創造し、住民に植え付けようと試みた。これに対し、士族を中心とするガリツィアのポーランド人勢力は往年のポーランド・リトアニア共和国の再興を目指して 1846 年にクラクフで蜂起したが、士族の封建支配に不満を持つ農民が皇帝側についたことで、その試みは失敗に終わった。

ポーランド分割とハプスブルク支配の始まり

　18 世紀後半から、ポーランド・リトアニア共和国は度重なる隣国との戦争で国内は疲労し、経済は停滞した。これに乗じロシア皇帝エカチェリーナ二世は、度々ポーランドに内政干渉し、その併合を画策した。これに対し、ロシアの伸長を警戒するプロイセン国王フリードリヒ二世は、ポーランドを分割することで互いの均衡を保つことをロシアに提案、これにオーストリアも乗じ、1772 年に第一次分割が行われた。当初、ハプスブルク君主のマリア・テレジアは、主権国家たるポーランドの領土分割は嘆かわしく、正当でもないと述べていた。しかし、ロシアとプロイセンとの勢力均衡の観点からオーストリアが分割に参加するのもやむを得ないという皇太子ヨーゼフらの説得によって、彼女は考えを変えた。当時フリードリヒ王はこの女帝テレジアの変節を聞いて、彼女は「嘆けば嘆くほど得をする」と辛辣な皮肉を言い放ったという。実際、ハプスブルク家が得たポーランド領、すなわちガリツィアは、ロシアやプロイセンの併合領と比べ、面積は 2 番目、人口では最も多かった。[Wolff 2010: 14-15]

第 3 章

これに対し、これまで国内の政治闘争に終始していたポーランドでは、ジャコバン派ら共和主義者を中心に、愛国心が高揚し分割の動きに抵抗した。改革派の国王、スタニスワフ・アウグスト（Stanisław August 1732-1798）の下、政治家フーゴ・コウォンタイ（Hugo Kołłątaj 1750-1812）らが、1788年から1792年にかけて開かれた「四年議会（Sejm Czteroletni）」で、ポーランド国内の政治、社会改革を推し進めた。その最大の成果は、1791年に採択された、「五月三日憲法」と呼ばれる成文憲法である。同憲法では、議会における多数決制の導入や、都市民の代表権が認められ、立憲君主政体が目指された。ただし農奴制の廃止は議論されたのみで、憲法では貴族の個人的所有権がむしろ保護された。[白木 2016] だが、こうした改革姿勢によってポーランドの勢力回復を恐れたロシアとプロセインは1793年に第二次分割を強行した。反発するポーランドのジャコバン派ら共和主義者を結集したのが、アメリカ独立革命に参加し英雄視されていたタデウシュ・コシチュシュコ（Tadeusz Kościuszko 1746-1817）である。彼は、翌年にクラクフで蜂起を宣言し、周辺の農民にも武装して参加するよう呼びかけた。大鎌を持ち参集した農民兵を含むコシチュシュコ軍は、クラクフ郊外のラツワヴィツェ村付近でロシア軍を迎え撃ち、これに大勝した。勢いに乗ったコシチュシュコ軍は一時ワルシャワを押さえたが、その後は兵力不足に悩み、大挙する露普連合軍を防ぎきれなかった。敗走したコシチュシュコはフランスに亡命、蜂起は失敗に終わった。1795年、オーストリアはロシア、プロイセンとともに第三回ポーランド分割を行い、アウ

ラツワヴィツェの戦いのコシチュシュコ
（パノラマ・ラツワヴィツカ）

近代のガリツィア①

グスト国王は退位させられた。ここにポーランド・リトアニア共和国は消滅した。

なおラツワヴィツェの勝利は長くポーランド人の国民的記憶にとどまり、1894 年には 100 周年を記念し画家のヤン・スティカらによって巨大なパノラマ絵が制作され、ルヴフ／リヴィウのパノラマ・ドーム・ラツワヴィツカ（Rotunda Panorama Racławicka）に展示された。第二次世界大戦後は、パノラマ絵はヴロツワフに移され、今もヴロツワフの名所としてパノラマ・ラツワヴィツカ（Panorama Racławicka）に展示されている。[衣笠 2020]

皇帝マリア・テレジアとヨーゼフ二世の改革

マリア・テレジアは、ポーランドから併合した領土を「ガリツィア・ロドメリア王国」と改称した。ハリチナをラテン語化した **DE** ガリツィエン／ **PL** ガリツィア（Galizien / Galicya）がここに正式な名称として登場したのである。ちなみに、ロドメリアも **UA** ヴォリーニをラテン語化したものである。しかし、実際のヴォリーニ地方は一部を除き、オーストリア領には含まれていなかった。他方で、ガリツィアに隣接するブコヴィナ地方は、オスマン領からハプスブルク領ガリツィアに編入された。

ハプスブルク領ガリツィアは、中世のハリチナ公国が領有した地域（ **PL** ベウツ／ **UA** ベルス、ズブルチ川以西のポジッリャ）と、ポーランド時代のルシ県（ **PL** ヘウム／ **UA** ホルム地方の北半分を除く）の双方を含んでいた。そのため、ガリツィアの住民は、中央を流れるサン川を境に、西部はローマ・カトリックないしポーランド人が多数派を占め、東部は合同教会のルテニア人（ルーシン人）が占めた。ガリツィアの国境は第三次分割後も変遷する。第三次分割の際、ハプスブルクは、シェドルツェやルブリン、キェルツェを含むポーランド東部を併合した。しかし、これらの地域は、ナポレオンとの戦争にハプ

第 3 章

キェルツェの旧司教宮殿。歴代のクラクフ司教が使用した壮麗なバロック建築の宮殿は、併合後ハプスブルク政府に接収され国有化された。現在は国立美術館。

スブルクが敗北した後、1809年のシェーンブルン条約でクラクフとともに、ナポレオンの庇護下に建国されたワルシャワ公国に割譲された。ナポレオン戦争終結後、1815年に開かれたウィーン会議で、ハプスブルクの割譲領土の大半はそのままロシアが間接支配するポーランド立憲王国の一部となったが、クラクフのみは都市共和国として独立が許された。ハプスブルクが再びクラクフを支配下に置いたのは1847年になってからである。ハプスブルクは、結局ウィーン会議で第一次分割時の領域を確保した。

　ガリツィアは、その名称こそ王国を冠していたものの、行政的にはハプスブルク帝国の一つの領邦（ドイツ語でLand、ポーランド語でkraj）として扱われた。邦都はルヴフ／リヴィウに置かれ、DEレンベルク（Lemberg）と改称された。中世からのマクデブルク法に基

近代のガリツィア①

1772年から1821年まで総督府が置かれたルボミルスキ宮

づく都市の自治権は廃止され、新たに19の郡（Kreis）が設置され、帝国政府から派遣された官僚によって統治された。たしかに1808年のナポレオン戦争の際、ポーランド人の支持を得るため、オーストリア政府は、士族や聖職者から成る身分議会（sejm stanowy）を設置したが、実質的な政治的権限は与えなかった。代わりに行政の責任は皇帝が任命した総督（ドイツ語でGouverneur、ポーランド語でgubernator）が担ったのである。

このように初期のハプスブルク統治下のガリツィアでは、共和国時代の分権的な士族共和政の残滓を取り除き、帝国中央への集権化を進める政策が打ち出された。帝国政府が派遣した高級官僚は、北イタリアやボヘミア、ハンガリー等ガリツィアとかかわりを持たない地域の出身者から構成された。彼らは、プロイセンを範として整備された官僚制機構の下、今日の財政学に相当する共に当時は福祉、行政一般も意味する官房学（Polizeiwissenschaft）を学んだ官僚集団であった。[Vushko 2015：18-27] 対して、共和政と自治の象徴であったポーランド士族は、それぞれハプスブルク当局によって登録され、新たな爵位

総督官邸（1837年）

を授けられると共に、地方行政の役職も与えられることで、帝国の官僚制度に組み込まれた。こうした士族の官僚化は、実質的には共和国末期の改革路線を受け継いだものともいえる。[Vushko 2015：132] しかし帝国政府による士族の登録は結局完

了しなかった。希望の官職を得られなかった下級士族は、帝国政府に対する不満を募らせ、後に革命運動に身を投じる者もいた。

その一方で、農民に対する帝国官僚の見方には、オリエンタリズム的な先入観も含まれていた。オリエンタリズムとは、西欧知識人が「文明の進歩を待つ後進地域」として東洋を対象化し想像する思考様式を指すが、当時のガリツィアもまた、こうした先入観の下、ガリツィアの統治を「文明化

ルートヴィヒ・フォン・ミーゼス

のプロジェクト」として捉えていた。[Wolff 2010] レンベルク／ルヴフ／リヴィウ生のユダヤ人であり、後に米国に渡り自由主義経済学者として名をはせたルートヴィヒ・フォン・ミーゼス（Ludwig von Mises 1881-1973）は、自身の博士論文で併合当時のガリツィアの農奴制改革を扱っている。彼はその中でハプスブルク帝国官僚の次のような報告を引用している。

> ガリツィアの民衆は、未だにあまりに粗野なため、私有財産の偉大な価値も知らない。彼は何百年も自らを拘束している足枷に慣れているのだ。彼らは荘園屋敷の召使や家畜小屋の牛馬よりも当てにならず、いわば他人に言い寄られて収穫物を奪われ、守ると言われながら家を焼かれ、他の土地を割り当てると言われて、自らの耕地を水びたしにされるか、砂で覆って不毛にされてしまうようなものである。[Mises 1902：28]

士族に搾取された農民は憐みの対象と同時に、「怠惰」で「愚か」であるという愚民観が当時のハプスブルク帝国官僚の姿勢に見られたことがうかがわれる。官僚が具体的に改革を指示されていたのは、農民が奴隷に近い身分として賦役労働に就かせられていた「農場領主

近代のガリツィア①

制」（ドイツ語で Gutsherrschaft、ポーランド語で folwark）であった。
とりわけ農奴制の改革に熱心であったのが、マリア・テレジアの後を
継いだ啓蒙主義者のヨーゼフ二世である。ヨーゼフ帝は当初、農奴の
完全な解放を目指したが、これにはガリツィアの士族の強い反対に
遭った。その結果、週当たりの賦役日数の制限（1781 年）、領主が農
奴に課す賦役以外の労働の廃止（1775、1786 年）、農奴個人の婚姻や
職業選択、移動における自由の拡大（1782 年）が実行に移された。
農奴制の完全な廃止はこの時点では達成されなかったものの、これら
の諸政策はガリツィア社会の「文明的」な進歩と見なされた。ヨーゼ
フ帝の死後、1789 年に匿名で「マグナ・カルタ」と題された請願書
がウィーンの宮廷に送られた。これはガリツィアの士族が、所有権の
不可侵を盾に、農奴制改革をこれ以上進めないよう求めるものであっ
た。[Wolff 2010：42] これによってハプスブルク皇帝への恭順と引き
換えに、士族は自らの権利を守ることにひとまず成功した。

　ハプスブルク政府はルテニア人政策でも一定の配慮を示した。1774
年、マリア・テレジアによって合同教会はローマ教会、アルメニア教
会と対等とされ、名称も「ギリシャ・カトリック」に改められた。教
会はローマ教皇庁だけでなく国家の管理にも服し、司祭は政府高官と
同等とされた。同時にギリシャ・カトリックの聖職者の教育レベル
を上げるための具体的な措置も取られた。それまでギリシャ・カト
リックには神学校が無く体系的な神学教育もされなかったため、多
くの司祭は典礼書の読み方しか知らず、宗教儀式の一切を父親から
学ぶほかなかった（ギリシャ・カトリックは妻帯が許されたため）。
1774 年、ウィーンの聖バルバラ教会にギリシャ・カトリック神学校
（Barberium）が設立され、1783 年にレンベルク／ルヴフ／リヴィウ
に移された。[Hrycak 2000：60] 1784 年にレンベルク大学が開学した
際は、同学に 1805 年までルテニア人のための教育課程である「ルテ
ニア学院（Studium Ruthenum）」が置かれた。ただし、当時の大学の
主たる目的は、ヨーゼフ二世の二代後の皇帝フランツ一世が、「私が

第 3 章

欲しているのは学者ではなく役人である」と言ったように、高等教育
による民族文化の発展ではなく、あくまで役人養成の方にあった。実
際、現地語を解すポーランド人とルテニア人は、総督府の下級職のほ
ぼ半分を占め、司法と地方自治体ではこの割合がさらに高くなったの
である。[Kieniewicz 1950：32]

　一方でハプスブルク政府のユダヤ人政策に関してはその二面性が指
摘されている。ハプスブルク帝国官僚とヨーゼフ二世は「ユダヤ人
は、貴族の領地の管理人や賃借として農民の労働力を搾取し、またガ
リツィアの商業の独占者として生産者であり消費者である農民を搾取
し、さらに罪深いことに、貴族領主の酒の製造人や販売人として農民
の精神と身体を滅ぼし、その結果、ガリツィアの農業の生産性の低下
をまねいている」と考えていた。[野村 2008：60] 既にマリア・テレ
ジアはカハウからの司法等における自治機能のはく奪と政府への従属
化、人頭税や結婚税等の特殊な課税を課した。また、18 世紀以降ア
レンダは段階的に廃止され、1790 年には村落には農民もしくは職人
のみが居住を許された。また商業面でも、ユダヤ商人の独占を防ぐた
め、その活動は郡役所によって管理され、塩や小麦取引からも排除さ
れた。工業面では、鉱業に従事するのを禁止したり、キリスト教徒へ
の商品販売も禁じられた。これらの諸政策を通して当時のハプスブル
ク帝国政府は、ガリツィアに経済的利益をもたらし得る職人や農民を
増やすという、ユダヤ人社会の「改造」を試みたが、そのために当時
のユダヤ人の三分の一が従来の経済的な地位を失ったともいわれてい
る。[Schipper 1918]

　他方でマリア・テレジアの後を継いだヨーゼフ二世は「ユダヤ人を
ポーランド人貴族の独占から解放し、彼らが何百年も住み続けてきた
地域に約束の土地、すなわち社会的、政治的に変容したオーストリア
領ガリツィアを提供しようとした」。[Wolff 2010：29] 彼が 1789 年に
出した寛容令は「ユダヤ人は他の臣民と同様の名誉と権利が与えられ
る」と明記している。またヨーゼフ帝は、当時ドイツ語による世俗教

育の学校を設置することで、ユダヤ人の社会統合も試みていた。チェコのユダヤ人啓蒙主義者（マスキール）であるナフタリ・ヘルツ・ホムベルク（Naphtali Herz Homberg 1749-1841）を招いて開校されたこの学校は、ヨーゼフの死後に閉鎖されるものの、類似の学校がその後も建てられ、ガリツィアのユダヤ人の世俗化と啓蒙主義(ハスカラー)の発展に貢献したのである。[Vushko 2015：203] ユダヤ人の商業活動からの排除も、ユダヤ人にそれまでにない「農民」の地位を与えるという変革と表裏一体であった。具体的には 1786 年にノヴィ・ソンチ近郊のドンプルフカに「新エルサレム」を、ボレホフ近郊に「新バビロン」という名の農業入植地を建設し、ユダヤ人を招聘し農作業に従事させたのである。加えてユダヤ人に対する徴兵制度も導入された。

　こうした一連の帝国への統合政策はユダヤ人にのみ向けられていたわけではない。ガリツィアの歴史研究に新しい視点をもたらした米の歴史家、ラリー・ウルフはヨーゼフ改革の特徴を次のようにまとめる。

　　ヨーゼフ主義の論理は、究極的にはガリツィアを、宗教性や民族性までも消失した領域として想像することだった。そこではポーランド人はポーランド人でなくなり、ユダヤ人はユダヤ人でなくなるのである。[ハプスブルク帝国官僚の]クラッターはユダヤ人が、「最も不幸で惨めで希望のない階層」としての状況から最終的に解放され、「兄弟同胞」や「祖国の懐に抱かれた愛国者」に改変されるだろうと告げた。これこそガリツィアの社会変革におけるヨーゼフの真に革命的な想像力だった。[Wolff 2010：30]

　こうした統合の理念は、従来の歴史家の間で言及されてきた、ポーランド人やユダヤ人の「ドイツ化」を意図するものでもなかったとウルフは指摘する。宰相メッテルニヒがハプスブルク帝国政府の政策の目的を「真のガリツィア人の精神に引き込む」ことであったと発言しているように、ヨーゼフ帝やメッテルニヒは、かつてのポーランド王

国への忠誠心やユダヤ教徒の選民意識に代わる「ガリツィア人」意識を涵養し、住民のハプスブルク君主への忠誠心を養おうとしたのである。

　ではヨーゼフ帝やメッテルニヒらが望んだような、ガリツィア社会の根本的な変容は達成されたのだろうか。文化面はともかく、農奴の完全な解放が士族の反対で実現できずにいたのは前述のとおりである。またユダヤ人の農業入植地の経営は、政府の準備不足と入植地の土壌が不毛であったため失敗に終わった。つまりガリツィア経済の特徴である農奴制や、ユダヤ人が商工業に集中する就業構造はこの時点では、さほど変わらなかったのである。その一方で、ガリツィア住民とハプスブルク皇帝との心理的距離は、1808年のナポレオン戦争の際と、1830年のワルシャワでポーランド人がロシア政府に対して起こした十一月蜂起の際を比べると縮まったという指摘もある。すなわち、前者では、ナポレオン側につくポーランド士族が依然として多数派であったために、ハプスブルク政府は身分議会の開設等妥協を余儀なくされた。これに対し、十一月蜂起の際は、ガリツィアのポーランド側では蜂起軍に加わる動きも一部では見られたが、これに呼応した蜂起は起こらなかった。[Wolff 2010：101；Vushko 2015：123] ガリツィアがポーランド人の独立運動の拠点になったのは、蜂起に失敗した革命家が当時独立国家であったクラクフに逃れた後、政治工作をガリツィアで活発化させてからであった。

レンベルク／ルヴフ／リヴィウの都市改造とオッソリネウム図書館

　ガリツィアの邦都となったレンベルク／ルヴフ／リヴィウは、併合後飛躍的な発展を遂げた。1772年には2万5000程であった市人口は、1808年には1.6倍の4万人にまで増大した。1777年に総督府は、市を取り囲む城壁を取り壊し、環状通りの建設を開始した。その目的は、

近代のガリツィア①

1830年のレンベルク／ルヴフ／リヴィウ市内のヘトマン堤沿いの環状道路
[Prokopovych 2000：27]

　公式には広い道路によって都市の衛生環境を改善し、その美観を高めるためであったが、通り沿いには軍の駐屯地が置かれるなど、当局に対する反乱の動きを封じるという意図もあった。また、ハプスブルク帝国がもたらす「近代的な文明」を、都市改造によって住民に視覚的に理解させるという、文化コード（記号）としての機能を指摘する研究もある。[Prokopovych 2000：30] しかし肝心の環状道路（Ring）の計画は、幅広い道幅を確保するための城壁周辺の土地収用がなかなか進まず、政治情勢の変化で工事も度々中断された。結局ハプスブルク時代を通じて環状道路が遂に貫通することはなかったが、完成部分の壮麗な景観は「東のウィーン」と呼ばれるレンベルク／ルヴフ／リヴィウの象徴となった。
　こうした市街地の整備とともに、レンベルク／ルヴフ／リヴィウでは、街路や市内の施設のドイツ語の読み替えが行われた。しかし、そうしたドイツ語化は必ずしもポーランド語文化の消滅を意味したわけ

1840年頃のオッソリネウム図書館(手前) [Prokopovych 2000:29]

ではない。たとえば、当時のポーランド文化水準の高さを示すものの一つとして、オッソリネウム図書館が挙げられる。その起源は、ガリツィア有数の貴族でガリツィアの「マグナ・カルタ」の起草者とも言われるユゼフ・オッソリンスキ(Józef Ossoliński 1748-1826)が、自身が収集した書籍、写本、版画、コインのコレクションの収蔵とその研究のため、皇帝フランツ一世の許可の下に、基金を1817年に設立したことに始まる。この基金を元に1827年までに2万5千点余りの史資料と700巻もの書籍が収集された。1832年にはユゼフ・ベムの設計で図書館の閲覧室が建てられ、公共の利用に供された。図書館はポーランド文化の発信拠点としても知られ、読書会や学術集会、演奏会が度々催された。また図書館の理事には、ポーランド語辞典を編纂した言語学者のサムエル・ボグミウ・リンデ(Samuel Bogumił Linde 1771-1847)やアウグスト・ビェロフスキ(August Bielowski 1806-1876)等著名な学者が選ばれ、ポーランド語文化の研究を深化させた。[Fras 2000:97-99] 1816年には帝立実業学校がレンベルク／ルヴフ／リヴィウに開学し、1877年にレンベルク工科大学に改称された。

近代のガリツィア①

スカルボルスキ劇場での上演 [Purchla, et. al. (eds.) 2014: 311]

『ルヴフ新聞』1811年1号（4月2日）（ヤギェウォ大学図書館）

ポーランド文化の発展には、レンベルク／ルヴフ／リヴィウの劇場の設立も貢献した。スタニスワフ・スカルベク伯（Stanisław Skarbek 1780-1848）が主導し、1842年、レンベルク／ルヴフ／リヴィウにスカルボルスキ劇場が開場した。同劇場は、皇帝の布告により、ポーランド語とともにドイツ語の演劇も上演することで、政府の干渉を免れたのである。[Prokopovych 2000：30] 1810年には、レンベ

第3章

ルク／ルヴフ／リヴィウにおいて、ガリツィアを代表する地方紙の一つとなる『ルヴフ新聞』がポーランド語で発行し、翌年にはドイツ語版も併せて発行した。『ルヴフ新聞』は第一次世界大戦を挟んで1939年まで発行が続けられた。

クラクフ都市共和国

　クラクフはヴィスワ川の上流に位置するポーランド随一の古都として知られている。クラクフの名は、ヴァヴェル城に住んでいた竜を退治したという伝説の人物、クラク（Klak）公に由来する。9–10世紀にはチェコの影響下にビスワ人が城砦を築いていた。ボレスワフ一世勇敢王（Bolesław I Chrobry 967-1025）によってクラクフはポーランドに帰属し、1000年に司教座が設置された。14–15世紀にポーランド王国の首都として最盛期を迎え、ヤギェウォ大学の創設や織物会館、マリア教会、バルバカン（Barbakn）要塞の建設が行われた。ヤギェウォ大学の教授の一人にはウクライナ人初の医学者ユーリー・ドロホビチ（Юрій Дрогобич 1450-1494）がおり、1491年にはクラクフで最初のウクライナ語の本が出版されている。しかし、1611年に首都がワルシャワに移されるとクラクフは徐々に衰退した。特に17世紀中頃の対スウェーデン戦争と18世紀初めの北方戦争で、クラクフはスウェーデン軍の侵攻を受けたり、ポーランド軍の駐留を負担したりしたことで市財政は悪化の一途をたどった。

　前述のように、オーストリアは1797年の第三次分割時に得たクラクフ市をナポレオン戦争の敗北で失った。当初ポーランド人側はナポレオンを説得し、同都市を含むガリツィア全域を、新たに建国されるワルシャワ公国に編入しようとした。しかしこのポーランド人の求めに対して、当時ガリツィアをフランスとの同盟を理由に軍事占領したロシアは、ポーランドの勢力回復を警戒して反対していた。結局、ナポレオンはロシアとの戦争を避けるためとして、1809年のシェーブ

現在のカジミェシュ地区。右手の白亜の建物がカジミェシュ市の旧市役所。

ルン条約でクラクフ市と第三次分割期の墺領のみワルシャワ公国への編入を許したのである。[Zdrada 2017：67-68]

　ナポレオン敗退後の 1815 年のウィーン会議では、分割領の再獲得を目指すオーストリアに対し、旧ワルシャワ公国領を手中にしたロシアが難色を示した。両国の軋轢を深まるのを懸念したプロイセンは仲介に乗り出し、1815 年 5 月 3 日に墺普露三国の「保護」の下、クラクフ市を「自由、独立かつ中立」の都市と定める条約が締結された。「クラクフ共和国（Rzeczypospolita Krakowska）」（あるいは「自由市（wolne miasto）」とも呼ばれる）は、クラクフ市街とフシャヌフ、トシェビニア、ノヴァ・グラといった周辺の街を含む 1164 キロ平方メートル足らずの小さな国家であったが、建国時にはロシア支配下のポーランド立憲王国に倣った自由主義的な憲法が制定された。1818 年には二院制議会も発足し、下院は 41 人の議員が、制限選挙によって選ばれ、上院は、ヤギェウォ大学や司教の代表を含む 13 人の議員から

現在同地区のユダヤ系住民はわずかであり、広場を囲む住宅の多くは、飲食店や土産物屋に変えられ、「観光地化」している。

構成されていた。行政の権限を預かる市長は議会が任命できたが、墺普露の支持が必要であった。このように主権そのものは相当に制限されていたものの、文化面においては、ヤギェウォ大学でポーランド語による授業が引き続き行われ、科学協会が地域一体に波及するなど、クラクフ共和国は他の分割領では抑えられていたポーランド語文化、学問の拠点となった。[Davis 2006：824-825]

　1843年には14万5000人程であった市人口の内、2割強を占めたのがユダヤ系である。ユダヤ人は13世紀ごろからクラクフ市域に住み始めたとされるが、彼らはキリスト教徒住民とは別にカジミェシュと呼ばれる隣接する街にのみ住むことが許されていた。1800年にワルシャワ公国下に編入された際、カジミェシュはクラクフと合併され、ユダヤ系住民も双方の市域に住むことが可能になった。その一方で1817年にはユダヤ教徒の自治機関であるカハウが廃止され、ユダヤ共同体は市の行政に従属することとなった。行政職や移動の自由に対

近代のガリツィア①

する制限は引き続き維持された。[Galas and Polonsky 2011：8]

　レンベルクと同様、クラクフもハプスブルクに分割された際にドイツ語の DE クラカウに改称され、市街を囲む城壁が取り壊され、環状道路と緑地が整備されるなど都市改造が行われた。

コラム：ガリツィアの都市②

　ここでは、クラクフ以外のポーランド分割後にガリツィア・ロドメリア王国に編入された、西ガリツィアの主な都市を簡潔に紹介する。

タルヌフ

　タルヌフ（Tarnów）は、PL ヴロツワフ／DE ブレスラウからハンガリー、クラクフからルテニアへの交易路の交差点に位置し、14-17世紀には貿易（特に穀物とワイン）と工芸の中心地となる。1772年にハプスブルクの支配下に入ると、19世紀後半から20世紀初頭に

19世紀のタルヌフ市庁舎と中心広場 [Purchla, et. al. (eds.) 2014: 30-31]

かけては、農具やガラス工芸の中心地であった。1856年にクラクフと、1862年以降、レンベルク／ルヴフ／リヴィウと鉄道で結ばれ、1910年には発電所が開設された。16世紀以降、ユダヤ人が集中し、1939年には市人口の約42％を占めたが、第二次世界大戦中にユダヤ人住民の大半が亡くなった。なお、1921年には一時的にウクライナ国民共和国の亡命政府が置かれていた。

ノヴィ・ソンチ

ノヴィ・ソンチ（Nowy Sącz）は、ドゥナジェク川沿いに位置する都市で、14-16世紀にはポーランド・ハンガリー貿易の重要な中心地としてクラクフと競合するほどであった。16-17世紀には布地製造、リネ

ノヴィ・ソンチのソンデツキ民俗公園。19世紀の西ガリツィアの小都市の街並みが現代に再現されている。

ン製造、金属加工、特に農具製造の重要な中心地であった。19世紀後半にタルヌフからスロヴァキアのプレショウ（Prešov）やポトカルパチア鉄道路線の建設に伴い、鉄道の重要な分岐点として再び発展した。経済学におけるオーストリア学派の創始者として名高い経済学者のカール・メンガー（Carl Menger 1840-1921）はこの街のドイツ人弁護士の家庭に生まれた。ノヴィ・ソンチは、西レムコ地域のルシン人、ウクライナ人も多く居住し、ギリシャ・カトリック教会とプロスヴィータ協会の支部があった。1946年にほとんどのルシン人、ウクライナ人住民はノヴィ・ソンチ郡からウクライナ・ソヴィエト共和国へ強制的に移住させられた。

カール・メンガー

近代のガリツィア①

サンドミェシュとその周辺都市

　サンドミェシュ（Sandomierz）は、ヴィスワ川左岸、サン川河口近くにあるポーランドの都市。中世には、キエフ／キーウからクラクフの交易路に位置し、12世紀以降はマウォポルスカからルテニアへの交易路であり、ルテニアから塩を輸入する際の国内税関も置かれた。近世はサンドミェシュ県の中心であった。16世紀にルブリンが経済の中心地として確立すると、サンドミェシュの経済的重要性は低下した。街のゴシック様式の大聖堂の彫刻はルヴフ／リヴィウ出身の彫刻家マチェイ・ポレイオフスキ／マトヴィー・ポレヨウシキー（Maciej Polejowski / Матвій Полейовський 1734-1794）によって制作された。サンドミェシュは、第三次ポーランド分割でオーストリア領となり、ガリツィアに編入されたが、ナポレオン戦争後はロシア領となり、オーストリアとの境界に位置した。他方で、旧サンドミェシュ県に属していたタルヌフやピルズノ（Pilzno）、デンビツァ（Dębica）等はオーストリア領にとどまった。

現在のサンドミェシュ市庁舎

ビェルスコ＝ビァワ

　ビェルスコ＝ビァワ（Bielsko-Biała）はかつてハプスブルク領ガリツィアとプロイセン（後にドイツ帝国）領 DE シュレージェン／PL シロンスクの国境に位置していた町である。ビァワ川を境にシュレージェン／シロンスク側のビェルスコとガリツィア側のビァワという

第3章

別々の街が、第二次世界大戦後に合併し一つの都市になった。とはいえ、ビェルスコとビャワは織物産業の中心として一つの工業地区を19世紀から形成していた。第二次世界大戦中はポーランドを占領したドイツ軍の支配に入り、ユダヤ人住民が強制収容所に移送、虐殺され、戦後は、両町の大半を占めていたドイツ人住民がドイツに追放された。

[Wielka Encyklopedia Powszechna PWN, Encyclopaedia of Ukraine]

ビェルスコ側から見たビャワ市街地。橋にかつて墺独間の国境線が走っていた。また、橋を通る道は「ウィーン通り」と呼ばれ、ハプスブルク期、ガリツィアの邦都レンベルク／ルヴフ／リヴィウにまで通じるガリツィアの幹線道路であった。

1830年代のポーランド人独立運動（「ガリツィアの陰謀」）

分割以降、ハプスブルク帝国のガリツィア支配が固められる一方で、ロシア領ポーランドではロシア帝国の支配に抵抗する大規模な十一月蜂起が、1830年に起こった。当時パリにいたショパンの『革命エチュード』の題名の元になったものとして有名な同蜂起は、失敗に終わるものの、クラクフをはじめ各地のポーランド人活動家に影響を与えた。蜂起が失敗に終わり、ワルシャワからパリに逃れた亡命活動家の主なグループとして、十一月蜂起で革命政権の首班となったアダム公ことアダム・チャルトリスキ（Adam Czartoryski 1770-1861）を領袖とする立憲君主制支持者と、共和主義者に大別される。後者

近代のガリツィア①

の中心となったのは歴史家のヨアヒム・レレヴェル（Joachim Lelewel 1786-1871）や「ポーランド民主協会」のメンバーだった。同協会は、農奴解放、すなわち農民に市民としての平等な権利と土地の無償付与を明記した「ポアチエ綱領」（「大綱領」）を 1836 年 12 月に起草し、ポーランド国内での工作を活発化させたのである。

クラクフ自由市にも当時、ワルシャワから亡命した多くの革命家が活動を続けていた。この動きを抑えるため、墺普露は 1833 年にクラクフ市がワルシャワからの亡命者問題に対応できなければ市の独立を廃止するというミュンヘングレーツ協定を結び、2 年後にはクラクフ市をハプスブルク側に編入することで合意した。1836 年ハプスブルク軍はクラクフを軍事占領し、正式に併合はしなかったものの、4 年にわたり市民軍の解体や検閲等厳しい政策を敷いた。[Wandycz 1974：126-129]

しかし、その後もガリツィアの各都市では「ガリツィアの陰謀」と呼ばれる、ポーランド独立に向けた活動が続いた。クラクフでは、革命家のシモン・コナルスキによって「ポーランド人民協会」が 1837 年に組織され、独立を目指すポーランド人のナショナリズム運動の拠点となった。運動には、ヴァレリィ・ヴィエログウォフスキ、レスワフ・ウカシェヴィチらが、またレンベルク／ルヴフ／リヴィウでは、テオフィル・ヴィシニョスキ、マウリツィ・クラインスキ、カジミェシュ・クラシツキ、歴史家のタデウシュ・ヴァシレフスキ、セヴェリン・ゴシュチンスキらが中心となって画策された。革命の雰囲気は各地の大学や神学校にも広まり、校内は学生による政治的熱気に包まれたという。

レスワフ・ウカシェヴィチ

しかし、こうした革命家の主張は、下層の農民の支持を得るには至っていなかった。当時独立運動の中心となっていた士族による独立革命の構想は、当時住民の多数

を占める農民層の利益を十分に反映していなかったからである。そもそも「ポアチェ綱領」には、土地を持たない農民についてはなんら対応が言及されておらず、土地の付与についても具体策は明らかではなかった。逆に、土地を持たない農民が公民権を得ようとするならば、地主が所有する土地を一部でも付与される必要があった。また、ガリツィアの議会でも、農奴やユダヤ人の解放、士族やユダヤ賃借人の独占販売権（プロピナツィア）の廃止についての議論は停滞し、政府の地代改革も進まなかった。

テオフィル・ヴィシニョフスキ

こうした状況に不満を募らせたのが、農民層出身の活動家であった。その代表的人物が、作家のザッハー＝マゾッホが「ガリツィアのスパルタクス」と呼んだ、ヤクブ・シェーラ（Jakub Szela 1787-1866）である。シェーラはタルヌフ郡の農家に生まれ、地元の農村の指導者として、士族の違法な労働使役を告発するためレンベルク／ルヴフ／リヴィウの法廷まで直訴しに行くなど、その行動から地元の農民に高い支持を得ていた。彼は、農民を搾取する士族と協力してポーランド独立を達成することよりも、むしろ賦役の削減等ヨーゼフ期の改革の実績のあるハプスブルク皇帝に忠誠を尽くすことが農民の利益になると理解していた。シェーラら農民層の怒りをポーランドの革命家が身をもって知るのは、1846年の蜂起が始まってからであった。

ヤクブ・シェーラ

近代のガリツィア①

1846年のクラクフ蜂起と「ガリツィアの虐殺」

　1840年代中盤になると、クラクフの革命家は、PL ポズナニ／DE ポーゼンの革命家と協力し、帝国支配からポーランドを解放するため、具体的な蜂起計画を進めていった。これ以上蜂起を長引かせれば、農民による一揆が先に起こり皇帝側に鎮圧されてしまうか、あるいは帝国政府が主導する改革に先手を取られてしまうのではないかと恐れたからである。

　しかし、ポズナニ／ポーゼンとガリツィア全土で蜂起を起こす計画は、内部の人間によって密告されてしまい、ポズナニ／ポーゼンの革命家は逮捕され、クラクフやレンベルク／ルヴフ／リヴィウでも革命家に捜査の手が迫った。そのためマルツェリ・スカウコフスキ（Marceli Skałkowski 1818-1846）やヤン・ティッソフスキ（Jan Tyssowski 1811-1857）、そしてエドヴァルト・デムボフスキ（Edward Dembowski 1822-1846）らは、急遽クラクフを拠点に蜂起を起こし、同市内のハプスブルク軍を追い払った。デムボフスキらは、市民の協力を得ながら、1846年2月22日に「ポーランド共和国国民政府」の成立を正式に宣言した。革命政府は、既に土地を条件付きで割りあてられていた農民を土地とともに無償で解放し、土地を持たない農民に対しても蜂起に参加すれば国有地から土地を分与することを約束した。また、ユダヤ人の法的差別の撤廃も明記したことで、ユダヤ人の側からも500人ほどが蜂起軍に加わった。クラクフのユダヤ啓蒙知識人はチャルトリスキ派の一部に見られる反ユダヤ的な論調を惑わされず、「母国の自由で勇敢な息子にふさわしく」革命を支持するよう、ユダヤ人の同胞に求めた。[Polonsky 2010：vol. 2 263] パリのチャルトリスキ公も、クラクフの革命政府を正式に承認する。

エドヴァルト・デムボフスキ

　しかし、タルヌフの農民には、クラクフ

第3章

政府の宣言は届かず、それどころか皇帝が蜂起に対抗して農奴の解放令を出したにもかかわらず、士族がそれを知らせず、農民から土地を奪うため虐殺を企てているという噂が流れていた。噂は皇帝側が故意に流したという説もあるが、確証は無いため、研究者の間で現在も見解が分かれている。いずれにせよ、士族を攻撃せよというシェーラの扇動によって、農民は団結して革命軍を襲いスカウコフスキを殺害、タルヌフにある領主宅も襲撃した。200名の地主が殺害され、負傷者も1000人以上にのぼるという凄惨な結果となった。[井内1980；Vushko 2015：214] 当時内紛に悩まされていたクラクフの革命政府は、この農民軍の襲撃とハプスブルク軍の逆襲に有効な対応を打てず、同軍のクラクフ包囲を許した。デムボフスキは革命軍側の結束を図るべく市民とともに行進中に敵軍の砲撃で亡くなり、ティッソフスキらクラクフ政府は5月8日、ハプスブルクとロシアの連合軍の前に降伏し

「ガリツィアの戦い」（ヤン・レヴィツキ画）

近代のガリツィア①

た。11月16日に同市はガリツィアに正式に編入された。なお、1977年に制作されたポーランドの歴史映画『情熱』は、ピョトル・ガルリツキ演じるデムボフスキの悲劇的な半生を軸にしてガリツィアの虐殺とクラクフ蜂起の経緯を描いている。

　1846年の蜂起の挫折、とりわけその原因である、農民層が革命から離反したことは、ポーランド民主派の間に大きな失望をもたらした。もっとも、マルクスやレレヴェルは、クラクフ蜂起において農奴解放が正式に宣言されたことをもって、同蜂起をポーランドにおける最初の社会革命と評価していた。[Wandycz 1974：136] 他方、皇帝側はポーランド人のナショナリズムが浸透していない農民層を味方につけることで、蜂起鎮圧に成功するとともに、クラクフの正式な併合を果たした。しかし、帝国政府もまた、農奴制の廃止が進まない点では、ポーランド革命側と同じ課題を抱えていたのである。[Judson 2016：158]

フレドロ、「ウクライナ派」、ポーランド人によるウクライナ文学

　19世紀中盤のポーランド文学を代表する作家の一人に、アレクサンデル・フレドロ（Aleksander Fredro 1793-1876）がいる。20世紀ポーランド最大の文学者チェスワフ・ミウォシュが「ポーランドのユーモアをもっとも純粋に体現した」作品としてアダム・ミツキェヴィチの『パン・タデウシュ』とともに挙げるのが、フレドロの喜劇である。フレドロは、カルパチア山脈のふもとの富裕な地主の家に生まれた。彼は、ナポレオン戦争に従軍後、ガリツィアの荘園に戻ると終生そこで暮らしながら創作に取り組んだ。フレドロは、ナポレオンの敗北とウィーン体制の確立によって、ポーランド国家再興の望みが薄れる中、「今やポーランド人の家庭内の幸福は、砂漠の中のオアシスのようなものである」と書き残している。[Wolff 2010：77] そのため、フレドロの作風は、非政治性を基調としながら、同時代のロマン主

第3章

義からも離れ、18世紀のポーランド喜劇を思わせる内容に回帰した。実際フレドロは、生前30余りの劇作を残したが、その多くは往時の士族の生活を描いた作品である。彼の代表作である喜劇『ゼムスタ（仕返し）』（1834年）は、マウォポルスカ方言を用いており、同作は2002年に映画監督アンジェイ・ヴァイダによって映画化もされている。

他方で、フレドロの作品を時代遅れで、民族性も感じ取れないと批判したのがロマン派詩人で文芸評論家のセヴェリン・ゴシュチンスキ（Seweryn Goszczyński 1801-1876）である。彼は当時ロシア帝国の支配下にあったウクライナ出身のポーランド人で、同じ出身のアントニィ・マルチェフスキやボフダン・ザレフスキとともに、ロマン派作家の中で特に「ウクライナ派」の一人として数えられている。ゴシュチンスキは詩作『カニオフの城』（1928年）で、ウクライナ人農民が、領主の圧迫に対して反乱を起こす姿を、ウクライナの文化や壮大な自然を

リヴィウから第二次世界大戦後にポーランドのヴロツワフに移されたフレドロの銅像

現在のリヴィウのリチャキウ墓地にあるゴシュチンスキの墓碑

近代のガリツィア①

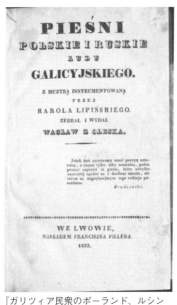

『ガリツィア民衆のポーランド、ルシン歌謡』(1833年)

背景に描写した。彼はレンベルク／ルヴフ／リヴィウに居を据えながら、革命家として十一月蜂起や「ガリツィアの陰謀」にも関わった。また、ポーランド人作家、スラヴ学者、政治家のヴァツワフ・ザレスキ（Wacław Zaleski 1799-1849）は、作曲家でレンベルク歌劇場音楽監督も務めたカロル・リピンスキ（Karol Lipiński 1790-1861）とともに、ポーランドとルテニアの民謡を収集、採譜し、1833年に出版した。ザレスキがポーランド人とルシン（ルテニア）人の民謡を同じ本で扱ったのは、両者が異なる「方言」を話す単一のネイションと捉えたからであった。しかし、彼の著書は、ウクライナ文学の「再生」の前触れとして、後にウクライナ近代文学を代表する作家のイヴァン・フランコにも高く評価された。[Kozik 1986：35]

ウクライナ国民文学の萌芽

　ポーランド人の間に広まったロマン主義や文化ナショナリズムの機運は、ギリシャ・カトリックの神学校の学生にも影響を与えた。当時、ウクライナ人の知識人層の大半を構成した彼らは、ウクライナ語による文化活動や後の政治運動の担い手となった。前者の内、特に有名なのが、レンベルク／ルヴフ／リヴィウの神学校出身の詩人、マルキヤン・シャシュケヴィチ（Маркіян Шашкевич 1811-1843）や作家のヤ

キウ・ホロヴァツィキー（Яків Головацький 1814-1888）、詩人のイヴァン・ヴァヒレヴィチ（Іван Вагилевич 1811-1866）ら、「ルテニア三人組」である。ヴァヒレヴィチは、当時ウクライナ人が、「オーストリアの地において、文学もなく、雑誌もなく、国民教育もなく、学校もなく、野蛮人のように生きている」と考えた。そこで彼らは、当時民衆の言葉とされてきたウクライナ語に注目し、1835年に『ゾリャー』（星）を編集する。しかし、同誌はハプスブルク政府の検閲によって出版が禁止されたため、彼らは翌年、検閲が緩和されていたハンガリーのブダペシュトで、新たに『ルサルカ・ドニストロヴァヤ』を出版した。同誌は、ウクライナ語による初の文学雑誌であり、ウクライナ民謡やウクライナ語による創作作品のほか、他言語の民謡の翻訳も掲載された。後にウクライナ近代文学を代表する作家のイヴァン・フランコが、掲載作品の質の低さを批判しながらも、同誌の発行を「革命的な

ルテニア三人組の銅像（イヴァノ＝フランキウシク）

『ルサルカ・ドニストロヴァヤ』（1837年）

近代のガリツィア①

現象」と評したのは、それまでの教会スラヴ語の文学の伝統を脱却し、ロシア領ウクライナからハプスブルク領ガリツィアにかけて共通のウクライナ語による文学が誕生した、と考えたからであった。[Hrycak 2000：60-61]

しかし、『ルサルカ』は200部ほどが出版されたものの、ハプスブルク政府の干渉によってほどなく廃刊になった。「三人組」もそれぞれ、シャシュケヴィチは地方の教区に飛ばされた末に早世し、ホロヴァツキーは叙階を許されず、ヴァヒレヴィチも、ギリシャ・カトリックからプロテスタントに改宗するなど、活動は妨害を受けた。しかし、その後もウクライナ語雑誌の刊行は若い神学校の学生の間で細々と続けられた。

また、ポーランド文学者の影響を受けながらも、ポーランド人に対する「ルテニア三人組」の態度は、人によって異なっていた点には注意が必要である。たとえばシャシュケヴィチは、アダム・ミツキェヴィチ等ポーランドのロマン主義者の知的影響を受け、ポーランドの歴史家、革命家とも親しく交流していた。[Kozik 1986：30] これに対し、ホロヴァツィキーはポーランド人の独立運動の成功がむしろウクライナ人を圧迫することを恐れ、ウクライナ人にはハプスブルク皇帝への忠誠を、ウィーン政府にはウクライナ文化の発展を保護するよう求めていた。[Hrycak 2000：63] このように、ウクライナ人の間では、自民族の意識が高まることで、ハプスブルク支配に抵抗するポーランド人に共鳴しながらも、政治的にはハプスブルク側につくことでウクライナ人の自立を確保しようとする見方もあった。

ポーランド文化の影響は、ウクライナ語文字に関する議論にも影響を与えた。ギリシャ・カトリックの府主教を務める傍ら、ウクライナ語を研究したヨシプ・レヴィツィキー（Йосип Левицький 1801-1860）は1834年に著したウクライナ語の文法書の中で、教会スラヴ語で用いられるキリル文字とポーランド語で用いられるラテン・アルファベットを比較し、民衆の識字率を速やかに向上させるには、後者

第3章

を教育現場で普及させるのが望ましいが、前者も聖職者の教育で使用されるべきであると主張した。[Kozik 1986：88]

コラム：ザッハー＝マゾッホとガリツィア

『毛皮のビーナス』の作品等で「マゾヒズム」という言葉の由来となった、世紀末ヨーロッパ文学を代表する作家の一人、レオポルト・フォン・ザッハー＝マゾッホ（Leopord von Sacher-Masoch 1836-1895）は1836年にレンベルク／ルヴフ／リヴィウに生まれた。父方のザッハー家は、スペイン出身のハプスブルク皇帝に仕える騎士で、1795年の第三次ポーランド分割の際に、ハプスブルク官僚としてボヘミアからガリツィアに移住した。祖父はクラクフ近郊のヴィエリチカの製塩所の所長を務め、父のレオポルト・リッターはレンベルク／ルヴフ／リヴィウの警察署長を務めた。1838年には母方のマゾッホの姓も受け継ぎ、一家はザッハー＝マゾッホと改称した。幼いレオポルトは、ポーランド語、ドイツ語、フランス語とともに乳母からウクライナ語も教わった。10歳の時にレオポルトは1846年のクラクフ蜂起とガリツィアの虐殺を経験した。父のレオポルトが反乱者を取り締まり、蜂起は沈静化したが、敗れた蜂起軍の兵士の凄惨な姿を目にしたレオポルトは、忘れようのない印象を受けたと

現在のリヴィウにあるザッハー＝マゾッホの銅像

近代のガリツィア①

いう。蜂起の鎮圧に功がありながら、皇帝側の疑いをかけられブコヴィナに追放されるシェーラにもレオポルトは父とともに面会した。[Wolff 2010：143-144] オーストリアのグラーツ大学卒業後、レオポルトは、歴史小説『あるガリツィアの物語：1848 年』（1858 年）、1848 年革命期のガリツィアを描いた『密使』（1860 年）を立て続けに出版して好評を博し、瞬く間に著名な作家となった。1875 年には『ガリツィア物語』という題の短編集を発表し、同書は日本でも1976 年に翻訳されている。『ガリツィア物語』において、マゾッホは、ポーランド人、ルテニア人、ユダヤ人が平和裏に共存する農村風景を描き、農民を「兄弟」と呼ぶ人望のあるルテニア人貴族や、ハプスブルク皇帝を深く崇拝する農民を登場させるなど、他民族と共存する理想的な「ガリツィア人」像を描いた。[ザッヘル＝マゾッホ 1976]晩年のマゾッホは、15 世紀のユダヤ教の「偽預言者」シャブタイ・ツヴィをモデルにしたサブタイ・ベナヤという人物を主人公に小説『イルイ』（1882 年）を発表した。本作は、ガリツィアにおいて個別的な民族性を超越した普遍的な教えと世界平和を説く現代のメシアとなったベナヤが、現実の不条理に巻き込まれ非業の運命を辿るという内容である。[中澤 2002] 生涯の大半をガリツィアの外で暮らしたマゾッホのガリツィア関連の作品群は、当時のガリツィアの現実を忠実に再現したものというより、後述する同地域の民族対立の克服という、彼の願いを反映したものであったといえる。なお、1991 年には、ウクライナの現代芸術家によって「マゾッホ・ファンド（Фонд Мазоха）」が設立された。

第 3 章

第四章

近代のガリツィア②

ボリスラウ／ボリスワフの労働者のメーデー [Buszko 1989：59]

1848年の「諸国民の春」によって高まった諸民族の運動がハプスブルク帝国の支配を揺るがし、弱体化させたという従来の見方は、完全な誤りではないにせよ、最近の研究では修正されている。特に1867年以降、ハプスブルク帝国は憲法で諸民族の平等を謳い、民族語による教育を受ける権利や国政の参政権を保障することで、それぞれのネイション（民族、国民）の形成（ネイション・ビルディング）を助ける姿勢に転換した。これに対して民族運動の指導者たちは、一定の自治権と引き換えに帝国に恭順し、ハプスブルクの国家形成（ステイト・ビルディング）に協力したのである。しかし、ガリツィアではウクライナ人はポーランド人と対等な自治権を得られず、ユダヤ人はそもそもネイションとして認められないなど、様々な矛盾が顕在化した。また、ハプスブルク国内の諸地域と比べ、ガリツィアは工業化や農業改革が遅れたために、相対的に貧しい地域にとどまっていた。そのため、19世紀後半には、ガリツィアから帝国の他地域への移住や海外移民が大規模に起こり、ガリツィア内部でも労働運動や農民運動が活発化した。後者の社会運動はポーランド人やウクライナ人の民族運動とも結びつき、民衆の間の相互扶助や連帯を促す一方で、民族間に新たな摩擦を引き起こしたのである。

1848年革命とナショナリズム運動の高揚

　1848年の「諸国民の春」を迎え、ウィーンでは民衆蜂起によって宰相メッテルニヒが追放され、ウィーン体制が崩壊、国民議会が成立した。ガリツィアでも再び政治的なナショナリズム運動が高まりを見せる。**DE** レンベルク／**PL** ルヴフ／**UA** リヴィウでは、群衆によるデモが起きる中、ポーランド人自由主義者のフランチシェク・ヤン・スモルカ（Franciszek Jan Smolka1810-1899）、フロリアン・ジェミアウコフスキ（Florian Ziemiałkowski 1817-1900）は、国民軍の創設、現地語による行政機関と全ての階層から成る議会の設立を求める請願書

第4章

をウィーン政府に提出した。クラクフでも請願書が提出されたが、皇帝フェルディナント一世はいずれも拒否する態度に出たため、ポーランド人側は、レンベルク／ルヴフ／リヴィウとクラクフで、それぞれ「中央国民会議」「国民委員会」を結成、ガリツィアにおけるポーランド人自治とポーランド語教育の普及を決議し、皇帝側との対決姿勢を鮮明にした。

フリホリー・ヤヒモヴィチ

しかし、1846年に比べて1848年で特徴的なのは、ポーランド人の運動と連動するように、ウクライナ人が独自の政治勢力として立ち上がった点にあった。その政治運動の担い手は、「聖ユーリー派」と呼ばれる、ギリシャ・カトリックの聖職者である。5月2日にはギリシャ・カトリック府主教フリホリー・ヤヒモヴィチ（Григорiй Яхимович 1792-1863）を議長に「ルテニア最高会議」がレンベルク／ルヴフ／リヴィウで結成された。同会議の宣言に

ルテニア最高会議

近代のガリツィア②

よれば、「ガリツィアのルテニア・ネイションは、一つの言語を話す1500万人の大ルテニア・ネイションの一部」であるとしてロシア領ウクライナとの一体性が謳われた。ここでいう「ルテニア・ネイション」とは、それまで特権層のナティオでもなく、私法上の狭義の民族（ゲンス）でもない、人々が主権を行使する政治的主体を意味しており、ルテニア人という表現は異なるが、ほぼ現代のウクライナ・ネイションに通じる。たしかに、1848年の時点では従来の「ルテニア人にしてポーランド国民」という自己意識を持つルテニア人勢力も存在し、聖ユーリー派とは別にポーランド人勢力とともに行動していた。[Świątek 2019] しかし、聖ユーリー派のルテニア最高会議は宣言で、ルテニア人が中世のルーシ、ハーリチ・ヴォリーニ公国以来の独立を喪失したことで、自民族の支配階層が失われ、社会的に没落してしまったと述べ、「ルテニア人にしてポーランド国民」というありかたを否定し、ルテニア人がネイションとして他のネイションと対等な立場に「引き上げられる」必要性を説いた。その一方で、ルテニア人を保護する立場にあるハプスブルク皇帝にも忠誠を尽くし、ポーランド人とも共存することを求めた。[Kozik 1986：196；Magocsi 2002：409-411] 具体的な目標としては、ルテニア人が多く居住する東ガリツィアを、ポーランド人が多数派の西ガリツィアから分離し、東ガリツィアにおけるウクライナ語の公用語化やギリシャ・カトリックとローマ・カトリックの完全な同権化を実現することが定められた。また、ルテニア最高会議は、ハーリチ・ヴォリーニ公国の紋章（青地に金のライオン）と、青と黄の旗をネイションの旗として採用した。このように、キーウ・ルーシからの歴史的連続性を根拠にルーシ（ルテニア）を自称しながらも、同会議は近代ウクライナ・ナショナリズム運動の最初の政治組織であった。[Zayarnyuk 2005：124] 聖ユーリー派のルテニア（ウクライナ）民族運動は東ガリツィア全域に広がり、34の地区評議会が設立され、市民軍の編成が開始された。また各地に政治団体ルーシキー・ソボールが結成され、ウクライナ語紙『ハーリチの星』や「三

人組」のヴァヒレヴィチが編集
者となって『ルーシキー日報』
が発行された。[Hrycak 2000：
63] 11月には、ウクライナ語・
文化学科がレンベルク大学に設
置され、ウクライナ語教育や出
版を行う施設「民族の家」も創
設された。皇帝側は、このルテ
ニア人のナショナリズム運動を
助長することで、ポーランド人
の運動の勢いを削ぎ、他民族に
対する優位を弱めようとした。
[Wolff 2010：184；Judson 2016：
184] こうしてガリツィアはポー
ランド人とルテニア（ウクライ
ナ）人の二つのナショナリズム

『ハーリチの星』

運動が競合する場となったのである。

　1848年6月にプラハで開催された汎スラヴ会議では、それぞれ代
表を送ったポーランド人、ルテニア人の間で、ガリツィアをめぐる対
立が表面化した。ポーランド人側は、ガリツィア全土が、再興された
ポーランドの領土の一部となるべきと主張したのに対し、ルテニア人
側は、ガリツィアをサン川を境に分割し、東部がルテニア人側に帰属
するべきと主張した。[Magocsi 2002：413]

　ポーランド人ナショナリストとハプスブルク帝国政府の間ではま
た、農民の支持を得るべく、農奴制の廃止に向けて動きだした。前者
は領主である大貴族らと交渉し、共有地の私有を認める代わりに賦役
の廃止に合意させたのに対し、後者は農民に全ての義務からの解放を
宣言したが、結局農民はポーランド人ナショナリストではなく皇帝側
に恩恵を感じたという。また農民層の方も、ルテニア人、ポーランド

人共に議員を国民議会に送り、共同で賦役の廃止の請願を出すという独自の行動に出ている。[Kozik 1986：253] その結果、当時革命勢力が掌握していた帝国議会でも、賦役の廃止が正式に決議されたのである。

一方でユダヤ人は革命時に、ポーランド人とともに、あるいは自らポーランド人として行動する者や、ポーランド人からの反ユダヤ主義を恐れてハプスブルク帝国側につく者がおり、対応が分かれた。これに対して、当時のガリツィア総督フランツ・シュタディオン（Franz Stadion 1806-1853）はユダヤ人の支持を得るため、彼らに課された特別の課税を全て廃止することを試みた。またユダヤ人の方でもポーランド人の中央国民委員会やウィーンの革命政府にユダヤ人の解放を求める請願を続々と送る等、政治運動を活発化させる。これにウィーンの帝国議会ではユダヤ人への特別課税撤廃が決議することで応え、対して皇帝フランツ・ヨーゼフも同時にユダヤ人の市民権の拡大を布告した。

上記のような様々な政治運動を呼び起こした1848年革命であったが、11月になるとウィーンの革命政府は、皇帝側の反撃によって打倒され、ガリツィアのポーランド人勢力もわずかな抵抗の内にハプスブルク軍の軍門に下った。これ以降、ガリツィアのポーランド人ナショナリストは帝国支配体制の下で自治を追求していくことになる。

ハプスブルク軍の砲撃によって炎上するレンベルク市庁舎

他方、同様に自治を認められなかったルテニア人の中ではロシア帝国に接近する傾向も見られた。なお1848年には、ガリツィア・ロドメリア王国に属していたブコヴィナでも自立運動が高まったことで、翌年にブコヴィナは分離し、単一の領邦となった。

第4章

19世紀中盤のポーランド人とウクライナ人の政治文化

　1848年革命は挫折したものの、ガリツィアではポーランド貴族のアゲノル・ゴウホフスキ（Agenor Gołuchowski 1812-1875）がシュタディオンの後任のガリツィア総督に任命された。ゴウホフスキは、ガリツィア行政・司法の一部で、ポーランド語の使用およびポーランド人役人の雇用を許すなど、ポーランド人による自治を次第に拡大していった。

　ゴウホフスキ総督時代、クラクフでは『チャス』（時）、『ジェンニク・ポリティチュニィ』、（政治新聞）、レンベルク／ルヴフ／リヴィウでは『ガゼタ・ナロドヴァ』（国民新聞）などのポーランド語の新聞・雑誌が次々と発行された。『チャス』の政治的姿勢は、独立革命などの政治的急進主義を否定し、新たに即位した皇帝フランツ・ヨーゼフを戴きながら、漸進的な自由主義的改革を目指すものであった。そのためこれらの政治家は、クラクフでは「ガリツィアの道化師」という名で呼ばれ、反対派から「保守」派とみなされた。またレンベルク／ルヴフ／リヴィウでは、同様の「保守」政治家は、「ポドリア（＝東ガリツィア）人」と呼ばれた。しかし漸進的な改革姿勢は、たとえば『チャス』に、科学的分析を通じて、ポーランド人の社会や国民経済の有機的な発展を探求する、いわゆる「ポジティヴィズム」や「有機的労働」と呼ばれる立場の記事が寄稿されたことからも明らかであった。[Wolff 2010：195] 同誌の編集をルツィアン・シェメンスキやパヴェウ・ポピエルとともに務めたのが、歴史家のヴァレリアン・カリンカ（Walerian Kalinka 1826-1886）である。カリンカは、1853年に発表した『オーストリア支配下のクラクフとガリツィア』の中で、農奴解放といったハプスブルクの近代的と思われる統治が、実際はガリツィアの住民の政治活動を制限し、地域社会を民族間の差異によって分断し、経済的に搾取していると批判し

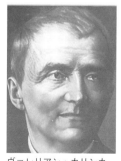

ヴァレリアン・カリンカ

ミハウ・ボブジンスキ

た。その一方で彼は、革命蜂起の失敗が、強力な君主制や国民間の団結、社会経済的な発展に欠けている「ポーランド人自身の責任」であると喝破した。[早坂 2019] こうした彼の主張は、政治的には「ガリツィアの道化師」に、学問的には「クラクフ歴史学派」と呼ばれる歴史家の一派に影響を与えた。後者は、レレヴェルなどの民衆蜂起史観をロマン主義として批判し、ハプスブルク帝国下における、自由主義や立憲主義の漸進的な拡大を積極的に評価した。その集大成として、歴史家ミハウ・ボブジンスキ（Michał Bobrzyński 1849-1935）は、ドイツの国家学の知見も取り入れながら、ポーランドの国制史を概観した『概説ポーランド史』を 1879 年に著わし、1927 年まで増補 4 版を重ねた。

他方でゴウホスキは、ウクライナ語の文化活動に対しては、ロシアとの結びつきを示すと考える要素を排除しようとした。1859 年にウクライナ語の正書法を文語体から音声表記に近づける布告がガリツィアで出され、翌年オーストリア内相に就任したゴウホフスキは、ウクライナ人からの請願をラテン語表記にするよう命令した。こうした命令を、ヤヒモヴィチらギリシャ・カトリックの聖職者を中心とするルテニア人勢力は、ガリツィアのポーランド化政策の一環とみなし、キリル文字とロシアを政治的に結びつけるのはウクライナ文化に対する侮辱であると激しく反発した。ウクライナ語教師や学生もラテン文字使用を拒否する中、事態を重く見たハプスブルク政府は、ゴウホフスキの内相辞任後、1861 年 4 月にガリツィアとブコヴィナにおけるウクライナ語教育を引き続きキリル文字で行うことを確認した。[Wendland 2001：112]

1869 年の「小妥協」とポーランド人自治の始まり

　1860 年代のガリツィアでは、ポーランド人、ウクライナ人それぞれの勢力による自治の主張と、ポーランドを分割する墺普露の大国、そしてフランス、パリのチャルトリスキを中心とするポーランド人亡命政権のそれぞれの思惑が複雑に絡み合いながら、事態が展開していった。

　ハプスブルク政府は 1859 年のイタリア戦争の敗北によって国内の求心力が弱まる中、早急な改革を必要とした。対してパリのポーランド人亡命政権は、当時反ロシア同盟の形成を目指し、イタリア統一戦争で敵対していたフランスとオーストリアの関係修復を後押しするなどハプスブルク政府に接近した。こうして、1860 年には、ガリツィアの総督を務めたゴウホフスキがオーストリア内相に任命された。皇帝側が彼を任命した理由の一つには、ガリツィアのポーランド化を進めていたゴウホフスキを後押しすることで、親ロシアに傾くルテニア人勢力を抑えることを期待したからであった。実際、ロシア政府はゴウホフスキの内相就任にいら立ちを隠さなかったという。[Zdrada 1969：145-147；Miller 2003：215] ゴウホフスキは、領邦議会の立法権の拡大や帝国議会への領邦議会からの議員派遣など改革を進めたが、反対派によって思うような効果が上がらず、一年足らずで内相を辞任してしまう。しかしゴウホフスキの改革を端緒として、1861 年には二院制の帝国議会が導入され、財産による制限選挙であるクリア制によって帝国議会議員が選出された。1867 年には、諸民族の法的な平等と、諸民族の言語の使用及びその教育が公式に定めたオーストリア憲法（「基本法」）が制定されるに至った。これによって、初等・中等教育は、ガリツィアでもポーランド語、ウクライナ語による教育が可能となった。

　しかし、1863 年 1 月に、ポーランド人がワルシャワでロシア支配に対して一月蜂起を起こしたことで事態は急転した。ガリツィアでも蜂起を支援する委員会が結成されたが、ポーランド人の蜂起は露普連

合軍によって瞬く間に鎮圧されてしまった。同年10月にはロシア政府とプロイセン宰相ビスマルクとの間でアルヴェンスレーベン協定が結ばれ、パリのポーランド亡命政権が画策したヨーロッパ諸国による反ロシア同盟は崩壊の危機に瀕した。パリのポーランド人亡命政権は、関係を深めてきたハプスブルク政府と、一月蜂起に刺激され活発化したガリツィア現地のポーランド人運動の板挟みになり苦しい立場に追い込まれたのである。

　1866年の普墺戦争でハプスブルク帝国はプロイセン側に敗北を喫し、翌年ハプスブルク政府が、外交・軍事・財政の共通事項を除いてハンガリー内政を全てハンガリー政府に移管する「アウスグライヒ」（妥協）をハンガリーと締結したことで、状況は再び変化した。ハンガリー人の自治が認められたことで、帝国議会のチェコ人議員は勢いづき、帝国全体に民族自治を拡大する連邦制案を掲げてポーランド側に協力を呼び掛けた。この案にポーランド側では、1848年革命で活躍したスモルカなどが賛同する一方、パリの亡命政権はハプスブルク

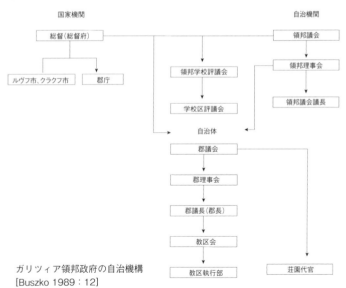

ガリツィア領邦政府の自治機構
[Buszko 1989：12]

ガリツィア領邦議会議事堂の内部1 [Buszko 1989：11]

との関係悪化を懸念して反対した。そこで1866年に総督に再任されたゴウホフスキや、ガリツィアの領邦議会のポーランド人議員は、ガリツィアのポーランド人自治に限定して要求を行い、1868年10月の領邦議会で決議もなされた。これはポーランド人をハンガリー人と同等の地位につける三重帝国を構想したものであったが、ハプスブルク政府が拒否したため、ゴウホフスキが総督を辞任したり、帝国議会のポーランド人議員が議会をボイコットしたりする事態に発展した。こうした紆余曲折を経て、1869年にガリツィアの行政・司法や教育におけるポーランド語の公用語化など、いわゆる「小妥協」と呼ばれるポーランド人による自治が実現したのである。[佐伯2022；Wandycz 1970：220]

ただし、レンベルク／ルヴフ／リヴィウの新聞記者から後にポーランド政府の外交官となったアルフレート・ヴィソツキ（Alfred Wysocki 1873-1959）の回想によれば、幼少期にポーランド人学校に通った際、ポーランドの歴史は午後の課外活動として教えられた。[Wysocki 1956：27] ポーランド史の授業が必修でなかった背景には、ハプスブルク政府による制限に加え、当時のガリツィアの自治政府

が、公教育の全面的なポーランド化に慎重であったことも考えられる。19世紀末にガリツィアの学校審議会の副議長を務めた、クラクフ歴史学派の歴史家ミハウ・ボブジンスキは、ポーランド史などをカリキュラムに加えた、「国民学校」の創設を訴えるポーランド民主派の議員の主張を退けている。その理由には、ウィーンの中央政府の反対を懸念したこともあったが、同時に同学校の創設が、ガリツィアのウクライナ人からポーランドの同化政策として反発を招き、民族対立を激化させる可能性を懸念したからであった。[Janowski 1996：126-127] 実際、ボブジンスキらによって編集されたガリツィアの公立学校用の教科書では、異なる民族的、文化的背景を持ちながら「ガリツィア」という郷土を同じくする住民が、ハプスブルク皇帝に忠誠を誓い、帝国全体への貢献をなすよう説かれていた。[Janowski 1996：147] しかし、ボブジンスキらの教育政策は、ポーランド人、ウクライナ人双方のナショナリストから反動として批判を受けることになる。

　1878年に4月にはレンベルク／ルヴフ／リヴィウに、自治の象徴となるガリツィア領邦議会議事堂の建設工事が始まり、1881年に完成した。

ガリツィア領邦議会議事堂の内部2 [Buszko 1989：11]

ルテニア人の政治運動の分裂とウクライナ・ナショナリズムの展開

　1848年以来、ポーランド人と同様の民族自治を求めながら、それが与えられなかったルテニア人勢力の間では不満が広がっていた。そもそも、19世紀後半にはルテニア人はガリツィアの人口の半数を構成しながら、財産上の制限から1861年の領邦議会の選挙では、ルテニア人議員は最大でも全体の3分の1を占めるに過ぎなかった。[Wendland 2001：143] 1863年に「聖ユーリー派」の指導者であったヤヒモヴィチが亡くなると、同派の中ではボフダン・ディディツィキー（Богдан Дідицький 1827-1908）の親ロシア派が台頭する一方、ユリアン・ラウリウシキー（Юліан Лаврівський 1821-1873）らが反対派に回った。やがて前者は、反ポーランド姿勢とロシアとの連携を唱えたことから「モスクヴォフィレ」（モスクワ派）、後者は、反ロシア姿勢とウクライナの独自性を打ち出したことから「ウクライノフィレ」（ウクライナ派）と呼ばれ、両者は対立を深めていく。なおこうした新興勢力とは別に、従来のルテニア人勢力は保守派の「ルソフィレ」（ルテニア派）と呼ばれたが、モスクヴォフィレそのものを指す場合もある。[Magocsi 2002：103] ディディツィキーは、初めは親ポーランドであったが、1868年以降もウクライナ人に自治が認められない中、ガリツィア住民のポーランド化が進む現状に抗するために、ロシアとの連携を説くようになった。当時のウクライナ人の間では「ポーランドの水たまりで溺れるよりもロシアの海で溺れる方が良

ボフダン・ディディツィキー

ユリアン・ラウリウシキー

近代のガリツィア②

い」とさえいわれた。[Hrycak 2000：92] ウクライナを「小ロシア」と呼んだディディツィキーは、ウクライナ人のロシア語教育も積極的だった。これに対して、ラウリウーシキーは、ロシアとの一体化によってウクライナの自立性が逆に脅かされると警鐘を鳴らす一方、ポーランドの同化政策にも反対した。ウクライナ人とポーランド人の融和は、両者に同等の権利が与えられて初めて可能になるという信念のもと、彼はガリツィア議会の副議長を務めながら、ウクライナ人とポーランド人の協力に尽力した。[Zdrada 1973；Байдак] また、1868 年には、ウクライノフィレによって、ウクライナ語文化の保護と発展を目指す「プロスヴィータ」（教育）協会が発足した。

　モスクヴォフィレ、ウクライノフィレはそれぞれ、『スロヴォ』（言葉）や『オスノヴァ』（鎖）など、雑誌の発行を通して、ウクライナ人による世論や公共圏の形成を促した。1860 年代の言論界では、ロシア政府からの資金援助もあり、モスクヴォフィレないしルソフィレがウクライノフィレに対して優勢であった。しかし、1880 年代に入ると、国内のウクライナ・ナショナリズムの興隆にロシア政府が警戒したことで状況が変化した。1880 年にロシア政府の『スロヴォ』への資金援助が打ち切られ、2 年後にはガリツィアのモスクヴォフィレの指導者が反逆罪によってハプスブルク政府に逮捕されたのである。また、ロシア領ウクライナからウクライノフィレ活動家の亡命も相次いだ。[Miller 2003：214] 1880 年には、レンベルク／ルヴフ／リヴィウで、モスクヴォフィレの『スロヴォ』（言葉）に対抗して、ウクライノフィレによる日刊紙『ディロ』（行為）が発刊された。同時期にウクライナの国民詩人、タラス・シェウチェンコの作品が、ガリツィアのウクライナ人の間で若者を中心に受容されるようになると、彼らはポピュリズム運動と結びついた新たなウクライナ・ナショナリズムの原動力となるのである。

近代ガリツィアのユダヤ知識人とシオニズム

　ユダヤ人は1867年に制定された基本法によってほとんどの法的制限が撤廃されたことで、公式には解放が達成された。ガリツィアでもユダヤ人の法的差別の廃止が議会で決議されたが、その際ユダヤ人はあくまで「ユダヤ教徒のポーランド人」とみなされたことには注意を要する。この言葉を用いることで、ルテニア人にはユダヤ人がポーランド人の潜在的な味方として敵視されることになったからである。

　1860年以降、ガリツィアで中等・高等教育におけるポーランド語の公用語化に伴い、ユダヤ人の知識人を中心として、ポーランド人への同化に向かう者が見られるようになる。特にレンベルク／ルヴフ／リヴィウのユダヤ啓蒙主義者の文化団体である「アグダス・アヒム（Agudas Achim）」は、「ポーランド人とユダヤ人の友好」の理念の下、ユダヤ人が自らの宗教を保持しながら、ポーランド人の政治・文化活動に参加することを訴えた。同団体で活動していた文芸評論家のヴィルヘルム・フェルトマン（Wilhelm Feldman 1868-1919）によれば、ポーランド化したガリツィア・ユダヤ人の多くがポーランド人の「自由のための闘争や苦難」に共感を示したという。フェルトマンらが創刊したアグダス・アヒムの機関紙『祖国』は、かつての士族共和政時代の、民族性を問わない「ポーランド国民」像を基に「シビックな」ナショナリズムの可能性が議論された。[新井 2024]

ヴィルヘルム・フェルトマン

　しかしこうした知識人は当時のガリツィア・ユダヤ人口60万人の内、少数を占めるに過ぎなかった。ユダヤ人住民の多くは依然としてイディッシュ語という固有の言語とユダヤ教を保持したままであった。だが1880年の国勢調査で初めて導入された、日常で話す言語（「日常語（Umgangssprache）」）を基にした民族帰属の調査では、イディッ

近代のガリツィア②

カール・エーミール・フランツォース

シュ語は日常語として政府に公認されなかったため、ユダヤ人のほとんどは「ポーランド人」に入れられてしまったのである。その一方で実際にユダヤ人がポーランド人社会に完全に受け入れられず、反ユダヤ的な反応を示されることに失望したユダヤ知識人の中には、ユダヤ人を独自のネイションとみなし、パレスチナにユダヤ人国家を建設するシオニズムの立場に接近する者も現れた。当初は同化主義者であったフェルトマンやアルフレート・ノシヒ（Alfred Nossig 1864-1943）がガリツィアのシオニズムの先駆者となり、19世紀後半にはサウル・ラファエル・ランダウ（Saul Raphael Landau 1870-1943）が、テオドール・ヘルツルとともに政治運動として発展させた。ランダウは後にヘルツルと決別し、労働者を主体とする社会主義シオニズムを興している。

　他方で、ウクライナ人の文学をロシアのものとは別の独自のものとして評価していたのが、東ガリツィアのジャブウォトゥフ／ザボロティウ（Zabłotów / Заболотів）に生まれたユダヤ人のドイツ語作家、カール・エーミール・フランツォース（Karl Emil Francos 1848-1904）である。フランツォースのガリツィア関連の作品として最も有名なのはガリツィアの風土を論じた『半アジアから』であり、同地域を後進的で半分「野蛮な地」という意味で「半アジア」と題したことで、現代ではフランツォースの見方に批判的な意見も少なくない。しかし、フランツォースはウクライナの国民詩人、タラス・シェウチェンコに関する文章を書き、ウクライナ人が負わされた「苛酷で不当な運命」にも深い同情を示していた。また同時代のウクライナ人作家のイヴァン・フランコも高く評価した。その一方で、フランツォースは、タラス・バルボラというウクライナ人農民を主人公に農民の蜂起を主題とした『権利のための闘争』という小説も著すなど、ガリツィア出身者

として同地域の複雑な内情もドイツ人読者に伝えていたのである。[伊狩 2000；同 2001；同 2006]

文化と学問の開花

19世紀ガリツィアでは様々な芸術文化が花開いた。ここでは代表的なものをいくつかを挙げてみよう。

①出版文化と文学サロン、カフェ

1863年の一月蜂起はルテニア（ウクライナ）人の運動も刺激し、同年にレンベルク／ルヴフ／リヴィウでは、ウクライナ語の文芸雑誌である『メタ』（目的）が発行された。同雑誌には、ロシア領からパンテレイモン・クリシュ（Пантелеймон Куліш 1819-1917）、ハプスブルク領からユーリー・フェディコヴィチ（Юрій Федькович 1834-1888）等双方のウクライナ語作家が、詩作品やウクライナ史や民俗に関する文章、ロシア領の東ウクライナ情勢に関する報告などを投稿した。

一月蜂起の挫折後、ガリツィアに逃れたポーランド人知識人らは、同地でポーランド語文化の活動を積極的に行った。1869年のポーランド人自治が達成されると、ガリツィアの高等教育はポーランド語による教授が基本となったため、ポーランド語文化の存在感はますます高まっ

『メタ』創刊号（1863年）

近代のガリツィア②

『ポーランド書誌 19 世紀』（1873 年）

レオニア・ヴィルト

た。ポーランド語文献学者でクラクフのヤギェウォ図書館館長のカロル・エストライヒェル（Karol Estreicher 1827-1908）は、年代ごとのポーランドのあらゆる出版物の網羅した『ポーランド書誌』事典の編集という大事業を始め、22 巻以降の編集は息子や孫が引き継いだ。同事典は当時のポーランド人による出版活動がいかに活発であったかを証明している。[Fras 2000：237-238] なお同 19 巻は東ガリツィアのウクライナ語出版物の書誌が紹介されている。ちなみに新渡戸稲造の『武士道』のポーランド語訳は、1904 年にレンベルク／ルヴフ／リヴィウで出版されている。出版年はちょうど日露戦争期に当たり、新渡戸はポーランド語版に寄せた序文の中で、日本の武士とポーランドの士族を比較し制度面や精神面で類似性があることを指摘するとともに、「アジアの小国が正義と自由の名の下に大国と戦う」意義をポーランド語読者に訴えた。[第二章コラム参照]

　ポーランド文化の発展をしばしば支えたのは、文化人の集うサロンやカフェであった。レンベルク／ルヴフ／リヴィウでは、ピアニストのレオニア・ヴィルト（マチェイオフスカ）（Leonia Wild (Maciejowska) 1834-1878）のサロンに同市の文化人が集

第 4 章

158

ヤマ・ミハリカの集い（アルフォンス・カルビンスキ画）

い、ポーランドの政治、文化運動や女性運動が議論された。19世紀後半にはクラクフで劇作家・詩人のルチアン・リデル（Lucjan Rydel 1870-1918）や評論家、エッセイストのタデウシュ・ボイ＝ジェレィンスキ（Tadeusz Boy-Żeleński 1874-1941）等新世代の芸術家がクラクフのカフェ、ヤマ・ミハリカ（Jama Michalika）に集い、「ジェロニィ・バロニク」（グリーン・バルーン）と呼ばれる文学キャバレーが開かれた。この参加者は「若きポーランド」と呼ばれる文化潮流を生んだ。

②音楽

　ガリツィアの近代音楽の祖とされるのは、ヴォルフガング・アマデウス・モーツァルトの息子、フランツ・クサーヴァー・モーツァルト（Franz Xaver Mozart 1791-1844）である。彼は1808年から1818年までガリツィアで青年期を過ごした。レンベルク／ルヴフ／リヴィウに滞在した当初は、見知らぬ土地で孤独感を感じていた彼であったが、

近代のガリツィア②

フランツ・クサーヴァー・モーツァルト

蝶々夫人に扮したソロミヤ・クルシェルニツィカ

次第にポーランド人やポーランド音楽に心を開き、「六つのメランコリックなポロネーゼ」を作曲している。[Wolff 2010: 72-76] また彼は聖チチェーリア協会という同市初の音楽協会も設立した。1838年にはガリツィア音楽協会の前身となる組織が設立され、同協会は1854年にレンベルク音楽院を設置した。音楽院院長にはショパン全集の編集でも知られるアルメニア系の作曲家カロル・ミクリ（Karol Mikuli / Կարոլ Միկուլի 1821-1897）が就任し、多くの後進を育成した。東ガリツィア出身のウクライナ人歌手ソロミヤ・クルシェルニツィカ（Соломія Крушельницька 1872-1954）は、レンベルク音楽院で学んだ後に、イタリアで研鑽を積んだ。そして初演が不評であったプッチーニの『蝶々夫人』の二回目の上演で主演すると大成功を収め、プッチーニ自身からも称賛を受けた。彼女は生涯を通じプリマドンナとしてヨーロッパ中で高い名声を得たのである。

1888年には作曲家のヴワ

第4章

ディスワフ・ジェレィンスキ（Władysław Żeleński 1837-1921）によってクラクフにも音楽院が設立された。

③レンベルク市立劇場

　レンベルク／ルヴフ／リヴィウの象徴である市立劇場は、レンベルク工業大学教授ジグムント・ゴルゴレフスキ（Zygmunt Gorgolewski）によって設計され、1896年に建設が始まり、1900年に開場した。資金提供したポーランド人市民は、同劇場が、ポーランド語の戯曲やポーランド語オペラ作品の上演に力を入れ、ドイツ文化やウクライナ文化に対してポーランド文化の優位性を示す「ポーランドの劇場」となることを期待した。そのため、同劇場でワーグナーなどのドイツ・オペラの演目の上演が予定された際は、ポーランド・オペラの方を優先すべきであるとして総監督の辞任をポーランド人市民が求める事態にまで発展した。[Ther 2014：Ch. 5] ちなみに、レンベルク市立劇場では1904年12月4日に日本の古典狂言『菅原伝授手習鑑』を劇に翻案

レンベルク市立劇場（ポーランド国立図書館）

レヴィンシキー設計のドニエストル保険社屋

した作品『寺子屋』がポーランド語訳によって上演されたことが知られている。浮世絵にも造詣の深い画家でクラクフ美術大学教授も務めたスタニスワフ・デンビツキ（Stanisław Dębicki 1866-1924）が舞台美術と衣装を担当し、上演は大成功を収めたという。[田中 2011：262-264]

　レンベルク市立劇場や中央駅（1904年）の設計にはウクライナ人建築家イヴァン・レヴィンシキー（Іван Левинський 1851-1919）も協力した。レンベルク工科大学教授であった彼は、「フツル・ゼツェシオン」と呼ばれるカルパチアのフツル人の伝統文様と当時ウィーンを中心に広がったモダニズムの一派であるゼツェシオン（分離派）の意匠を融合した建築をレンベルク／ルヴフ／リヴィウの各所に建てた。

④チャルトリスキ美術館とクラクフ美術大学

　チャルトリスキ美術館（Muzeum Książąt Czartoryskich w Krakowie）は、1878年にチャルトリスキ家が所蔵している美術コレクションを、クラクフに移して開設された。ポーランド最古の美術館の一つであり、レオナルド・ダヴィンチの作品を始め、1863年のウィーン包囲の際にポーランド軍がオスマン兵から手に入れた戦利品も展示された。[Wolff 2010：273]

　クラクフ美術大学（Akademia Sztuk Pięknych w Krakowie）は、1873年にクラクフのヤギェウォ大学から美術学校が分離し発足した。初代校長はポーランド近代絵画を代表する画家、ヤン・マテイコ（Jan Matejko 1838-1893）である。マテイコの弟子で、同学校の卒業生であるスタニスワフ・ヴィスピャンスキ（Stanisław Wyspiański）は、当時

のポーランドのモダニズム「若きポーランド」を代表する画家の一人となった。

⑤レンベルク（ルヴフ）・ワルシャワ学派

19世紀後半のクラクフ美術大学

1895年にウィーンからカジミェシュ・トファルドフスキ（Karzymiesz Twardowski 1866-1938）がレンベルク大学哲学教授に就任した。トファルドフスキは、哲学と心理学を統合したドイツの哲学者、フランツ・ブレンターノの弟子であり、近代科学の方法論に基づき心理学とアリストテレス哲学を接合させた師ブレンターノの志をさらに発展させ、それを哲学と論理学にまで拡張しようとしていた。彼はポーランド哲学協会（Polskie Towarzystwo Filozoficzne）を組織し、ポーランド語の哲学専門誌『哲学運動』を創刊、さらに学部には心理学実験室を設置する。こうしてトファルドフスキの手により、レンベルク／ルヴフ／リヴィウには、実験心理学と哲学と論理学のすべてにまたがるポーランド人の研究者コミュニティが生み出された。[小山2020] 著名な弟子として、哲学者、倫理学者でワルシャワ大学教授のタデウシュ・コタルビンスキ（Tadeusz Kotarbiński 1886-1981）、関数電卓に用いられた「（逆）ポーランド記法」で有名な論理学者、数学者ヤン・ウカシェヴィチ（Jan Łukasiewicz 1878-

カジミェシュ・トファルドフスキ

ヤン・ウカシェヴィチ

近代のガリツィア②

1956)、ロシア生の数学者スタニスワフ・レシニェフスキ（Stanisław Leśniewski 1886-1939）がいる。

⑥ 1894年の地方総合博覧会

　1894年に、レンベルク／ルヴフ／リヴィウ南部のストリスキ公園で地方総合博覧会が開催された。ガリツィアの産業、芸術や、民俗などが各パヴィリオンで展示された。博覧会の敷地にはコシチュシュコの蜂起100周年に合わせパヴィリオン・ラツワヴィツカも開館した。民族学パヴィリオンでは、ポーランドやルテニアの異なる「民族衣装のマネキンが万華鏡のように登場し、移り変わる模様は、皇帝を含む観衆の目に眩いばかりに映ることで、民族の対立が解消された」かのようであった。[Wolff 2010：6] その一方で、ルテニア人パヴィリオンは、18世紀風の農家の外観を模したものの一つしかなく、ユダヤ人のパヴィリオンも存在しなかった。華やかなパヴィリオンは、ガリツィアの文化や社会が近代化したことをある程度示しながらも、ガリツィアの地域の実態を反映したものとはいえなかった。後述するガリツィアのウクライナ人知識人を代表するイヴァン・フランコが「我々の抱

ストリスキ公園の地方総合博覧会会場

芸術宮

工業館

えるすべての問題は [展覧会から] 除外され、それらと戦うための武器だけが展示されていた」と述べているように、むしろそれは、ハプスブルクの統治によって「改良」された同地域の未来像を表したものといえる。[Paduchowski 2014：156]

⑦ガリツィア事典の編纂

19世紀後半には、ガリツィアに関する地誌が相次いで刊行された。1884年にレンベルク／ルヴフ／リヴィウのドイツ語のギムナジウム教授ユリウス・ヤンダウレク（Julius Jandaurek）によって、ガリツィアとブコヴィナの地誌がウィーンで出版された。[Wolff 2010：269] 1880年代には、地理事典『言葉と絵で見るオーストリア・ハンガリー帝国』が刊行された。これは、ハプスブルク皇帝フランツ・ヨーゼフの皇太子ルドル

ウクライナ語で地方総合博覧会の開催を予告するポスター

近代のガリツィア②

フの命による一大編纂事業であったため、同事典は「皇太子の作品(Kronprinzwerk)」と呼ばれた。ドイツ語版全24巻のうち、ガリツィアは第19巻があてられ、1898年にウィーンで出版された。900頁を超える本書は、豊富な図版が載せられ、歴史、民族誌、文学、造形芸術、経済の項目が立てられた。1884年の地誌をヤンダウレク一人が著したのに対し、1898年の『ガリツィア』事典は次のような専門家による共著であった。

歴史
スタニスワフ・スモルカ
Stanisław Smolka 1854-1924
ポーランド中世史：政治家フランチシェク・スモルカの子息の歴史家、ルブリン大学教授。

アナトル・レヴィツィキー／アナトリ・レヴィツィキー
Anatol Lewicki /Анатоль Левицький 1841-1899
ルテニア中世史：歴史家、ヤギェウォ大学教授。父はギリシャ・カトリック司祭で、1848年のルテニア最高会議に関与した、政治家フリホリー・レヴィツィキー（Григорій Левицький）。

ミハウ・ボブジンスキ
近代史：クラクフ歴史学派を代表する歴史家、ヤギェウォ大学教授、帝国上院議員、ガリツィア総督を歴任。

ポーランド方言
ルチアン・マリノフスキ
Lucjan Malinowski 1839-1898
スラヴ語、シロンスク方言研究で知られる言語学者、ヤギェウォ大学教授。

ルテニア（ルーシン）方言
イヴァン・ヴェルフラツィキー

Іван Верхрацький 1846-1919

スラヴ語学者、動物学者、シェウチェンコ協会会員。

ポーランド民族誌
シモン・マトゥシャク

Szymon Matusiak 1854-1922

民俗学者。『民話の中のポーランド史』（1881 年）執筆。

ルテニア（ルーシン）民族誌
オレクサンドル・バルヴィンシキー

Олександр Барвінський 1847-1926

歴史家、シェウチェンコ協会代表、帝国議会上院議員。

ポーランド文学
スタニスワフ・タルノフスキ伯

Stanisław Tarnowski 1837-1917

政治家、文学者。ヤギェウォ大学教授、副学長などを歴任。

ルテニア文学
エミリ・オホノウシキー

Еміль Огоновський 1833-1894

文学者、シェウチェンコ協会刊『シェウチェンコ詩集』（1893 年）を編集。

　他にも、ポーランド人、ウクライナ人のほか、ドイツ人、ユダヤ人、アルメニア人出身の執筆者が名を連ねた。
　『ガリツィア』事典は、クラクフとレンベルク／ルヴフ／リヴィウ

近代のガリツィア②

「クラクフ市」『ガリツィア』事典、3頁

「タトラ山脈」『ガリツィア』事典、85頁

とガリツィアの二大都市とそれ以外の地域の風土の紹介からはじまり、ポーランド人、ルテニア人、ユダヤ人の文化や民族誌の紹介が続く。叙述にも特徴が見られる。たとえば、1884年のドイツ人ヤンダウレクの著書は、ポーランド人やルテニア人の伝統風俗をエキゾチックに描写し、住民の身体的特徴に関する偏見も交えるなど、異質な他者としてガリツィア住民を表象するオリエンタリズム的な認識が根底に見られた。[Wolff 2010：270-272] 対して、1898年の『ガリツィア』事典は、現地民族出身の執筆者が関連項目を担当することで、より学問的に精緻かつ現地の情勢を反映した記述となっている。執筆者は「ガリツィアの道化師」やクラクフ歴史学派ら、体制支持の「保守派」と称される人々であったが、その記述は単純なハプスブルク皇帝の統治の礼賛ではない。たとえば近代史を担当したボブジンスキは、1791年に制定された、ポーランド・リトアニア共和国の五月三日憲法と、そ

第4章

168

の自由主義や立憲主義体制の理念を明記している。その上で、それら
の理念がハプスブルク帝国の統治でも受け継がれながら、1849年の
農奴解放や1868年のポーランド人自治に至ったという、体制を越え
た国制史的な視点から歴史を叙述している。ボブジンスキの叙述は、
1898年にガリツィアを行幸した皇帝フランツ・ヨーゼフ一世が、各
郡の使者を前に「民族の個性の尊重と歴史的伝統の配慮が、国家と領
邦の結びつきをより強固なものにしてきた」という演説の引用で締め
くくられている。

　『ガリツィア』事典の叙述に欠けているものもある。たとえば、各
民族の記述は詳細ながら、当事者のアイデンティティ意識の変遷や、
文化的混淆性に注意は払われなかった。むしろ、ポーランド人、ルテ
ニア人、ユダヤ人の間の文化的差異は、当時の最新「科学」とされた
「人種」概念が取り入れられることで、より本質的なものとして捉え
られた。[Judson 2016：328] ウクライナ人が、「ルテニア」人として当
事者の意思とは別にカテゴリー分けされたのは、その例である。もう
一つの問題は、ガリツィアが当時抱えていた、貧困や少女売春といっ
た深刻な社会問題がほとんど扱われていないことである。絢爛豪華な
『ガリツィア』事典の頁から見いだせない、こうした社会問題は、19
世紀後半からガリツィアの現地の様々な論者や活動家に取り上げられ
る。

　ポーランド語では、社会主義者で歴史家のボレスラフ・リマノフス
キ（Bolesław Limanowski 1835-1935）が1892年に著したガリツィア
の地誌のほか、社会経済史家のフランチシェク・ブヤク（Franciszek
Bujak 1875-1953）の『ガリツィア』全2巻が1908年、1910年に出版
された。

産業化と人の移動

　ガリツィアは、併合から第一次世界大戦に至るまで、国内で農産物・原料供給地域として留まり、その経済的後進性や貧困が従来の研究でも主題とされてきた。しかしこれは同じく穀物供給地域であったハンガリーが経済的に発展したのと比べると異質でもある。何故ガリツィアはハンガリーと比べ、経済成長が進まなかったのだろうか。

　ガリツィア経済の変化の契機となったのは、帝国政府による領邦間の国内関税の廃止である。1775 年のオーストリア・ボヘミア間の関税が廃止され、共通の関税圏が設置されたのを手初めに、同様の政策が各領邦に広げられた。こうした関税の廃止と統一市場の形成によって、国内の人やモノの移動が促進され、帝国の経済発展に貢献した。また国内の大企業は、各社が本拠とする領邦を超えて、関税、為替リスクのない帝国規模でのビジネスを展開することができた。その一方で、それまで関税で保護された領邦内の経済にとって、関税障壁の撤廃は外部から大量の製品や作物が流入することも意味した。

　ではガリツィア経済はこの流れの中でどのように変容したのだろうか。表④からも明らかなとおり、当時のガリツィアの一人当たりの収入は、工業地域を含むハプスブルク帝国全体だけでなく、同じ農業地域のハンガリーと比べても少なく、オーストリアの領邦間では1911/13 年の段階で 2 番目に低い水準となっている。

ガリツィアとオーストリア（シスライタニア）、ハンガリーの一人当たりの年間所得の比較 [Kaps 2015：59]（縦軸は当時の通貨単位のクローネ）

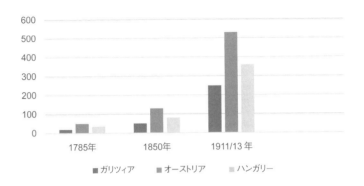

ハプスブルク帝国内の諸地域における一人当たりの年間所得の比較 [Kaps 2015：60]

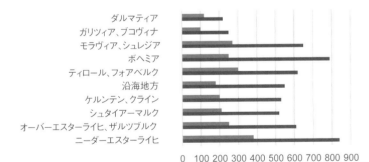

近代のガリツィア②

併合後のガリツィアは、帝国内の関税圏に組み入れられるとともに、国外に対しては新たな関税障壁が設けられたことで、通商の要衝としての地位を失うことになった。これ以降ガリツィアは「中核」であるウィーンに経済的に従属する「周辺」となったのである。

　帝国政府の経済政策の目的は、資源や資本の少ないガリツィアを、工業地域であるウィーンやボヘミア地方で生産される工業製品の消費市場とする一方、それらの地域に輸出するための農産物の供給地帯とすることであった。政府が試みた農奴制改革もこの目的の下で行われた。ガリツィアを新たな「エル・ドラード」「インド」あるいは「シベリア」といった植民地として見なしていた当時のハプスブルク帝国官僚は、農民の賦役を軽減させることで生産性を上げ、ドイツ人入植者や、農民へ転換したユダヤ人を農業入植地に投入することで、農業の進歩と税収増加を期待した。しかしこうした改革はいずれも失敗に終わり、農業の生産性は低いままだった。

　またインフラも当時は未整備であったため、農産物の輸送コストが他地域と比べ、ガリツィアは相対的に高くなってしまった。これらの要因から穀物輸出量が伸びず、関税撤廃によって国内の他地域の製品が流入したことで、地元経済は衰退したのである。

　1830 年代には失敗した中央政府主導の経済政策に代わり、「自由主義経済による産業化」が進められることになった。これは帝国政府と地元のポーランド人が協力して行うものであり、後者のナショナリストの影響もうかがわれた。彼らの中には、ガリツィアが「工場主のための市場やオーストリアの属州植民地」（歴史家のカリンカ）になるという、経済植民地化に対する警告を発する者もいた。

　1848 年の農奴制の廃止は、こうした経済的な変革を後押しするものと期待されたが、その後のガリツィア経済は自由主義者の想定とは異なり、停滞が続いた。まず解放以降も、大貴族は農地の大部分を保持し続け、それまで貴族と農民が共有していた土地（共有地）も廃止の見返りとして私有化したため、大地主としての立場を逆に堅固なも

第 4 章

172

のにした。1866 年には約 43％の農地、9 割の森林を大地主が依然と
して所有していたという。また賦役の廃止は有償であったため、そ
の補償の一部を払えず負債を抱えた農民は、そのほとんどが地主の下
で小作農として、農作業に従事するしかなかったのである。[Buszko
1978：6]

　他方でガリツィアの地主は、ハプスブルク帝国併合後も近世以来の
「再版農奴制」と同様の経営を継続していた。すなわちウィーンを中
心とする国内の経済的「中核」に供給する商品作物の生産である。そ
の量は農奴解放以降も増加し、例えば西ガリツィアのある地域では、
アルコール用の穀物生産量が全体の 15％（1867 / 69 年）から 35.4％
（1873 / 75 年）に増加が見られた。他方でガリツィア全域では、ビー
ル用の大麦や燕麦生産に押されて、小麦の生産が全体の 18％（1772
年）から 10％（1785/87 年）へ減少してしまったのである。

　また自由主義的経済政策として農奴解放とともに重要なのは、1859
年の商工業でのギルド制の廃止と 1861 年のクラクフからレンベルク
間の鉄道開通に始まる輸送網の整備である。これらは本来、商工業に
おける自由競争の促進と外部への輸出品の輸送コストを下げること
で、ガリツィアの商工業が活発化することを期待して行われた。しか
し結果としては外部から安価な製品がより大量に流入したことで、ガ
リツィアの商工業の衰退が進み、ガリツィア経済の周辺化を一層進め
る要因になってしまったのである。後述するように、この外部商品と
の競争に伴う商工業の衰退に最も大きな影響を受けたのが、当時クラ
クフの手工業者の 3 割、レンベルクでは 45％を占めたユダヤ人であっ
た。

　1870 年代以降になると、経済政策に関してガリツィアのポーラン
ド人エリートや民間企業の影響力がより増していく。この時代は「組
織化された資本主義」の時代と呼ばれ、具体的には、ポーランド人政
治家の後押しを受けた企業同士が、カルテルやシンジケートを通して
互いの競争を抑制し、価格や生産量、消費市場の固定化を試みたこと

を指摘している 。また地方政府の方でも、1873年には地方統計局、その9年後には地銀を設立する等、ガリツィアの産業化に向けた政策が進められたのである。

シュチェパノフスキと東ガリツィアの石油開発

スタニスワフ・シュチェパノフスキ

このガリツィアの産業化をめぐる議論は当時の東欧世界における知的な潮流の変化からも影響を受けていた。それが革命といった政治的変革よりも、科学的分析を通じて、ポーランドの社会や国民経済の有機的な発展を探求する、いわゆる「ポジティヴィズム」の立場である 。その知識人の一人としてガリツィアの社会経済問題に取り組んだのが、ポーランド人経済学者のスタニスワフ・シュチェパノフスキ（Stanisław Szczepanowski 1846-1900）である。彼はイギリスに滞在し英領インドの関税問題を調査した経験から、著書『統計で見るガリツィアの窮乏』（1888年）で、ガリツィア経済がインドと同様、「アジア的」で「植民地的」構造であることを、ガリツィアの交易収支の赤字や納税額の比較などから論証した。その上でガリツィア経済の植民地性を克服するにはガリツィアの産業の発展、とりわけ住民の「起業家精神」を高める必要があると論じた。産業化の効果は経済面にとどまらない。リベラリズムを信奉するシュチェパノフスキは、愛国心やナショナリズムなどのイデオロギーは、ガリツィ

ボリスラウ／ボリスワフ―トゥスタノヴィチ／トゥスタノヴィツェ間の石油施設 [Purchla, et. al. (eds.) 2014: 54-55]

ア住民の統合よりも不和や対立の原因となると考えた。その一方で、産業化を果たしたイギリスでは、ディズレーリという、当時では異例であったユダヤ人出身の首相さえ誕生した、という例を挙げながら、シュチェパノフスキは、産業化による生活水準の向上によって、住民が階

ボリスラウ／ボリスワフ（1905年）
[Purchla, et. al. (eds.) 2014: 340]

級、民族に対する利害や関心を失い、社会への統合が進むと主張したのである。

　実際シュチェパノフスキは自ら起業家として活動を始め、東ガリツィアのドロホビチ近郊にある UA ボリスラウ／ PL ボリスラフ（Борислав／Borysław）で発見された油田を開発する会社を1889年に立ち上げた。当時ドロホビチは1850年代から石油生産によって、ガリツィアの「ペンシルヴァニア」「カリフォルニア」と呼ばれていたが、油田開発は、国営ではなく外資やユダヤ人企業家など民間に委ねられていた。これに対して、地元のポーランド人による開発を目指したシュチェパノフスキは、当時最新のスチームエンジンを用いたドリルを導入するなど積極的な投資をすることで、一時はガリツィア最大の石油会社にまで成長させた。彼は従業員の福祉にも気を遣い、当時先進的な保険の創設や、労働者のための病院や図書館も建設した。しかし、1899年に貸し手

ボリスラウ／ボリスワフで石油が燃焼する様子 [Purchla, et. al. (eds.) 2014: 336]

近代のガリツィア②

のガリツィア救済銀行による不正融資が告発され、裁判においてシュチェパノフスキの会社が多額の負債を抱えていることも明るみに出た。その結果、シュチェパノフスキは破産を申告、事業は失敗に終わった。その後、ボリスラウ／ボリスワフの油田はハプスブルク帝国国内の銀行やフランス等の外資を中心とした経営に移り、ガリツィアの「経済植民地」的な性格はむしろ強化されてしまったのである。[Frank 2005：95-129]

　ボリスラウ／ボリスワフの油田経営はもう一つの変化をガリツィアにもたらした。もともと農業が基幹産業であった同地域の住民が、油田開発の労働者として雇用されたのである。特に東ガリツィアで多数派を占めるウクライナ人は、ボリスラウ／ボリスワフの労働者の半数を占めていた。他にも労働者として雇用されたポーランド人やユダヤ人とともに、彼らは待遇の改善を求めてストライキを行ったが、当初は組合もなかったため管理職と暴力的な衝突になることもしばしばであった。しかし、1884 年の 7 月に起きた暴動ではキリスト教徒労働者の敵意は、雇用側ではなくユダヤ人労働者に向けられた。ユダヤ人労働者が、石油産業を「支配」するユダヤ人資本家と結託しているというデマが流されたからである。こうした混乱を受けて、ガリツィアにおいても労働組合の組織化が 19 世紀後半から本格化する。

ガリツィアの社会主義運動と民族問題

　ガリツィアの労働運動は 1870 年代から展開されていた。当初その中心となったのは工場労働者ではなく、職人である。彼らは 1859 年にギルド制が廃止され特権を失う一方、関税撤廃に伴う外部製品との価格競争にさらされた結果、経済的に没落し工場労働者として雇用された。そこで自らの利益を守るため、労働組合がガリツィアの各地で自発的に組織されたのである。[Himka 1983：18] 1873 年には印刷業者を中心とするストライキが起き、企業側に対する対決姿勢が強めら

第 4 章

れた。

　この職人組合を端緒として広がったガリツィアの社会主義運動は、ポーランド人とユダヤ人が中心であったものの、社会主義者であり後にウクライナ・ナショナリズムの代表的人物としても知られる詩人のイヴァン・フランコも協力するなど、ポーランド人やルテニア人のナショナリズム運動を超えて拡大した。1881 年にフランコらレンベルクを拠点とする社会主義者は、ガリツィアにおける統一的な社会主義政党の設立を計画し、その綱領の中でポーランド人、ルテニア人が共に政府の抑圧に抵抗し、各民族の自治を達成することを目標に掲げた。またこの綱領ではユダヤ人も一つの「民族」として認められ、ユダヤ人労働者に対する連帯が非ユダヤ人から示されていたことも重要である。しかし翌年にクラクフの警察署長暗殺の容疑で社会主義者が一斉に逮捕され、政党の樹立は失敗に終わった。[Himka 1983：78-83]

　その後社会主義政党がオーストリア国内でも合法化されると、ガリツィアの労働者の間では、オーストリア社会民主党が支持を広げた。同党は 1874 年に、オーストリアにおける諸民族の社会民主党の合同組織として設立された。首脳部のアドラー、レンナー、バウアーなどのオーストロ・マルクス主義者は、民族間の平等を達成することで、階級をまたぐ民族間対立を克服し、本来の階級闘争を取り戻すことができると論じた。そのため同党は民族そのものの否定ではなく、民族間の協調という意味で「国際性（間民族性）（Internationalität）」という言葉を用い、諸民族を統合する党組織を、第二インターナショナルに擬して「小インターナショナル」と称したのである [小沢 1987：19]

　工業化の遅れていたガリツィアで社会民主党が結成されたのは 1892 年である。同党は当初、各民族別に結成されていた他地域の社会民主党とは異なり、民族の代わりに地域を政党名に冠する（「ガリツィア社会民主党」）等、その地域主義的な性格に特徴があった。これは前述のポーランド人やウクライナ人などの民族の差異を超えて共

近代のガリツィア②

通の政党を組織する、同地の社会主義運動の特徴が見られる。しかし一方で党首のイグナツィ・ダシンスキ（Ignacy Daszyński 1866-1936）は同党を国内のポーランド人労働者を代表する政党としてもみなしていた。彼は、本来思想の異なる農民ポピュリストのストヤウォフスキとも交流し、ガリツィアにおけるポーランド人の経済成長という目的を共有していたのである。[Golczewski 1986：99] だがこのダシンスキの進める同党のポーランド化にはルテニア人労働者が反対し、1899年に同党を脱退すると、1900年にウクライナ社会民主党を設立した。これに対し既存の社会民主党も名称を「ガリツィア・ポーランド社会民主党」に改称し、ここに従来の「地域」から「民族」を単位とする労働者の組織化に党の方針が転換した。

　1905年には「ガリツィア・ユダヤ人社会民主党」が結成された。同党は民族の文化自治を定めた社会民主党のブリュン綱領をユダヤ人にも適用し、他の社会民主党と同等の地位を得ることを要求した。この動きにポーランド社会民主党は「分離主義者」とみなして強く反対したが、ウクライナ社会民主党はポーランド社会民主党の影響力を削ぐことを目的にこれを支持したのである。

　当初は協力関係にあったにもかかわらず、民族問題をめぐりガリツィアのポーランド人社会主義者が、ウクライナ人、ユダヤ人社会主義者との間で対立を先鋭化させたのに対し、ロシア帝国内で活動した「ポーランド社会党」には、若きユゼフ・ピウスツキ（Józef Piłsudski 1867-1935）やレオン・ヴァシレフスキ（Leon Wasilewski 1870-1936）など、ウクライナの政治的自治や独立を支持する者が指導的立場にあった。1892年11月のポーランド社会党の綱領には、ポーランドとともにリトアニアとウクライナをロシアの支配から解放し、かつてのポーランド・リトアニア共和国の版図に連邦国家を形成する案が明記された。[Zimmerman 2022：79] 社会党と別政党を組織したローザ・ルクセンブルクが、ロシア帝国を連邦制に変え、ポーランドがその一部を構成するという構想を唱えていたのに対し、ピウスツキは、ポー

第4章

ランド・リトアニア共和国の時代を含め、ロシアとは全く異なる歴史を歩んできたポーランドがまず独立を回復させることが先決であると考えていた。ピウスツキは、1896年秋にレンベルク／ルヴフ／リヴィウに滞在し、ユダヤ人やウクライナ人の社会主義者と交流する機会を得た。そこで彼はロシアの支配に対抗するため、ポーランド人が両者と協力する余地があることを実感した。[Zimmerman 2022：110-112] またヴァシレフスキは、レンベルク大学の在学中、ウクライナ文献学のゼミで、後述するパウリクやフランコなど、若きウクライナ人社会主義者と知己を得ていた。ロシア人とは異なる、ウクライナ民族としての自意識が彼らの間で生じていたことを早くから理解したヴァシレフスキは、ウクライナ文化やガリツィアでのポーランド人とウクライナ人の関係について、ポーランド人の理解が深まるよう、ロシア帝国で執筆活動を行った。

イヴァン・フランコ

1870年代から、これまでのルソフィレやウクライノフィレに代わり、ウクライナ文化に「ヨーロッパ」的な性格を与える若手の知識人が出現した。[Hrycak 2000：94] イヴァン・フランコ（Іван Франко 1856-1916）、ミハイロ・パウリク（Михайло Павлик 1853-1915）らは、桂冠詩人のシェウチェンコやロシア領ウクライナのポルタヴァ出身の社会主義者、ミハイロ・ドラホマーノウ（Михайло Драгоманов

ウクライナの伝統衣装ヴィシヴァンカをまとったフランコ

近代のガリツィア②

1841-1895）の著作に影響を受けた。当時のロシア領ウクライナでは、1876 年「エムス法」の制定によってウクライナ語の出版活動が禁じられ、多くのウクライナ・ナショナリストの知識人がガリツィアに亡命したのである。当時のガリツィアでは、総督のカジミェシュ・バデーニ（Kazimierz Badeni 1846-1909）とウクライノフィレの政治家、ユリヤン・ロマンチュク（Юліян Романчук 1842-1932）の間でウクライナ語教育を認める妥協が 1890 年に結ばれた。これによってウクライナ語のギムナジウムが新たに設置され、師範学校ではポーランド語とともにウクライナ語も教授されるようになった。また、レンベルク／ルヴフ／リヴィウには、既にシェウチェンコの名を冠した文学・科学協会が 1873 年に創設されウクライナ文化活動の中心になっていたが、1894 年にはレンベルク大学に新たにウクライナ史講座が設置、初代教授としてキエフ／キーウから歴史家のミハイロ・フルシェウシキー（Михайло Грушевський 1866-1934）が招かれた。他方で、亡命先のスイスからガリツィアのウクライナ人と連絡をとっていたドラホマーノウは、ガリツィアのモスクヴォフィレだけでなく、ウクライノフィレにも批判的であった。彼の眼には、両派が互いに政治抗争に明け暮れる中、ガリツィアの民衆が抱える貧困や低い識字率など、深刻化する社会問題に対して実践的な手立てが講じられていないと映ったのである。当時、隣国のロシアでは、「民衆の中へ」をスローガンとして社会改革を目指す「ナロードニキ」の思想、すなわちロシア語では「ナロードニチェストヴォ（народничество）」（英語ではポピュリズムと訳される）が知識人の間で広まっていたが、ガリツィアでは、これがルーシ（＝ロシア）の民衆の一体化という大ロシア主義の文脈で、ルソフィレやモスクヴォフィレに受容されていた。ドラホマーノウはこの点を批判し、むしろ民衆への実践的な関心はウクライノフィレこそ持つべきと考えた。[Hrytsak 2019：144]

　フランコは、1856 年にドロホビチ近郊のナフエヴィチ村に生まれた。フランコの父ヤキウは裕福な鍛冶屋であったが、ヤキウはフラン

コの幼少期に亡くなり、フランコはギリシャ・カトリックの聖職者を兄弟に持つ祖母の元で教育された。フランコは、レンベルク大学在学中にドラホマーノウに出会ったことで、社会主義とウクライノフィレに傾倒し、ドラホマーノウに誘われ『同胞』に文章を寄稿した。その際、彼は「ミロン」という農民風のペンネームを用い、知識人に「啓蒙」され民族意識や社会問題に目覚めた農民の理想像を描いた。[Hrytsak 2019：150] 国家がない故に支配階層を持たず、農民をはじめとするこうした下層階級がほとんどのウクライナ・ネイションが他民族から自立するには、社会主義の理想の実現が不可欠であると当時のフランコは考えた。しかし、社会主義者の結社は当時のガリツィアでは非合法であり、フランコ自身も三度も逮捕される憂き目を見た。しかも、一度目に逮捕された際は、ギリシャ・カトリックの神父の娘との婚約を、彼女の父親の反対で解消させられてしまう。ガリツィアはウクライナ人の将来が「不可能な土地」と呼ぶほど、フランコは一時、政治活動に対して失望したのである。[Wolff 2010：310]

　他方で、文学ではフランコは目覚ましい活躍を見せる。在学中に学んだウクライナ語文献学や、ドイツ語やポーランド語、ラテン語、ギリシャ語など数か国語を駆使し、フランコはシェークスピアをはじめとする西欧文学からインドや中国、イスラムの古代文学のウクライナ語への翻訳、紹介に努めた。また自らその文才を生かし、「狐」や、「イヴァン・ヴィシェンスキー」「モーセ」等生涯に5千もの詩を書いたほか、ロマン主義的、モダニズム的な小説、戯曲から政治・社会評論、言語学、民族学、歴史関連まで膨大な著作を残し、ウクライナ近代文学の基礎を築いた。自らの作品でフランコが題材に選んだのは、シェウチェンコが扱った勇壮なコサックではなく、農民や労働者、知識人、そして女性など一般の人々である。しかし、この点を以てフランコを民衆の立場に立つポピュリスト（ナロードニキ）とは言い切れないという現代の専門家もいる。たとえば、ウクライナ近現代史を代表する歴史家のフリツァークは、フランコのユダヤ人に対する見方の変化に

近代のガリツィア②

注目する。フランコの初期の小説『ボアコンストリクター』では、主人公のボリスラウ／ボリスワフのユダヤ人石油経営者は、労働者を搾取する悪人として描かれた。しかし、1884 年のボリスラウ／ボリスラフの暴動におけるウクライナ人労働者のユダヤ人迫害を受けて、フランコは、第三版でその主人公に労働者の福祉に気を遣う、寛容な性格の描写を加えるなど、民衆の立場とは異なるユダヤ人にも配慮を示した。こうした単なる民衆文学にとどまらない後期のフランコの視点は、1898 年に著した「現代文学における国際主義とナショナリズム」という文章にも表れており、同論では現代文学において外国文学の受容による文学趣味や関心の「国際化」と、民俗的（フォークロア）な要素を持つ作品の登場という「国民化」の双方が進行していると指摘している。ウクライナ語文学、文化の発展を国際的な潮流の中で捉えていたフランコは、階級や宗教を超えた「ウクライナ人」アイデンティティの創造が、社会の「進歩」につながると考えたのである。[Hrytsak 2019：396]

　ちなみに、1904 年に日露戦争が勃発すると、当時ロシア政府によって支配下のウクライナから大勢の人々が徴兵される中、日本軍に包囲される旅順要塞の兵士から届いた手紙を紹介する形で、フランコは当時ウクライナ兵士が直面した悲惨な戦況を短編小説『カケスの翼（Сойчине крило）』（1905 年）で伝えていた。加えて「ロシアに吹く春の風」という文章では、日本を「アジアの猿」と侮っていたロシアは戦場で連敗しており、専制君主たるツァーリと腐敗したロシア官僚機構の方こそ、民衆を搾取し、兵士として使い捨て続けている「食人種」であるとフランコは非難し、支配層の無能と腐敗によるロシア帝国の崩壊を予言した。[Франко 2021：388-391]

ロートとヴィットリンのガリツィア

　世紀末から第一次世界大戦勃発までのハプスブルク帝国の社会の

第 4 章

黄昏を描いた小説『ラデツキー行進曲』の著者として広く知られるヨーゼフ・ロート（Joseph Roth 1894-1939）。彼は、ガリツィア東端のロシアとの国境にほど近い街、ブロディ（Brody / Броди）のユダヤ商人の家庭に生まれた。ロートが生まれた当時のブロディは、東西交易の結節点として繁栄した過去も見る影もなく凋落していた。1814、15年のウィーン会議当時2万人いた

ヨーゼフ・ロート

市人口は、1890年には17,354人に減少し、人口増を続けるガリツィアの他都市と対照的であった。その理由は、ブロディを中継点とする東西ヨーロッパの交易ルートに代わり、新たな海上や鉄道によるルートが開拓されたからである。1873年に開通したレンベルク／ルヴフ／リヴィウからタルノポル／テルノーピリを通り、オデーサに至るガリツィアの鉄道幹線からブロディは外れ、長年ブロディ市に認められてきた自由貿易特権も1880年に廃止された。代わりにブロディはロシアとの「密貿易の拠点」となり、不法移民や脱走兵、人身売買の横行がしばしば問題となった。1881、2年には、ロシア側から大量のユダヤ難民も押し寄せた。彼らが逃れた理由は、1881年3月のロシア皇帝アレクサンドル二世がサンクトペテルブルクで暗殺された事件の首謀者がユダヤ人のテロリストであるという風聞によって起きたポグロム（暴力迫害）や、経済的困窮であった。[中谷2017] 2万5000人にも上ったユダヤ難民に対してフランスやアメリカのユダヤ人扶助団体が支援に当たった。[Kuzmany 2017]

ロートは、従来のユダヤ人教区で行われていたヘデルと呼ば

ブロディ付近のハプスブルク＝ロシア国境 [Purchla, et. al. (eds.) 2014: 387]

近代のガリツィア②

ユゼフ・ヴィットリン

れる宗教学校とは別に、フランス・ユダヤ人実業家ヒルシュ男爵の基金によって建てられた、近代的な実業教育学校「ヒルシュ学校」に通い、1905年に卒業後、ドイツ語で教育を行う「ルドルフ人文学校」に進学した。19世紀後半にはドイツ語に代わり、ポーランド語での教育がユダヤ人内で優勢になりつつあった東ガリツィアで、ルドルフ人文学校が第一次世界大戦でドイツ語による授業と卒業試験を維持したことで、ロートはドイツ語作家として後に大成した。[平田 2013：38] 卒業後、ロートはレンベルク大学に入学手続きしたが、すぐにウィーンに移住してしまう。ウィーン大学在学中は東ガリツィア出身のポーランド語作家、ユゼフ・ヴィットリン（Józef Wittlin 1896-1976）と出会い、生涯に渡る友情を結んだ。ヴィットリンは自伝的小説『地の塩』の作者と知られ、回想録『私のルヴフ』（1945年）では幼少期を過ごしたレンベルク／ルヴフ／リヴィウの情景を卓抜な筆致で描いた。1905年に皇帝フランツ・ヨーゼフ一世がレンベルク／ルヴフ／リヴィウに行幸した際、ギリシャ・カトリックの総本山である聖ユーラ大聖堂で開かれた祝典を次のように回想している。

　ルヴフの大規模な祝典のあらゆる香りで飾られたこの寺院は、地上の存在の苦悩に対する天の勝利の象徴として、雲に向かってそびえ立っている。その暗い屋内では、ウクライナ人の有名な合唱団が、金色の「帝国の門」の側でアカフィスト［ギリシャ・カトリックの讃美歌］を歌う。ここでの人間の声もまた、黄金のビザンティンを思わせる。［…］［後に］生まれて初めてヴァティカンの入り口に立ったとき、私はルヴフの聖ユーラ大聖堂を思い出した。教皇庁の機嫌を損ねたくはないのだが、読者の皆さんは私がどちらを気に入っているか、もうお分かりだろう。[Wittlin [1946], 2017：

36-37]

　第一次世界大戦の勃発によってロートとヴィットリンとともにオーストリア軍に志願し、ロートは東部戦線に従軍した。1916年11月30日にはウィーンでフランツ・ヨーゼフ一世の葬列を見送り、皇帝という「冷たい太陽が消えた」とロートはつづった。[平田 2013：86] 第一次世界大戦終結後、ロートはウィーンに戻り、彼にとって「唯一の祖国」であったハプスブルク帝国の解体を見届けた。ロートが再びガリツィアの地に足を踏み入れたのは、1924年のガリツィアの旅行であり、そこでロートは言語的にも文化的にも多様な同地域の特性を再発見した。[麻生 2024] 晩年の1932年に発表された代表作『ラデツキー行進曲』の主人公、カール・ヨーゼフ・フォン・トロッタ少尉が派遣される「B駐屯地」が置かれている街はブロディとされている。ハプスブルク帝国の没落を描くこの小説で、「新しい宗教」であるナショナリズムに揺れるガリツィアを「世界の没落がはっきり見てとれる地」として、ロートは物語の舞台に選んだのであった。[ロート下 2014：45]

ガリツィアのフェミニスト

　19世紀後半から、ガリツィア社会では、当時は「女性問題」と呼ばれた、ジェンダー格差の問題をめぐって女性の社会活動家が活躍した。今日でもポーランド人芸術家のマリア・デュレンビアンカ（Maria Dulębianka 1858-1919）、社会主義者のゾフィア・モラチェフカ（Zofia Moraczewska 1873-1958）、ウクライナ人作家のナターリヤ・コブリンシカ（Наталія Кобринська 1855-

マリア・デュレンビアンカ

近代のガリツィア②

ナターリヤ・コブリンシカ

1920）等が、特に知られている。

デュレンビアンカは、クラクフで地主の家に生まれ、クラクフ、ウィーン、ワルシャワの芸術大学で学び、絵画や詩作などで高い評価を得た。クラクフ芸術大学で行った、女性芸術家の創造性に関する彼女の講演は、1903 年に出版された『女性問題における女性の声』に採録された。彼女は政治活動も積極的で、1908 年には「明日の党」を結党し、女性参政権や社会格差の是正とともに、ポーランド人、ウクライナ人の間の協力も訴えた。

ギリシャ・カトリックの聖職者の家に生まれ、数か国語を操る才女であったコブリンスカは、夫との死別後、ウィーン滞在中フランコとの交流などを通して社会主義とウクライナ・ナショナリズムの影響を受けた。民衆への関心から、特に女性が十分な教育を受けられていない現状を問題視した彼女は、『時代の精神』などの作品を著し、注目を浴びた。また『最初の花冠』と題したウクライナ人女性作家のアンソロジーをドラホマーノウの娘のオレーナ・プチールカ（Олена Пчілка 1849-1930)とともに編纂した。1884 年には、DE スタニスラウ／PL スタニスワヴフ／DE スタニスラヴィウにウクライナ人初の女性団体「ルテニア女性同盟」を設立した。

オーストリアのユダヤ人女性活動家ベルタ・パッペンハイム（Bertha Pappenheim 1859-1936）もまたガリツィアと縁が深い。ウィーンのユダヤ商人の家に生まれた彼女は、「アンナ・O」としてフロイトのヒステリー症の症例に出てくる人物として知られる。しかし彼女は、ドイツ語圏の有力なフェミニスト活動家としても活動しており、メ

ベルタ・パッペンハイム

第 4 章

アリ・ウルストンクラフトの『女性の権利の擁護』の独語訳を手掛けるとともに、病の治癒後は東欧におけるユダヤ人女性の人身売買問題に積極的に取り組んだ人物であった。

オーストリア・ハンガリーの移民（エミール・クレーガー画）[Purchla, et. al. (eds.) 2014: 346]

パッペンハイムは、1903年に人身売買の実態調査を、ガリツィアで行っている。彼女はユダヤ人の働く農業入植地や工場などをつぶさに観察し、その劣悪な労働環境とともに、特に女性に十分な就業支援が得られないことに注目した。その結果、女性は、ユダヤ人仲介業者によって偽装結婚という形で、人身売買の対象にされていると世間に告発したのである。ガリツィアでの調査後、パッペンハイムはウィーンで「ユダヤ女性連合」を結成し、ユダヤ人女性の救済に尽力する一方、偽装結婚を容認する男性優位のユダヤ教婚姻法を批判したために、反発するユダヤ教共同体と法廷闘争を闘った。こうした論争を通して、彼女は女性の人身売買が起こる原因を、経済的貧困だけでなく、男性中心の宗教道徳や家族の問題によって引きこされる女性の「精神的貧困」にあると指摘した。彼女は、終生ユダヤ人としての自覚を持ちながら、同時に個人としての女性の権利擁護や生活保障のために活動を続けたのである。[田村 2004]

ガリツィアからの移民

19世紀後半、ガリツィアの自営農の経営は悪化し、債務不履行から1875年から1884年にかけて23,642もの農地が競売に出された。こうした深刻化する貧困問題に対して、農民は当時、自ら次の二つの解決策をとっていた。

近代のガリツィア②

第一は国外への移民である。1846年から1940年にかけてヨーロッパから南北アメリカに移住した移民は5500から5800万人を数えたという。この移民の流れが頂点に達した1910年代でヨーロッパ諸国の内、アメリカに最も多くの移民を出したのが、当時のハプスブルク帝国であった。同政府が1867年に移住の自由を憲法で保障したことで、国内、国外での人の移動が活発化したのである。

　では当時のハプスブルク帝国からの海外移民の内訳はどのようなものだったのか。地域別（1897/1898年）、民族別（1899/1900年）に分けられた同時代の統計によれば、次のようになる。

ハプスブルク帝国からの出国者数 [Buzek 1901：468]

地域（1897/1898年）	人
ボヘミア・モラヴィア	2,478
ガリツィア・ブコヴィナ	12,420
他のハプスブルク帝国地域（ライタ側以西）	8,240
ハンガリー	16,659

民族（1899/1900年）	人
ボヘミア・モラヴィア人（チェコ人）	3,060
ポーランド人	46,938
ルテニア人	2,832
ユダヤ人	60,764
ドイツ人	29,682
イタリア人	17,316
スロヴァキア人	29,243
クロアチア人・スロベニア人	17,184
マジャル人	13,777

　上記の表からは、ガリツィアからの出国者数が国内全体で2番目に多く、民族別では、ガリツィアに主に居住するポーランド人、ルテニア人、そしてユダヤ人が、全出国者の内6割以上を占めていることが

分かる。当時移民によって農村人口の減少を恐れたガリツィア領邦が、農民の移民の手続きを妨げるよう地方自治体に通達を出したり、地主に移民に反対するよう忠告をしたり、あるいは移民の際には160グルデンとパスポートの所持を義務付ける等、様々な措置をとったにもかかわらず、であった。[Zahra 2017：38]

移民の移住先はアメリカ合衆国に限られていたわけではない。当時の東欧移民は、米国では従来の西欧からの移民と「新移民」と呼称されて区別されたり、偏見の対象になったりした。またその多くが、鉄鋼業等当時劣悪な労働環境で働いたとされている。たとえば、衣料関係産業で働いていたユダヤ人の職場は、「スウェット・ショップ（汗水を垂らして働く職場）」と呼ばれ、過酷なものだった。そこで移民がより良い環境で労働を行えるよう、オーストリアでは1894年に植民協会が設立され、南米のブラジルやアルゼンチンへの移民による農業入植も進められた。1890年代初頭には、10万人もの人々が、ロシア、ハプスブルク帝国からブラジルに移住した。[大津留1998；Zahra 2016]

スタンリー・キューブリック

19世紀後半に米国に移住したガリツィアの移民の子孫には様々な著名人もいる。特に多い文化人の中で数例を挙げると、20世紀を代表する映画監督の一人スタンリー・キューブリック（Stanley Kubrick 1928-1999）の祖母は東ガリツィアからのユダヤ移民であった。また現代アメリカの代表的な作家の一人として知られるフィリップ・ロス（Philip Roth 1933-2018）も、父方の家系が東ガリツィア出身のユダヤ移民であっ

フィリップ・ロス

近代のガリツィア②

た。また科学者では、東ガリツィアに生まれ、19世紀後半の米国に移住した後に防弾チョッキを発明したカシミル・ゼグレン（Casimir Zeglen 1869-1927）がいる。

　しかしこうした移民とは別に、ガリツィアに留まり続けることで、新たに勃興した政治・社会運動に参加するという、第二の解決策を選択する者も多くいた。その運動を主導したのは、シュチェパノフスキらポーランドの国民経済の発展を構想する自由主義者ではなく、「異民族」と指定した他者をガリツィアの社会経済から排除する一種の「農民ポピュリスト」であった。

大衆運動の高まり──政党運動、農民運動、反ユダヤ運動

　1898年、西ガリツィアのヤスウォ（Jasło）やクラクフ南部のスタリ・ソンチ（Stary Sącz）で農民を中心とした、ユダヤ人商店への「略奪」が発生した。スタリ・ソンチでは6月25日の夜に2000人の農民が、職人や店主とともに31のユダヤ人商店を襲撃したという。これを受け西ガリツィアでは緊急事態宣言が発せられたが、その後も500以上の自治体で「略奪」が発生し、5000人以上が逮捕された。一方この「略奪」ではユダヤ人の死者はおらず、被害は主に西ガリツィアに限られ、3000人以上が裁判にかけられた。これらの点を踏まえると、同時期にロシアで起こったポグロムと比べ、ガリツィアの場合は被害が相対的に少なく、秩序は早期に回復したともいえる。

　この1898年の「略奪」が発生した背景としてハブスブルク帝国史研究者のウノフスキィは、その2年前に導入された普通選挙法とそれに伴う、大衆の政治的動員を指摘している。[Unowsky 2010：413.]

　オーストリアにおいて、普通選挙は部分的導入（1896年）とその後の全面導入（1907年）と2回に渡って行われた。前者は、従来の「部門制」と呼ばれる、大土地所有者、都市、商工会議所、農村と、それぞれの部門別に参政権と議席が振り分けられていた制度に、新たに普通（男子）という5番目の部門が追加されたものである。後者は

第4章

ハンガリーの政治危機と 1905 年のロシア立憲革命を契機として、政府内に普通選挙制度の全面導入を求める声が高まったことで、部門制を完全に廃止し、24 歳以上の成人男子に平等に選挙権を付与したものである。その際、選挙区は極力民族の言語的な境界に沿う形で引くよう配慮され、民族が混住する地域には、人口比と納税額に応じて、それぞれの民族に議席が配分されるようにした。しかしガリツィアでは、東ガリツィアに多数派のウクライナ人に加え、少数派のポーランド人（レンベルク等都市部）が居住していることから、ポーランド人に有利となる特殊な措置がとられた。

一連の選挙法改正によって有権者が大幅に増加したことで、各政党や政治家はその動員を図るため活発な選挙活動を展開した。その際、国政選挙で従来の身分階層に代わり民族が選挙単位となったことで、政治家の中には自らの言説の中で「民族」を強調する者も現れるようになった。こうして政治空間において知識人や政治家レベルだけでなく、有権者である一般市民や農民においても「民族」が次第に意味を持つようになったのである。

ポーランド人の政治勢力としては、保守派は「ポーランド・クラブ」、民主派は「ポーランド民主党」、社会民主主義者はガリツィア・ポーランド社会民主党に集結した。またロシア領で発展していたロマン・ドモフスキ（Roman Dmowski 1864-1939）率いる「国民民主党」がガリツィアにも進出していた。

ウクライナ人の政治活動も活発化した。イヴァン・フランコらウクライノフィレは既に 1890 年に「ルテニア・ウクライナ急進党」を結党し、対してモスクヴォフィレは 1900 年に「ルテニア人民党」を結党した。1899 年には急進党の一部と非社会主義系のウクライノフィレの指導者が集まり、「ウクライナ国民民主党」を結党し、党首にはコスティ・レヴィツィキー（Кость Левицький 1859-1941）が就任した。ガリツィアの選挙区は、一人区、二人区、都市選挙区、ルテニア系、ポーランド系、混合選挙区でそれぞれ立候補者が決まるため、様々な

近代のガリツィア②

選挙集会が各地で開催された。

　1907年の国政選挙では、東ガリツィアのユダヤ民族主義者とウィーンのシオニストが共同して「ユダヤ民族党」を結成し、選挙戦においてユダヤ人の独自候補を擁立した。このユダヤ民族党はルテニア人側と協定を結び、選挙制度で有利に立つポーランド人議員の当選阻止のため、ウクライナ語新聞がユダヤ人候補者を応援する出来事さえあった。ただし協定の内容は不明で、両者の選挙協力も公式には否定されていた。しかし、実際は23000票のルテニア人票がユダヤ人候補に投票され、その結果ユダヤ人議員はガリツィアで2人が当選したのである。[Shanes 2012：262-266；大津留 2023]

　この当時ガリツィアで「キリスト教人民党」を結成し、民族主義的な言動で農民層を中心に一定の影響を与えたのが、スタニスワフ・ストヤウォフスキ（Stanisław Stojałowski 1845-1911）である。元々没落した役人の家系に生まれた彼は、イエズス会士となったが、ベルギー滞在時にキリスト教社会主義に影響を受けたことで、自由主義の拒否と教皇至上主義的な立場を擁護し、ポーランド人ナショナリズム運動に接近した。

　しかし従来のポーランド人ナショナリストと比べると、ストヤウォフスキは農民とのかかわり方において差異が見られる。士族出身者が多く政治的なエリート意識を持つ前者は、農奴制解放は訴えたものの、農民層とはあくまで一線を画して活動し、ハプスブルク帝国政府から自治権を得た後は体制化した。対してストヤウォフスキら後者は、実際に農村の内部に入り込み、彼らの生活の向上の方を訴えた。彼らは農民を政治的に動員し、ポーランド民族に引き込むべきであると主張し、既成の政治エリートと対立したのである。1848年の農奴解放以降、ロ

スタニスワフ・ストヤウォフスキ

マン主義的な農民の理想化から、農村の実態に関するポジティヴィズム的な研究に知識人の関心が移り、加えて農村での自治運動や地方紙の出版活動、農村部の教師による教育の普及等、農民自身による草の根の社会運動が進展した。[Stauter-Halsted 2001]

　では農村でストヤウォフスキは、具体的にどのような活動を行ったのか。キリスト教人民党の活動以前に、彼が注力していたのが農民による「協同組合」の結成である。協同組合とはそもそも、小規模の事業者や消費者が、相互扶助を目的として設立した組織である。近代の協同組合の起源はイギリスのロバート・オーウェンの「ニュー・ハーモニー」やロッジデールの「公正先駆者組合」とされており、ドイツでは1849年に同様の組合が設立された。ドイツを経由して協同組合の理念を理解したストヤウォフスキは、農業組合の結成を各地で呼びかけ、1877年には「人民の教育と労働協会」として統一的な組織が設立された。

　しかしこの組合の目的である、農民による「自助」は、同時にユダヤ人の商人や金融業者からの「依存」を脱することも意図していた。とりわけストヤウォフスキは、ユダヤ人を農民・ポーランド民族双方にとって脅威であると主張し、ハプスブルク帝国政府のリベラルな経済・文化政策の結果として、「キリスト教徒に対するユダヤ人の優位」が農村部や小都市で生じていると懸念を示した。具体的には彼は、ユダヤ人経営が多い居酒屋によってポーランド人は酒に入りびたり、ユダヤ人の金貸しによって農民は負債を強いられたと非難した。そして農民に対してユダヤ人を信頼せず、酒も飲まず、ユダヤ人の「優位」に対抗するために教育を受けるべきと説いた。こうしたストヤウォフスキの扇動は負の影響を生み、西ガリツィアで1898年の「略奪」が起きたのである。[Struve 2005：393]

　他方、東ガリツィアにおいても少数のウクライナ人知識人と農民層の接近が見られ、19世紀後半から農村ではウクライナ語教育や地方紙の出版や読書協会の設立等の啓蒙活動が行われていた。やがて農民

近代のガリツィア②

への農業指導や相談を通して農民の生活を向上させることを目的とした「農地所有者」と呼ばれる同盟が1899年に設立されるとともに、1911年には各地域の協同組合が連合して「経済・商業協同組合領邦同盟」が結成された。またルテニア人においては、彼らの中で担い手が少なかった商業を発展させるため、ルテニア人商店の支援や、ルテニア人農民の協同組合の農産物購入を促進する「人民交易」という消費組合も生まれた。これらは当時経済をユダヤ人やポーランド人が「独占」する社会から、ルテニア人を分離することを目的としていたのである。ただし1899年の段階でポーランド人の農業協同組合の組織率が82％にもなったのに対し、ルテニア人の読書協会の組織率は1913年でも45％であったというように、ルテニア人における協同組合の浸透は、ポーランド人と比べ、緩慢であった。

　以上のように19世紀後半以降のポーランド人・ルテニア人知識人や政治家と、農民層の双方の接近を通して、農民世界の中で「民族」が他者を識別する指標として、重要な意味を獲得したのである。では両者による一連の活動は、前章で見た1848年頃のナショナリズム運動と比べ、どのような性格を持っているといえるだろうか。

　ここで1900年代のボヘミア地方において、チェコ人ナショナリストの扇動によるドイツ人商店のボイコット運動の特徴について研究したキャスリーン・アルブレヒトの指摘が示唆的である。彼女によれば、活発な起業等によってチェコ人内部で「国民経済」を発展させようとする従来の自由主義的なエリート層と比べ、ボイコット運動を主導したチェコ人ナショナリストは、ドイツ人という他者を市場から排除することで、チェコ人を経済的に向上させることを狙いとしていたという。この両者の差異は、シュチェパノフスキのようなポーランド人の国民経済を重視するエリート層と、ストヤウォフスキのような農民の重視と反エリート、反ユダヤを掲げる地方知識人の差異に重なる。このように考えると、後者は単なるナショナリストではなく、現実をエリート（ユダヤ）の支配する世界と、無垢な人民（農民）の世界に二

第4章

分し、後者の利益を代弁する、一種の「ポピュリスト」であったといえよう。[Albrecht 2001]

この「農民ポピュリズム」は、ポーランド人、ルテニア人双方のナショナリストにとって、ハプスブルク帝国政府による普選導入以降、有権者である農民層の動員の手段としても有用であった。実際、農民層の政治的動員によってストヤウォフスキは、1900年に領邦議会議員、翌年には帝国議会議員に選出されたのである。

シェプティツィキーと幻の1914年の妥協

選挙権の拡大による政党による民衆の政治的動員は、『世紀末ウィーン』の著作で知られる歴史家カール・ショースキーの言葉を用いれば、「新調子の政治（Politics in a new key）」という新たな政治文化を生んだ。すなわち、一部の政党が民衆を扇動し排外的な民族主義的主張が広まることで、西ガリツィアのポグロムなど暴力的な事件が頻発するなど、政治の民主化が逆に政治的混迷を深めたのである。[Wolff 2010：283] 1897年にフランコに対する暗殺計画が発覚すると、ウクライナ人勢力はポーランド人勢力のものと断じ、対決姿勢に転じた。1908年、ガリツィア総督のアンジェイ・ポトツキ（Andrzej Potocki）がウクライナ人学生に暗殺されると、2年後にはウクライナ人政治家のアダム・コツィコ（Адам Коцько）が逆にポーランド人学生の凶刃に倒れた。

こうした政治混乱を深く憂慮していたのが、1900年にガリツィアのギリシャ・カトリック府主教に就任したアンドレイ・シェプティツィキー（Андрей Шептицький 1865-

ガリツィア府主教就任時のアンドレイ・シェプティツィキー [https://ugcc.ua/en/church/history/metropolitan-andrey-sheptytsky/]

近代のガリツィア②

ゾフィア・シェプティツカ
(ヴロツワフ、オッソリネウム蔵)

1944)である。ウクライナ人の間でポトツキ暗殺犯が半ば英雄視され、ウクライノフィレの多くも批判を控える中、彼はキリスト教倫理に基づきテロルを「神の法に反する」と明言した。たしかにシェプティツキー自身は、ルテニア貴族の家系ながらローマ・カトリックの父のもとに生まれ、母のゾフィア・シェプティツカ（Zofia Szeptycka 1837-1904）は、ポーランドを代表する劇作家の一人フレドロの娘であったため、彼も親ポーランド派とみなされがちであった。ギリシャ・カトリックに改宗して神学を修め、33歳で彼がスタニスラウ／スタニスワヴフ／スタニスラヴィウ主教に就任した際は、当時ルソフィレの影響下のギリシャ・カトリックの聖職者を抑えるべく、ローマ・カトリック側から送り込まれたのではないかと周囲から疑われたほどであった。しかし、在任中シェプティツキーはウクライナ農民のために作られた読書協会でウクライナ語教育を支援するなど、実際はウクライノフィレに近い立場として知られた。[Himka 1999：131] スタニスラウ／スタニスワヴフ／スタニスラヴィウ主教を一年ほど務めると、彼はガリツィアの府主教に就任する。当時のギリシャ・カトリックでは、反ポーランド、反カトリック路線に傾くあまり、対立するロシア正教会に接近する動きが見られた。これに対し、ロシア正教会が国家権力に従属することで正統性を得ている点を問題視した彼は、ギリシャ・カトリックの正統性は、あくまで国家から独立した宗教そのものになくてはならないと考え、読書協会と連携しながら民衆への宗教教育を促進した。その一方で、教会内部ではギリシャ・カトリックの伝統たる東方典礼について細部を変えながらも教会スラヴ語の典礼文の使用といった原則を維持し、ルソフィレの聖職者も重用するなど正教側に配慮した。この東方正教とローマ・カトリックとの

融和の試みは後年、東西両教会の統合という「エキュメニズム」の思想へと発展する。シェプティツィキーは、改宗によって相手を吸収せず、権力を介在した上下関係にもよらず、東西教会が互いを対等とみなすことで初めて、統合のための神の恩寵がはたらくと考えた。[Husar 1989：195] こうした彼の考えは、ギリシャ・カトリックを自民族の象徴として捉える世俗のウクライナ・ナショナリストから、敵対民族に宥和的であると反発をまねくこともあったが、フランコのように、敵方のロシアにいながら自民族のためにはたらいたポーランドの伝説的英雄ヴァレンロットになぞらえ、シェプティツィキーの行動は結果的に他民族のウクライナ人に対する信頼を高めていると評価する者もいた。[Himka 1989：33]

　宗派間、民族間の対等な関係を目指すシェプティツィキーの党派を超えた活動はやがて実を結ぶ。当時ポーランド人とウクライナ人との間の政治闘争は、レンベルク／ルヴフ／リヴィウのウクライナ大学の設立と、ガリツィア議会におけるウクライナ人の代表を増やすための選挙制度改革の実施という2つの問題を中心に展開されていた。前者の大学創設計画を後押ししていたシェプティツィキー府主教は、ポーランド人とウクライナ人の間の仲介にもたずさわり、1914年2月、両者の間の妥協案がまとめることに成功する。その結果、ウクライナ大学の創設に加え、ウクライナ人はガリツィア議会の3分の1の議席を常に確保し、各委員会で完全な代表権を獲得した。[Hrycak 2000：100] しかし同年に勃発した第一次世界大戦によって、妥協案が実施されることはついになかった。

近代のガリツィア②

コラム:「ガリツィアの日本人」?
――フェリクス・マンガ・ヤシェンスキ

フェリクス・マンガ・ヤシェンスキの胸像

ポーランド史、いや世界史を見渡しても「漫画」という異名を持つ人物は、フェリクス・マンガ・ヤシェンスキ（Feliks Manggha Jasieński 1861-1929）を措いていないかもしれない。ヤシェンスキはワルシャワの地主の子に生まれ、ベルリンやパリで大学教育を受けたが眼病を患い学位を得られなかった。代わりに芸術、音楽、文学、哲学などを独学で学び、ヨーロッパ諸国や、中近東も旅行し、見聞を広めた。肝心の日本は一度も訪れる機会はなかったが、彼が日本に興味をもったきっかけは、美術品の収集をしていたパリで、当時流行した日本美術に触れたことであった。特に彼は北斎の作品を高く評価し、『北斎漫画』から、パリでの滞在をまとめた自らのエッセイを『マンガ』と題した。ヤシェンスキは1901年にワルシャワで自ら収集した日本美術の展覧会を企画した。しかし展覧会に対する中傷などもあり、彼は1920年に収集した美術品を、公開を条件にクラクフの国立美術館に寄贈した。彼の死後、コレクションは梱包されたままで、第二次世界大戦が勃発するとナチスにその一部を押収されてしまう。1944年に一時的に公開された際は、当時義勇軍に参加していた、後にポーランド代表する映画監督アンジェイ・ヴァイダ（ワイダ）が観覧し、深い感銘を受けた。彼が戦後、京都映画賞を受賞した際に、賞金をヤシェンスキ・コレクション公開のための基金に変え、現在の「マ

クラクフの「マンガ・日本工芸博物館」。設計は日本の名建築家、磯崎新(1931-2022)。当初はクラクフ国立博物館の別館であったが現在は独立。

ンガ・日本工芸博物館」の前身となる施設を建てたのはよく知られている。

ヤシェンスキは、他にもヴィスピャンスキら「若きポーランド」と呼ばれる当時新進の画家を支援し、アラブなどの作品も収集するなど、日本にとどまらない幅広い東洋美術への関心を寄せた。[Culture.PL]

第五章

第一次世界大戦とガリツィア

兵士に感謝するフランツ・ヨーゼフ一世（ルートヴィヒ・コッホ画、左奥に青と黄のウクライナ国旗が見える）[Purchla, et. al. (eds.) 2014: 425]

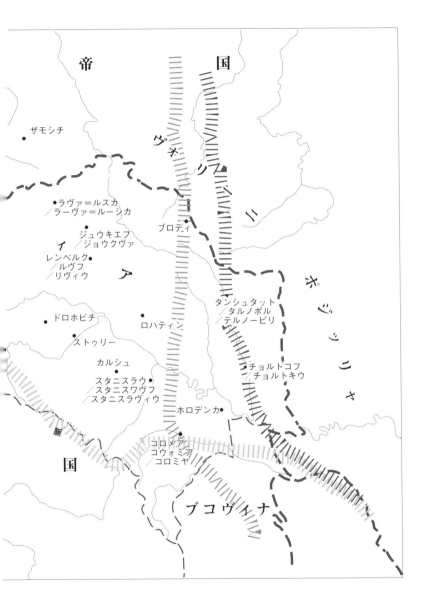

第一次世界大戦の勃発は、戦前、民族間の対立を抱えながらも、様々に妥協を模索してきたガリツィアの人々の立場を根底から揺るがした。ハプスブルク、ロシア双方が敵国に居住するポーランド人、ウクライナ人に自治や独立を約束し扇動したことで、ポーランド人・ウクライナ人の間の関係が悪化するとともに、それぞれの民族内でも親ハプスブルク対親ロシアという対立が先鋭化したのである。その一方で、ハプスブルク領とロシア領の間でそれまで分かれていた民族を統一し、国家樹立を目指すナショナリズムの動きもポーランド人、ウクライナ人の間で見られた。

第一次世界大戦の勃発とガリツィア戦線

　まず、第一次世界大戦時のガリツィア戦線の動きを概略する。1914年6月28日、ボスニアのサラエボで、ハプスブルク家の皇位継承者フランツ・フェルディナントが暗殺されたことを契機にオーストリア・ハンガリー帝国が7月にセルビアに宣戦布告すると、同盟国のドイツも参戦、対してセルビアを支援するロシアも総動員令を発した。墺露間の国境に位置する戦略的要衝であるガリツィアは、8月の開戦以降、両国軍が激突する最前線となった。西部戦線に集中するドイツ軍の支援を得られない中、セルビアとの二正面作戦を強いられたオーストリア軍が緒戦でロシア軍に敗北したことで、ガリツィアはロシア軍の侵攻にさらされた。オーストリア軍は合わせて35万もの兵を失い、11月にペレミセル要塞にわずかな防衛軍を残して、カルパチア山脈まで後退、ロシア軍はガリツィアのほぼ全土を占領した。［ハワー

破壊された DE スタニスラウ／ PL スタニスワヴフ／ UA スタニスラヴィウの郡裁判所 [Pająk 2020：87]

ド 2014：58-59] ペレミセル要塞はその堅固な造りで知られていたが、ロシア軍の猛烈な砲撃と兵糧攻めの末に、包囲から4か月後の1915年3月に陥落した。[Borodziej, Górny 2022：125]

ロシア軍の攻撃によって炎上する UA ボリスラヴ／PL ボリスワフの油田 [Pająk 2020：146]

1915年に入ると、中央同盟（独墺）軍が西部戦線で硬直状態に陥る中、独軍参謀総長エーリッヒ・フォン・フォルケンハインは、東部戦線で挽回を図った。4月下旬からアウグスト・フォン・マッケンゼン将軍、ハンス・フォン・ゼークト大佐（後にワイマール共和国軍の最高実力者）指揮下のドイツ軍とアルトゥール・アルツ・フォン・シュトラウセンブルク大将指揮下の

現在のプシェミシル要塞跡

オーストリア軍の同盟軍は、西ガリツィアのゴルリツェ、タルヌフでロシア軍に対し大規模な反攻を行った。航空偵察に基づく綿密な作戦計画と間断ない攻撃、そして十分な火力支援を受けた同盟軍にロシア軍はなすすべがなく、10万の捕虜を残して敗走し、同盟軍はガリツィアを奪還した。[Borodziej, Górny 2022：134-135]

しかし、1916年6月、軍備を再建したアレクセイ・ブルシーロフ将軍率いるロシア軍がガリツィアを含む東部戦線で再度攻勢をかけた。ガリツィア戦線で40万人の損害を受けたオーストリア軍は崩壊の危機に瀕したが、ドイツ軍の4個師団が救援にかけつけたことで、何とかロシア軍の攻勢に耐え、ロシア軍も東部戦線におけるドイツ軍の反攻を受けて大損害を出したため、ついに戦果を挙げることはでき

なかった。戦況への不満が募るロシア国内では翌1917年に二月革命が起こり、皇帝のニコライ二世が退位した。跡を継いだ臨時政府の首班ケレンスキーは、連合国支援のため三度目の攻勢を試みたが、ロシア軍の士気は低く、同政府が同年の十月革命によってボリシェヴィキによって倒されると、ロシア軍はついに戦線を離脱した。

　東部戦線では、国境線を越えて多民族が混住する中東欧地域が戦場となったことで、現地住民を敵兵のスパイとする噂や流言も飛び交った。ガリツィア戦線では、ロシア軍司令部に、ユダヤ人の「秘密組織」がオーストリアの陣地まで何キロものトンネルを掘ってオーストリア軍に秘密情報を提供した、あるいは気球から敵の砲撃を指示した、などという報告が上がった。他方で、オーストリアの将校は、ガリツィアの住民が、「隠し電話、地下電話、風車の羽、洗濯物干し、牛の放牧、戸を開閉するなど、あらゆる手段を使って」ロシア軍に情報を伝えていると報告した。次節で見るように、こうした根拠のない報告などを基に、ロシア軍、オーストリア軍双方で、数千人に上る住民の収容所への強制収容やスパイ容疑での逮捕、処刑など苛烈な措置が行われたのである。[Hrycak 2000：121：Borodziej, Górny 2022：100-101]

開戦直後のガリツィア

　シュテファン・ツヴァイクが「昨日の世界」の終焉として第一次世界大戦の開戦を悲観的に回想しているのは有名だが、開戦の経緯が複雑であったこともあり、当時のハプスブルク帝国全体では、民族の利害を超えて君主国を熱狂的に支持する動きが広がっていた。[岩崎 2017] 東ガリツィアの街、 PL ザブウォトゥフ／ UA ザブロティウ（Zabłotów / Заболотів）のユダヤ教のラビの息子に生まれた作家、評論家のマネス・シュペルバー（Manès Sperber 1905-1984）は、幼少期の大戦の経験を回想録『すべて過ぎ去りしこと……』の中で記録している。ロシアと開戦すれば最前線となるガリツィアでは、開戦に対す

第5章

る不安と「2、3週間もすれば終わるだろう」という期待、さらには祝日のような興奮が、住民の間に見られたとシュペルバーは書いている。[シュペルバー 1997：103-104]

開戦によって、ハプスブルク帝国を支持する動きと各民族の団結を唱えるナショナリズム運動も同時に強まった。ガリツィアのポーランド系諸政党は、7月に DE レンベルク／ PL ルヴフ／ UA リヴィウで「中央国民委員会（Centralny Komitet Narodowy）」を結成し、次のような声明を発した。

> 政治を理性的に理解するためには、記憶できる能力が第一に要請される。ポーランド人は、ハプスブルク君主国のみにおいて、あらゆる場所で奪われている民族の発展の自由があることを覚えている。君主国が戦争の危険にさらされれば、この国のポーランド人の一人一人が、平和な時代にはあまりに多くの良いことを享受してきた国家を防衛するために、血と財産を最大限犠牲にするのを厭わず、立ち上がるのをポーランド人の名誉ある義務であると感じ、理解している。（中央国民委員会「クラクフ市民へ！」1914 年 8 月 11 日）

このようにハプスブルク君主への忠誠とポーランド・ナショナリズムが矛盾しないことを強調しながら、中央国民委員会は、「しかし、民族の独立という、ハプスブルクの王笏の下に既に要素としてあったものが、ロシアの圧制に苦しめられていた他のポーランドの地にももたらされると確信すれば、[ポーランド] 民族は [ハプスブルク] 国家の義務として要請される以上のものを満たせるだろうし、[自らの] 切望も満たせるだろう」と続けている。ガリツィアのポーランド人勢力は、オーストリア軍にポーランド人が自発的に協力することで、ロシア領ポーランドを解放し、ポーランド国家の建国を目指したのである。

1914年-15年冬の東部戦線における住民の避難 [Purchla, et. al. (eds.) 2014: 449]

　しかし、ロシア軍がオーストリア軍を破りガリツィアに進撃中との情報が入ると、ガリツィアの総督府はロシアとの関係が疑われるルソフィレや、汎スラヴ主義団体の活動や機関紙の発行を禁止した。ルソフィレの中には、ロシア側と内通したという理由で反逆者として官憲に逮捕される者も出たため、ガリツィアのギリシャ・カトリック府主教のシェプティツキーは、ウィーンのウクライナ人議員団に共に、これらの逮捕がポーランド人官僚による虚偽の告発に基づくものであるとして、ハプスブルク政府に釈放を陳情した。当時同国の内政を掌握していたウィーンの軍最高司令部は、この陳情を受けてポーランド人官僚の提出する証拠のみでガリツィアのウクライナ人を不当に扱わないよう布告した。

　しかし、この布告にガリツィアのポーランド人政治家は反発した。当時のガリツィア総督であるポーランド人政治家、ヴィトルト・コリトフスキ（Witold Korytowski 1850-1923）は、ウクライナ人住民が、ルーシの民の解放というロシア側のプロパガンダに影響されていると

第5章

主張し、シェプティツィキーを「ハプスブルク皇帝への忠誠は疑いないものの［…］人々をロシア的要素から離すのに必要な努力も知見も欠けている」人物であると批判した。ハプスブルク側への忠誠と引きかえに、自民族の自治を拡大しようとするウクライナ人政治家の思惑にもポーランド人側は警戒した。1914 年 8 月、ガリツィアのウクライナ系 3 政党（国民民主党、急進党、社会民主党）の指導者らは、ポーランド人の国民委員会にならい、ウクライナ国民民主党党首コスティ・レヴィツキーを議長とする「ウクライナ最高会議（Головна Українська Рада）」を設置し、ガリツィアのウクライナ人に対し、ロシア領ウクライナの解放のためにオーストリア＝ハンガリー側に立って戦うよう求める綱領を発表していた。またウクライナ最高会議に加えて、開戦前にリヴィウに住んでいたウクライナ東部からの亡命活動家（ヴォロディーミル・ドロシェンコ、ドミトロ・ドンツォウ、ミコラ・ザリスニャク、アンドリー・ジュクなど）は、1914 年 8 月に、「ウクライナ解放同盟（Союз визволення України）」を設立し、捕虜となったロシア軍属のウクライナ人兵士に、中央同盟側に参加するよう説いて回ったり、中央同盟側に対して、ロシア領ウクライナの解放と独立を、機関紙を通して訴えたりした。同同盟が 1915 年 5 月にウィーンでウクライナ最高評議会のメンバーとともに結成した、「ウクライナ一般評議会（Загальна українська рада）」は、ハプスブルク帝国内におけるウクライナ人の唯一かつ最高の代表組織となった。[Hrycak 2000：122-123] ウクライナ人勢力は、オーストリア外務省と通じて、ロシア領でウクライナ人の蜂起を起こし、ロシア支配からの解放後に、ハプスブルク皇帝が任命したヘトマンを中心とする近世のコサック共和国を再興する計画を構想していた。[Hagen 2007：16]

ロシア軍のガリツィア占領政策

　1914年9月、ロシア軍はレンベルク／ルヴフ／リヴィウを奪取し、クラクフを除くガリツィアのほぼ全土がロシア軍の占領下に入った。総司令官のニコライ・ニコラエヴィチ（Николай Николаевич 1856-1929）大公は、ロシア軍が「オーストリアに抑圧された民族の解放者」であると宣言し、ガリツィア住民に協力を呼びかけた。その一方で、ロシア軍部の中にはガリツィアのルテニア人を含む「ルーシン（ロシア）人の統一」という失地回復主義（イレデンティズム）を唱える者もいた。[Hagen 2007：20]。当時のロシア国内では、大戦に乗じてガリツィア、ブコヴィナ、ザカルパッチャ、トランスニストリアなど「ルーシン（ロシア）人」の居住する地域の併合を、14世紀のモスクワ大公国以来の同国の念願であるとする「大ロシア主義」の考えが広まり、その信奉者はロシアからの独立を目指すウクライナ・ナショナリストを指す「マゼーパ」(分離主義者)のせん滅を主張した。[Hrycak 2000：119]こうした帝国主義的なナショナリズムに基づきガリツィアをロシア帝国に併合するか、それともガリツィアの諸民族を独立させるかで、ロシア政府内の意見は分かれた。ひとまずガリツィアでは、ロシア語が法廷や学校で用いられることが決められ、占領統治のため、ロシア人官僚が派遣されるとともに、現地では、親ロシア派のルソフィレやモスクヴォフィレが登用された。しかし派遣されたロシア人官僚の質は、ハプスブルクのそれと比べ低く、スラヴ主義や大ロシア主義を唱えるナショナリストも多かった。ハプスブルク期は大幅な自治を得ていたポーランド人や当時勢力を伸ばしたウクライノフィレはルソフィレ、モスクヴォフィレの重用に不満を募らせた。

ロシア軍による農村の略奪 [Pająk 2020：115]

　ロシアの占領下で、「オース

トリア側」と分類され、とりわけ抑圧を受けたのは、ドイツ人とユダヤ人であった。既にロシア軍の占領前には、侵攻するロシア軍の迫害を恐れるユダヤ人など数十万の人々が、難民となってウィーンに逃れていた。ロシア当局は、ユダヤ人がスラヴ民族と比べ、ハプスブルク皇帝への忠誠心がより強く、オーストリア側のためにはたらく潜在的な敵であるとみなし、ユダヤ人の軍への物資の供給や移動の禁止、公的団体から追放などの厳しい措置をとった。また、スパイの嫌疑をかけられたユダヤ人住民に対しては、財産没収や拘禁に加え、銃弾の飛び交う前線に追放するという非人道行為も行われた。[野村 2013： 85-88]

　これに対し、ポーランド人やウクライナ人の間では、ロシア軍の占領政策が自民族に有利になるよう変化することを期待して親ロシア派に立つ者もいれば、親オーストリア派に留まる者もいた。しかし、ロシア軍占領当局はウクライナ人に対して、占領当初の「民族解放」のスローガンとは異なり、ウクライノフィレの政治家や聖職者、文化人を逮捕し、ウクライナ語の書店を閉鎖するなど、次第に大ロシア主義に基づいた抑圧的な政策を行うようになった。ウクライナ史の権威である歴史家のフルシェウシキーは、大戦が勃発しキエフ／キーウに戻るや、オーストリア側の「ウクライナ解放同盟」とのかかわりを疑われて逮捕された。シェプティツィキー府主教もまた、彼をガリツィアにおける「ウクライナ分離主義」の指導者とみなすロシア当局が、「生かすか殺すか」してでもロシアに連行するようにと指示したために、ヴァティカンの反対にもかかわらず、側近とともにキエフ／キーウに連行されてしまう。また、ロシア軍の占領当局は公には信仰の自由を認めていたが、実際の教会ではギリシャ・カトリックからロシア正教への強制的な改宗が行われ、改宗に応じない聖職者は教会の地位から追われるなど迫害が進行した。[Magocsi 1996：465；Hagen 2007：41]

　占領下のガリツィアの地方では、経済的な困窮も増していた。シュペルバーは回想録の中で、ロシア軍の占領によってハプスブルク帝国

オーストリアのターレルホーフ収容所
[Pająk 2020：53]

の占領されていない地域との往来が遮断され、移民したアメリカの親せきからの仕送りも受け取れず、多くの貧しい家族が貧窮やチフスなどの伝染病に苦しんだと書いている。[シュペルバー 1997：118]

1915年夏の中央同盟軍の反攻でガリツィアが奪回されると、今度はオーストリア軍によるロシア軍協力者の摘発が行われ、15,000人程が逮捕された。その多くはオーストリアのシュタイアーマルクにあるターレルホーフ収容所に移送された。1915年1月には収容者は6800人を数え、その大半はウクライナ人であった。4か月後の5月には、収容者の半数が亡くなるか病床にあったと報告されている。[Pająk 2020:53] 裁判では30人以上のルソフィレ、モスクヴォフィレの政治家が有罪とされ死刑を宣告された。結局1917年に全員が釈放されたものの、裁判の際にウクライノフィレの関係者が法廷で供述したことから、ウクライノフィレとルソフィレ、モスクヴォフィレの間の政治対立はさらに激化した。[Magocsi 1996：466]

ガリツィアにおける戦災支援活動

第一次世界大戦が、結果的にハプスブルク帝国の崩壊をもたらしたことはよく知られている。しかし、近年の研究では、戦時下の同国の社会では、帝国崩壊まで総力戦に備えた社会の再編が行われ、むしろハプスブルク帝国全体では分裂よりも一種の国家形成が進んだことが指摘されている。当時のオーストリア軍当局は、議会や官僚機構に代わり行政権限を掌握し、独裁的な権力を行使した。他方で住民は、食糧配給や監視など上からの統制を受けながらも、軍に対して裏切者を

密告したり、あるいは食料不足に対しては騒擾を起こしたりするなど、時には下から主導権をとることもあった。こうした軍行政による統制や住民側の自発的な活動は、1918年の帝国崩壊以降続く戦争でもポーランド等後継国家で見られたのである。[Judson 2016：317]

　東部戦線の最前線になったガリツィアは、ロシア軍が1914年9月に侵攻すると、多数の住民がオーストリアの他地域に逃れた。シュペルバー一家も、開戦後はガリツィアの辺境の村に逃れたり故郷の街に戻ったりしていたが、戦況が悪化すると、ハンガリー方面に向かい、カルパチア山脈を抜け、ハプスブルク側のモラヴィアの難民収容所にとどまった後、1916年7月にウィーンに到着している。[シュペルバー1997：110、140]

　ハプスブルク政府はチェコのホツェニ（Choceň）やニーダーエスターライヒのグミュント（Gmünd）など都市部郊外に難民キャンプを建設し、難民を収容した。その際身分を確かめられる者 (bemittelt) と確かめられない者 (unbemittelt) に分け、前者のみにキャンプの収容を

グミュントの政府難民キャンプの入口 [Pająk 2020：40]

第一次対世界大戦とガリツィア

ブルック・アン・デア・ライタ（ニーダーエスターライヒ）の難民キャンプ [Pająk 2020：46]

許可し、国際的な支援団体が設置した施設に収容された。身分制が前提とされていた当時の社会では、難民の中でも身分の異なる者を同じ住居に住まわせ、等しく扱うことは、「道徳的に問題」と考えられていたのである。政府の建設した難民キャンプは、住宅用のバラックのほか、学校や教会など公共施設も併設され、小さな街のようであった。政府の支援は限られていたものの、それを受けた難民の数だけでも1914年11月の段階で公式発表によれば13万3千人余りに及び、その内ユダヤ人が8万2千人、ポーランド人が4万4千人、ルテニア人が7千とされている。1915年6月にはオーストリアが財政的に支援した難民は50万7093人に達し、その内訳はユダヤ人が26万6136人、ポーランド人が16万9666人、ルテニア人が7万1690人であった。[Pająk 2020：38、46]

また、ロシア占領下のガリツィアにおいて、地方自治体や、教会やユダヤ共同体など宗教団体などが中心になり、住民主導の相互扶助

活動が行われた。1915年2月に経済学者、政治家のスタニスワフ・グラプスキ（Stanisław Grabski 1871-1949）らポーランド中央国民委員会のメンバーによって「ルヴフ救済委員会」が結成された。委員会の基金にはロシア政府と民間が資金を提供したが、委員会のメンバーによれば「この人道上の機会に親ロシア的な扇動はなかった」という。[Pająk 2020：195] 同時期にはクラクフ大司教アダム・サピェハ（Adam Sapieha 1867-1951）が、戦災者のための支援委員会を設立した。同委員会はタルヌフ、レンベルク／ルヴフ／リヴィウ、プシェミシル／ペレミシュリの教区にも代表部を置き、救急支援や、食糧支援、孤児支援などを行った。ウクライナ側では、ロシア占領期は、ウクライノフィレの要人はロシア領に連行されるかオーストリア領に避難してしまい、支援活動はルソフィレ、モスクヴォフィレが中心であった。オーストリア軍がガリツィアを回復した1916年8月に「ウクライナ難民支援委員会」が結成され、難民支援のための基金を募り政府からも支援を得た。ユダヤ系も、非シオニスト、シオニスト系など政治党派を超えて支援活動が組織され、アメリカ・ユダヤ合同分配委員会（Joint）やウィーンのユダヤ人団体などが資金支援を行った。[Pająk 2020：192-210] ロシア側でもペトログラードのユダヤ人共同体の指導者であったダヴィド・ファインベルクらによってユダヤ人救済委員会（EKOPO）が結成され、義援金を作家、民俗学者のシュロイメ・ラポポルト（アン＝スキー）（שלמה ראפפאָרט 1863-1920）に託した。アン・スキーは、ロシア占領下のガリツィア前線での様子や自身の現地の人々の肉声を集めた回想録かつ記録文学でもある『ガリツィアの破壊』を著し、戦地におけるユダヤ人社会の惨状を伝えた。[赤尾2015]

　1914年11月には、レンベルク／ルヴフ／リヴィウの28の炊き出し所が毎日2万人に食事を提供していた。ポーランド人の女性団体「女性の仕事（Praca Kobiet）」はポーランド人のための炊き出し所を設置し、別の炊き出し所はウクライナ人女性によって運営された。ユダヤ

人救済委員会も、ユダヤ人難民のための炊き出しを行い、レンベルク／ルヴフ／リヴィウのユダヤ人名望家20人も協力した。公的な炊き出しは、市や市が出資する社会団体によっても支援されていた。1915年1月末には、市内33カ所の炊き出し場で毎日38,160食が提供されていたが、そのうち有料だったのは1,282食だけであった。このうち21の炊き出し所では、毎日5百食から2千食の食事が提供されていた。しかし、中流以上の階級はプロレタリアートとは別に食事をしていた。1915年の初めには、約10,543食が「教養人の台所」で提供され、27,617食が「民衆の台所」で調理されていた。市人口の約25パーセントがこれらの炊き出しによって食事を与えられていたのである。[Mick 2016：38-39]

ポーランド軍団とシーチ射撃団

　第一次世界大戦の開戦によって、それまで非合法活動であったポーランド独立運動もまた、中央同盟側とロシア側双方で、敵方の攪乱のため積極的に利用された。他方のポーランド側もこの機会を利用し行動に及んだ。オーストリア側についたのは、来るべき戦争に備え、戦前から密かにクラクフでポーランド人を軍事教練していた社会主義者のユゼフ・ピウスツキである。オーストリア軍情報部の命を受け、ピウスツキは1914年8月にクラクフで志願兵から成る中隊を編成し、「祖国解放のため[ロシア領]ポーランド王国に進軍せよ」と演説した。中隊の多数派はローマ・カトリックであったが、ユダヤ教徒やプロテスタント、ギリシャ・カトリックのウクライナ人も含まれており、多民族国家としてのポーランド・リトアニア共和国再興という彼の構想

1914年のユゼフ・ピウスツキ

第5章

を先取りしていた。[Zimmerman 2022：224] ピウスツキの中隊は先陣を切って越境し、ロシア領ポーランドのキェルツェまで進軍した。中隊はそこでとどまりながら、将来の国家独立のための交渉主体として「ポーランド国民組織（Polska Organizacja Narodowa）」を設立するとともに、「ポーランド軍団」を編成した。しかし、9月にロシア軍の反攻が始まると、キェルツェはロシア軍に瞬く間に奪回され、ガリツィアの大半も同軍に占領されたという報がピウスツキの耳に入る。危機に陥りながらもポーランド軍団はロシア軍の包囲をかいくぐり、未だオーストリア領にあったクラクフに帰還することに成功した。オーストリア軍最高司令官フリードリヒ大公は、彼の戦功を称え、オーストリア軍の将官に任命した。[Zimmerman 2022：236] しかし、キェルツェでの国民組織の設置など独自の行動も目立つピウスツキに対して中央同盟側は警戒もしており、クラクフでは、オーストリア側につくポーランド人勢力をまとめる「最高国民委員会（Naczelny Komitet Narodowy）」がピウスツキ抜きで結成された。

　大戦初期の東部戦線におけるロシア軍の優勢は、ポーランド人内の親ロシア派を勢いづかせた。親ロシア派のポーランド・ナショナリスト政党「国民民主党」の党首であるロマン・ドモフスキは、クラクフの最高国民委員会に対抗して、ワルシャワでポーランド国民委員会（Komitet Narodowy Polski）を結成していた。同委員会はニコライ大公率いるロシア軍のガリツィア解放を歓迎し、ツァーリが統治する統一されたポーランドの実現を唱えた。他方で、ドモフスキは戦前からユダヤ人のポーランド社会からの排除やウクライナ人のポーランド人への同化を主張するなど、ピウスツキの多民族国家観とは対照的な、ポーランド民族至上主義的な主張を掲げていた。そのためユダヤ移民の多いアメリカ合衆国では彼

ロマン・ドモフスキ

第一次対世界大戦とガリツィア

イグナツィ・ヤン・パデレフスキ

の評判は悪く、同国のポーランド国民委員会支持を取り付けるために、ドモフスキは当時、世界的な名声を得たピアニストであり、米のポーランド移民社会とのつながりも深かったイグナツィ・ヤン・パデレフスキ（Ignacy Jan Paderewski 1860-1940）に米国政府との仲介を頼んだ。ポーランド国民委員会を代表してパデレフスキは1916年にウィルソン大統領との会談に成功する。しかし、元々ロシア領ウクライナのポジッリャ地方のポーランド士族の家に生まれた背景もあって、パデレフスキの国家構想はドモフスキよりもピウスツキのそれに近く、ウィルソンとの会談では、ガリツィアやリトアニアなど含むかつてのポーランド・リトアニア共和国の領域を統一し、それぞれの地域に自治権を与える一種の「ポーランド合衆国」構想を提案していた。[宮崎2010] 大戦中のポーランド勢力は、ドモフスキ、パデレフスキの国民委員会を中心とする連合国側と、中央同盟側のクラクフの最高委員会、そしてピウスツキ派に三分されたのである。

　こうしたポーランド人側の動きに対し、ガリツィアのウクライナ人勢力は、ウクライナ最高会議の他に、ロシアからの亡命者を加えて「ウクライナ・シーチ射撃団（Українські січові стрільці）」と呼ばれる軍団を創設していた。シーチとは、かつてドニプロ川の中州ホルティツァ島のコサックの根拠地を指す。同軍団はオーストリア軍の配下にありながらも、ポーランド軍団と同様、独自の行動を警戒するオーストリア当局によって、装備品の供給を渋られたり、活動を停止するよう警告されたりすることもあった。実際、射撃団の関係者はガリツィアでのウクライナ人自治の拡大から、ハプスブルク領、ロシア領双方のウクライナを解放して統一させるという独立国家構想まで様々な考えを持っていた。1917年には、軍団のメンバーがロシアのボリシェヴィ

キとイスタンブルで密かに会談し、ドイツ軍の活動資金を渡したこともあった。[Hagen 2007：58]

このシーチ射撃団の中で伝説的な英雄となったのが、レンベルク大学の学生から入隊したオレーナ・ステパニウ（Олена Степанів 1892-1963）である。レンベルク／ルヴフ／リヴィウ郊外の村のギリシャ・カトリックの神父の娘に生まれた彼女は、大学で経済学を専攻した。射撃団入隊後の

オレーナ・ステパニウ

1915年5月にはカルパチア山脈の一つ、マキウカ山の戦いでロシア軍に対する勝利に貢献し、少尉に昇進した。この将校昇進は、当時数も少なかった女性軍人としては異例で、世界史上初という説もある。その後ロシア軍の捕虜になり、一時ウズベキスタンのタシケントに抑留されるが、1917年4月に釈放された。大戦後は西ウクライナ国民共和国の外交官や教育者としてもはたらくなど、西ウクライナの国民的な英雄として扱われた。同じく第一次世界大戦でオーストリア軍将校として活躍した夫ロマン・ダシュケヴィチとの間に生まれた息子のヤロスラウ・ダシュケヴィチ（Ярослав Дашкевич 1926-2010）は、現代ウクライナを代表する歴史家として知られた。[早坂 1994：86-88]

戦後のガリツィアの帰属をめぐる議論

オーストリア側のポーランド人勢力とウクライナ人勢力の思惑が対立したのは、1915年の春から夏の反攻によって、中央同盟軍がガリツィアを奪回し、ロシア領ポーランドまで占領した時であった。7月25日にドイツ軍はワルシャワに総督府を、オーストリア軍はルブリンに拠点を置き、ロシア領を二分した。ドイツ側ではポーランド系プロイセン貴族ボグダン・フッテン＝チャプスキの尽力によって、ド

イツの庇護の下で、ポーランド立憲王国の建国と、同国の最高意思決定機関である摂政会議が設置された。[今野 2009] 摂政会議は、世襲君主制と立憲制を両立させたポーランド分割直前の五月三日憲法に連なる国制を目指した。[福元 2023：40-41] ハプスブルク側はこうした動きが、ガリツィアのポーランド人勢力の独立と統一意識を高めることを懸念した。既にピウスツキは、オーストリア支配下でのポーランド人自治の要求を超えて、将来のポーランド国家独立を見据えて、クラクフとルブリンのポーランド人諸勢力を糾合しようとしていた。[Zimmerman 2022：252] これを危険視した中央同盟軍は、ピウスツキを逮捕し、マクデブルクの監獄に収監した。他方で、ウクライナ最高評議会のコスティ・レヴィツィキー議長は、当時ウクライナ系住民が多い PL ヘウム／ UA ホルム（Chełm／Холм）地方が、ポーランド側のオーストリア軍管区に編入されることに反対し、「ロシアの脅威から西欧を守る」ためには、将来のウクライナ国家の一部にするべきと主張した。[Hagen 2007：59-60] ドイツ、オーストリア双方の間で、ロシアとの間の「緩衝国家」をどのようにするべきか、すなわちどの地域を将来のポーランド領ないしウクライナ領に含めるか、その際ガリツィアの地位をどのようにするべきか、この時点で明確な結論は出ていなかったが、ガリツィアが将来ポーランドの一部になる可能性を、ガリツィアのウクライナ人勢力やシオニスト勢力は恐れていた。[Hagen 2007：61；Rozenblit 2001：111-112] 1917 年に中立国スウェーデンの首都ストックホルムで、旧第二インターナショナル参加者の呼びかけにより、各国の社会主義者が集まり大戦の終結について話し合う「平和会議」の開催が予告されると、シオニスト系社会主義政党のオーストリア・ポアレイ・ツィオンとガリツィアのウクライナ社会民主党は共に参加を表明した。そして双方が従来のハプスブルク帝国及びロシア帝国を新たな「諸民族の自治と平等の連邦国家」に改組する決議をそれぞれ提出したのである。その決議案の中で、ポアレイ・ツィオンは両国におけるユダヤ人の文化自治とパレスチナへのユダヤ人移

民の自由の保障を要求するとともに、ウクライナ社会民主党が要求した、ロシアと東ガリツィアにおけるウクライナ人の統一的な領域自治も支持した。結局この会議自体は開催されず、これらの決議は幻に終わった。

ロシア革命とブレスト・リトフスク講和

1917 年の二月革命、続く十月革命によって同盟国との和平を唱えるボリシェヴィキ政府がロシアに成立すると、ロシア軍は戦線から離脱した。しかし二月革命はロシアだけで完結せず、大戦と革命を機に新たなウクライナ・ナショナリズムの政治運動が起こった。[中井 1988：池田 2017：村田 2017] 現代のウクライナ系の歴史家の中では、スブテルニーのように、これをロシア革命とは別個のウクライナ革命と呼称する者もいれば、マゴチのようにロシア帝国全体の革命の一部と捉える者もいる。[Subtelny 1988；Magocsi 1996] フリツァークは、更に視点を 1917–18 年の時点から拡大し、第一次世界大戦が勃発した 1914 年から 1923 年までにウクライナの地で起こった一連の出来事をウクライナ革命として捉えている。彼によれば、この時期に起きたウクライナの自治や独立をめぐる様々な動きは、政治変革が主な目的であったロシア革命よりも、ポーランドやチェコスロヴァキアなど、それまで国家を持たなかった中東欧のネイション（国民、民族）による国家形成を目的とする国民＝民族革命に、その性格がより近いというのである。[Hrycak 2000：117-118]

ロシア領のポーランド・ナショナリストと同様、ロシア領のウクライナ・ナショナリストもまた、1917 年の革命まではロシア政府に頼りながら、自民族の自立を目指した。モスクワでウクライナ語雑誌の編集者を務めていた。シモン・ペトリューラ（Симон Петлюра 1879-1926）は、開戦後直ちにロシアのウクライナ人にロシア国家に対する義務を誠実に果たすよう呼びかけたが、これは、ロシア政府による

初代大統領ミハイロ・フルシェウシキー

ウクライナ人弾圧を防止するためでもあった。ペトリューラはロシアの大戦での勝利を疑う一方、ガリツィアとブコヴィナをロシア帝国に併合することはウクライナの利益に合致すると考えていたのである。

二月革命直後、キーウではウクライナ人勢力によって中央会議（ラーダ）が3月に設置され、議長には歴史家のフルシェウシキーが選出された。十月革命によってボリシェヴィキが武力で政権を奪取すると、これを認めない中央会議は、ウクライナ国民共和国の成立を宣言した。このウクライナの独立を祝福したのが、二月革命でキーウの軟禁状態から解かれたアンドレイ・シェプティツィキーであった。彼はキーウから二月革命直後のペトログラードに赴き、リヴォフ首相らロシア臨

ウクライナ中央会議（ラーダ）が置かれたキーウの教育博物館

第5章

222

時政府の閣僚と会談した。その後、キーウに戻り、ウクライナ中央会議の要人との面会に臨んだ。この時、ウクライナ国家の再生には東西ウクライナの民族の団結が不可欠であり、その団結は宗教的な基礎の上にのみ築けるという考えを、シェプティツィキーは、フルシェウシキー大統領や、後のディレクトリア政権下でウクライナ国民共和国首相を務めるヴォロディーミル・チェヒウシキー（Володимир Чехівський 1876-1937）に伝えたが、中央会議では左派の社会主義政党を率いる彼らにはあまり理解されなかった。1917 年 4 月 24 日、シェプティツィキーはウクライナの同胞に向けて談話を発表し、その中で東西ウクライナにおける「我々の不可分の民族的統一」と「民族自決と民族文化の成長のための一致した努力」の必要性を強調してキーウを去った。[Budurowycz 1989：48]

　シェプティツィキーが示唆した、独立したばかりのウクライナが抱えた課題は、中央会議の幹部の前に具体的な形で現れた。その一つ目は、UA ポリッシャ／PL ポレーシェ（Полісся / Polesie）、UA ヴォリーニ／PL ヴォウィン（Волинь / Wołyń）地方などウクライナ北西部に居住するポーランド人の問題である。ポーランド人住民は当初、ウクライナの独立を、ロシアの圧政からの解放として歓迎の意を表明していた。1917 年 3 月 30 日、ウクライナのポーランド人政治団体である、「ルシ・ポーランド執行委員会（Polski Komitet Wykonawczy na Rusi）」は、ウクライナ中央会議にウクライナ語の書簡を送り、「私たちは、祖国の最も近い隣人であり、同胞であるウクライナ人の皆様に手を差し伸べます」と友好の意を表明し、「境界地域において混血してきたポーランド人とウクライナ人には、歴史的な結びつきがあり、私たちは隣人として生活し、共通の公共善のために共に働き始める」だろうと提案していた。しかし、左派社会主義者が政権の多数を占めていたウクライナ国民共和国当局は、1917 年から 1918 年にかけて、急進的な農地改革を実施し、ウクライナのポーランド人地主の土地を強制的に接収した。中には脱走兵、復員兵の集団や地元住民までが土

第一次対世界大戦とガリツィア

1918年3月3日、ブレスト・リトフスク講和を祝うレンベルク／ルヴフ／リヴィウのウクライナ人市民（ポーランド国立図書館）

地や家畜を奪い、農場の建物を略奪したため、ポーランド人住民の中央会議に対する期待はたちまち失望と敵意に変わった。[Mędrzecki 2018：55]

　もう一つの問題は、キーウのウクライナ中央会議と、ガリツィアのウクライナ人勢力との関係である。中央会議は十月革命までは、必ずしもロシアからの完全独立を求めていたわけではなく、むしろ連邦化されたロシア内での領域自治を志向し、臨時政府の戦争続行を支持していたため、ガリツィア側は容易に連携することが出来なかった。[村田2017：31-32] しかし、ボリシェヴィキがウクライナ国民共和国を武力で打倒する勢いを見せると、ウクライナ政府は抵抗し、1918年1月にウクライナをロシアから完全に独立した国家として宣言した。同時期にはボリシェヴィキが求める、中央同盟軍との和平交渉もブレスト＝リトフスクで行われていたため、ボリシェヴィキが首都キーウを攻撃する最中に、ウクライナ政府は交渉使節を派遣した。1918年2月8日、中央同盟とボリシェヴィキの間で、また中央同盟とウクライ

ナの間で、二つの講和条約の調印が行われた。ブレスト＝リトフスク条約では、ウクライナの独立承認と軍事援助の引き換えに、ウクライナはオーストリア・ハンガリーとドイツに100万トンの穀物およびその他の食糧を供給することを約束した。このことから同条約は「穀物の平和」と呼ばれた。ベルリンとウィーンの政府はウクライナ政府に対ボリシェヴィキのための軍事援助を提供することになった。加えてオーストリアは、ドイツからの圧力により、ホルム／ヘウムとポドラシエのウクライナへの割譲に同意させられた。しかもその裏では、東ガリツィアとブコヴィナを合わせて将来のウクライナの一部とするという追加の秘密議定書が、ドイツとウクライナの間で交わされていたのである。[Hrycak 2000：130；Mark 1997：185] ブレスト＝リトフスクの講和会議にはワルシャワのポーランド政府も参加を要請したが、ドイツ側は拒否した。講和条約でポーランド側と相談の無いままヘウム／ホルム地方がウクライナに譲渡されることが決まると、ワルシャワのクジャノフキ内閣はこれに憤慨して総辞職し、摂政会議も新たなポーランド分割であると反発した。[Zimmerman 2022：278]

第一次世界大戦の終結と西ウクライナとポーランドの二重の建国

　ブレスト＝リトフスク条約締結後、旧ロシア領ウクライナでは食糧徴発をめぐって中央同盟軍とウクライナ政府との対立が深まり、1918年4月にウクライナの中央会議はドイツ軍によって解散させられた。代わりに18世紀初頭のヘトマンの末裔であるパウロ・スコロパドシキー（スコロパッキー）（Павло Скоропадський 1873-1945）将軍が後継政権に据えられ、国名も「ウクライナ国」に改められた。このスコロパドシキー政権に対して、ポーランド側からもたらされた情報を通して秘密議定書の存在を知り東ガリツィアとブコヴィナの譲渡に強硬に反対したのが、ハプスブルク政府である。同政府は、ブレスト・リトフスク講和条約の批准の取り消しも辞さないとスコロパド

スコロパドシキー（右）とドイツ皇帝ヴィルヘルム二世

シキー政権に圧力をかけ、1918年7月に秘密議定書の内容を無効にさせた。だが、ヘウム／ホルム地方は、ポーランド、ウクライナのどちらに帰属するか曖昧なままだった。[Mark 1997：185] また、オーストリア側はスコロパドシキーに代わり親ウクライナで知られた「赤い大公」、ヴィルヘルム・フォン・ハプスブルク（Wilhelm von Habsburg 1895-1951）を新たにウクライナ王につけることを画策していた。ヴィルヘルムは、西ガリツィアのジヴィエツ（Żywiec）に地所を持つハプスブルク家の貴族の家に育ち、大戦中はシーチ射撃団を指揮しながら、自ら進んでウクライナ語を話すなど、ウクライナ兵の間の人気も高かった。1917年9月にはレンベルク／ルヴフ／リヴィウでシェプティツィキー府主教とも会見し、ウクライナ王として戴冠する準備を進めた。しかし、スコロパドシキー政府はドイツ側の支持を後盾に、ヴィルヘルムのウクライナ王即位計画を斥けることに成功した。[スナイダー 2014]

当面の間ガリツィアはオーストリア領に留まっていたが、同地域のポーランド人、ウクライナ人政治家は今後の独立を含めた計画について既に議論を始めていた。それを後押ししたのが、米大統領ウッドロー・ウィルソンが1918年1月に発表した「十四箇条の平和原則」とハプスブルク帝国の国制改革である。このウィルソンの十四箇条では、オーストリア・ハンガリー帝国そのものの解体は明記されていなかった。第十条には「我々が保護され、保証されることを望む諸

シェプティツィキー府主教（右から二人目）とヴィルヘルム・フォン・ハプスブルク（右から三人目）

ネイションの中にあるオーストリア・ハンガリーの人民は、自治的な発展の機会が最も自由な形で認められるべきである（The peoples of Austria-Hungary, whose place among the nations we wish to see safeguarded and assured, should be accorded the freest opportunity to autonomous development.）」と記されていた。この文の前置詞の whose が直前のオーストリア・ハンガリーを指す場合、ネイション（nation）は周辺諸「国（nation）」を指し、単に同国の民主化を求める内容になるのに対し、「オーストリア・ハンガリーの人民」までが含まれれば、同国の諸「民族（nation）」の自治や独立が含意されることになる。米国政府はあえてその解釈を曖昧にすることで、オーストリア側には戦後に主権が保証されると解釈させ、同国がドイ

ウッドロー・ウィルソン

第一次対世界大戦とガリツィア

ハプスブルク最後の皇帝
カール一世

ツとの同盟から離反するのを目論見、対してハプスブルク帝国内の諸民族には、戦後何らかの政治的地位が与えられると期待させ、彼らが連合国側を支持するのを期待したのである。[Wolff 2020：68-71] これに対し、1916年のフランツ・ヨーゼフ帝の死後、後を継いだ皇帝カール一世は、連合軍との和平交渉を進める一方、ハプスブルク帝国を、諸民族の国家からなる連邦に再編する「諸民族綱領（Völkermanifest）」を1918年10月16日に発表し、国内の諸民族の支持をつなぎとめようとした。

　ウィルソンの十四箇条で将来の独立が正式に定められていたのは、中東欧諸国の中でポーランド（第十三条）だけであった。しかもその領土範囲は「議論の余地なく（indisputably）ポーランド住民が居住する領域」とされているだけで、明確な線引きがされていたわけでもなかった。ドモフスキは国民委員会を代表して、1918年10月に、領土問題の覚書をウィルソン大統領に送り、その中で、ガリツィア全土を将来のポーランド領に含めるよう、要求していた。[伊東1988：77] しかし、当時ウィルソンのアドヴァイザーを務め十四箇条の起草に携わり、後に『世論』を著した政治学者ウォルター・リップマンは、1918年10月のウィルソン宛の覚書でウクライナ人が多数派を占める東ガリツィアをポーランドに帰属させることに難色を示していた。[Wolff 2020：97]

　既に同時期のガリツィアにおいては、ポーランド側に先行するように、ウクライナ側で独立に向けた動きが進んでいた。オーストリア軍配下であったシーチ射撃団は独自にウクライナ軍中央委員会を結成する一方で、レンベルク／ルヴフ／リヴィウでは、1918年10月18日にウィーンの帝国議会のウクライナ人議員や、ガリツィアとブコヴィナのウクライナ政党の代表者らによってウクライナ国民会議が

設置され、イェウヘン・ペトルシェヴィチ（Євген Петрушевич 1863-1940）が議長に就任した。ウィーンでカール一世に謁見した後に、1917年9月10日にウクライナ人市民の熱狂的な歓迎を受けてレンベルク／ルヴフ／

現在リヴィウのイェウヘン・ペトルシェヴィチ広場にある記念プレート

リヴィウに帰還したシェプティツキー府主教も国民会議の議員に選出された。同会議が18日に発表した民族自決の宣言では、皇帝カールの「諸民族綱領」を引き合いに出し、ハプスブルク連邦内のウクライナ人国家の正統性が主張され、東ガリツィアに加え、ブコヴィナとトランスカルパチアを含むウクライナ人、ルーシン人住民の居住地域がウクライナ領と定められた。また、国民会議への代表者選出と、憲法の起草が決められたのに加え、ガリツィアのユダヤ人が独自の民族として認められたのも特徴的であった。その一方で、オーストリア側の東ガリツィアと旧ロシア側のスコロパドシキーのウクライナ国との関係については宣言で触れられなかった。一部の急進的な若手議員が、双方の即時統一を主張したものの、国民会議の指導部は、スコロパドシキー政権との統一が、ウクライナ人国家のハプスブルク連邦からの離脱を意味し、オーストリアとの関係が断絶してしまうと懸念したのである。ペトルシェヴィチらウクライナ国民会議幹部はウィーンに赴きオーストリア政府と交渉に当たった。

だが当時のレンベルク／ルヴフ／リヴィウでは既にポーランド軍、ウクライナ軍双方で、蜂起の噂が流れるなど不穏な空気が流れており、当時ガリツィア総督を務めていたオーストリア軍のカール・フーン（Karl Hyun）将軍は、両軍と交渉し事態の鎮静化を図ろうとした。しかし、後述するポーランド清算委員会が、クラクフからレンベルク／ルヴフ／リヴィウに本拠を11月1日に移転する予定という情報が流れると、レンベルク／ルヴフ／リヴィウに残るウクライナ人勢力は

第一次対世界大戦とガリツィア

行動を起こした。10月31日の深夜から11月1日早朝にかけて、ウクライナ軍中央委員会は、中央駅、中央郵便局、総督府庁舎、兵舎など重要施設を占拠し、市庁舎に青と黄色の国旗を掲げた。ウクライナ人兵士は青と黄色の腕章をつけ、もはやオーストリア軍の統制下にないことを示した。現代ポーランドの歴史家ダミアン・マルコフスキは当時の回想録を基に次のように描写している。

> ルヴフのウクライナ人蜂起は、諸聖人の日である1918年11月1日の早朝に勃発した。ルヴフの礼拝に向かう群衆は当初、街頭での軍の異例の動きは、すでに慣れ親しんでいる演習か駐屯部隊の交替だと考えていた。彼らは銃声を聞いて初め、これが待望の[ポーランド独立]「革命」の始まりだと判断した。しかし、市内を巡回する兵士の制服にはウクライナの国旗の色が認められた。[ポーランド人市民の]最初の反応は驚きだった。ルヴフはポーランド軍の支援を得て、樹立したポーランド政権によって占領されるだろうと予想されていた。ウクライナ人の成功のニュースを冗談として扱う人もいた。[Markowski 2019：56]

西ウクライナ国民共和国の建国を伝えるウクライナ語紙『ディロ』[Purchla, et. al. (eds.) 2014: 455]

市庁舎に翻るウクライナ国旗に、ポーランド人市民が衝撃に打たれる一方で、ウクライナ人市民は目に喜びの涙を浮かべていたという。[Mick 2016：145] ウクライナ軍の蜂起を受けてウクライナ国民会議は、1日に正式に国家独立宣言を行った。フーン将軍は拘束され、ガリツィア総督を辞任した。歴史家フリツァークの表現を借りれ

ば、「10月31日の夜、オーストリア帝国の臣民として就寝していた市民は、翌日には、ウクライナ国民として目覚めた」。[Hrycak 2000：141] 9日には、国名が西ウクライナ国民共和国（Західноукраїнська Народна Республіка, ЗУНР）と定められた。11月3日、リヴィウ府主教区のすべてのギリシャ・カトリック教会で、西ウクライナ独立宣言を祝うミサが行われ、聖ユーラ大聖堂では、シェプティツィキー府司教がミサを捧げた。対してカトリックのポーランド人司祭の中には、祖国ポーランドをウクライナの「侵略」から救うために必要なあらゆる手段を使ってウクライナ人と戦うよう、ポーランド人に呼びかける者もいた。[Mick 2016：146-147]

　西ウクライナの独立は東ガリツィアを将来の領土に含めるつもりであったポーランド側にとって悪夢のシナリオであったといわれる。ポーランド側は、西ウクライナの突然の独立を「オーストリアの陰謀」によるものとさえ考えていた。[Kozłowski 1990：116] ポーランド人勢力は、1918年10月末にクラクフの最高国民委員会を、「ポーランド清算委員会（Polska Komisja Likwidacyjna）」に改組し、事実上の臨時政府としていた。しかし西ウクライナの独立宣言後、ガリツィアのポーランド人社会民主党党首のダシンスキは、11月7日にオーストリア軍が占領していたルブリンで「ポーランド共和国臨時人民政府」の樹立を宣言した。その一方で、ドイツ革命の勃発によってマクデブルク監獄から釈放されたピウスツキは、ワルシャワに帰還し、西部戦線で休戦が成立した11月11日に摂政会議から最高司令官に任じられた。ちなみに、独立記念日を、11月7日とするか、それとも11日とするかで、その後のポーランド

ポーランド清算委員会の設立を伝える布告 [Purchla, et. al. (eds.) 2014: 456]

第一次対世界大戦とガリツィア

史では二転三転したが（戦間期は 11 日、第二次世界大戦後の人民共和国期は 7 日）、現在は 11 日に戻されている。11 月 14 日に摂政評議会は、政治的権限をピウスツキに委譲し、解散した。臨時国家主席に就任したピウスツキは、ダシンスキの政権を取り込み、統一政府を樹立したが、この時点ではパリのドモフスキを中心とするポーランド国民委員会が依然併存していた。1919 年 1 月 26 日、調停役としてピアニストのパデレフスキがポーランド共和国の初代首相に就任し、新生ポーランド政府がようやく発足した。[福元 2023：71-73]

第 5 章

第六章

ガリツィア戦争

現在のリヴィウ、リチャキウ墓地にあるガリツィア・ウクライナ軍の戦没者墓碑。1991年のウクライナ独立後、隣接するポーランド人戦没者墓とともにリヴィウ市民によって整備された。

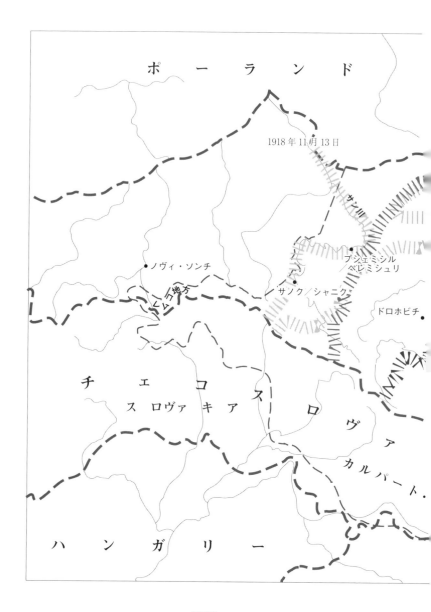

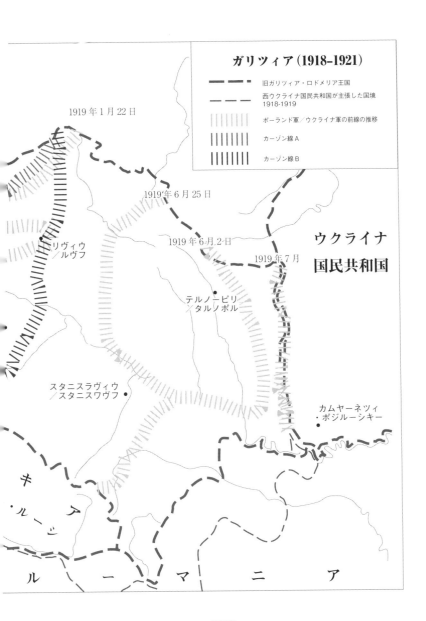

ガリツィアはポーランドの一部か、それともウクライナのものか。ウィルソンの十四箇条が曖昧にしたその決着は、交渉ではなく、戦争でつけられた。1918 年 11 月、リヴィウ／ルヴフ近郊の街、**UA** ヒリウ／**PL** ヒルフ（Хирів／Chyrów）のあるイエズス会修道院の記録係は、「第一次世界大戦後に生まれるのは、諸民族の新しい戦争である」と、予言のような一文をラテン語で書き残していた。[Böhler 2018：61] 1918 年以降、ポーランドが国境線をめぐって、西ウクライナ、チェコスロヴァキアやリトアニアなど周辺諸国と戦った戦争は、単なる第一次世界大戦の延長ではなかった。ドイツ人中東欧史家のヨッヘン・ベーラーによれば、大規模な兵員の動員や正規軍同士の戦闘が目立つ大戦と比べ、この戦争は、局地的な戦闘が中心で、正規軍による戦闘とともに市民らが武装した準軍事（パラミリタリー）組織が戦う「内戦」に似た性格を持っていたのである。[Böhler 2018：63-66]

1918 年のリヴィウ／ルヴフ市街戦

西ウクライナ国民共和国の独立が宣言された 11 月 1 日から **UA** リヴィウ／**PL** ルヴフでは、ポーランド人とウクライナ人との間で衝突が始まった。1 日の市内にはウクライナ人のパトロール隊が機関銃をつけたトラックで移動し、ポーランド人の群衆や集会を解散させた。またウクライナ兵は主要鉄道駅を占領し、ポーランド軍部隊の移動を阻止した。ウクライナ兵はライフルに銃剣を付け、中央駅の広間に突入し、「ヘラウス！（ドイツ語で「出ていけ」）」と叫び、空中に向けて数発発砲した。恐怖を感じた群衆はドアや窓を通って逃げ出し、互いに踏みつけたり、テーブルをひっくり返したりした。[Markowski 2019：54] しかし、第一次世界大戦から第二次世界大戦にかけてリヴィウ／ルヴフの歴史を叙述した歴史家クリストフ・ミックによれば、ウクライナ軍は、政権を平和裏にガリツィア総督府から西ウクライナ政府に移譲するため、ポーランド人高官などを拘束しなかった。

第 6 章

戦闘当事者は互いに残虐行為や戦争法違反を非難し合ったが、同時に市議会やポーランド国民委員会のメンバーは、ウクライナの支配下にある商工会議所の建物で何事もなく会合を開くことができた。時折、捜索を受けたが、ポーランド人団体もウクライナ人が支配する地域で活動を続けることができ、市内の他の地区にいる同国人団体に後方支援を提供することができた。両民族の委員会が水道と発電所を管理し、市内への供給が継続されるようにした。停戦が合意され、争いのあった通りの住民が外に出て食料を調達できるようになった。[市街戦の]最初の数日間、ウクライナとポーランドの部隊指揮官の中には、若い兵士たちに互いに撃ち合いをさせるよりも、一緒にタバコを吸うことを好む者さえいた。[Mick 2016：151]

1918年のリヴィウ／ルヴフの兵士と市民 [Böhler 2018：80]

対して市内のポーランド人住民は、市庁舎の塔に青と金の横断幕が掲げられてからわずか数時間後、狩猟用ライフルから拳銃、軍隊に勤務していた時代のライフル銃に至るまで、手元にある銃器で武装し抵抗を始め、ウクライナ人守備隊を襲い武装解除や排除を行った。シェンキェヴィチ学校や技術者会館にはポーランド兵が立てこもり、軍事拠点とした。このようにポーランド人の行動は、1日から実質的な結果をもたらし始めた。ウクライナ軍司令部は、夕方には西ウクライナ政府が発行した身分証明書を携帯する者だけが街を移動でき、すべての武器と弾薬は直ちに警察署に預けるよう通達した。しかし、ウクライナ軍の兵士は人口20万の都市の各地に分散されており、リヴィウ／ルヴフの重要施設を占領した数時間後も、ウクライナ軍は勝利を確保することができなかった。[Markowski 2019：74-75]

　11月2日に入り、東ガリツィア各地のオーストリア軍兵士を武装解除し、ウクライナ軍は大きな障害もなく、ほぼ東ガリツィア全域を事実上支配した。しかし、リヴィウ／ルヴフでは深刻な問題が持ち上がった。正午の時点でウクライナ軍の半数以上が、市街占領からわずか1日で脱走により消滅してしまったのである。脱走兵が相次いだ結果、リヴィウ／ルヴフに残った兵士と将校はわずか648名に過ぎず、戦闘できる兵士はごくわずかな志願兵を除いてはいなかった。[Markowski 2019：93-94] ウクライナ軍は、同日中に中央駅の占拠を放棄せざるを得なかった。

　ポーランド軍とウクライナ軍の間では、2日の15時から18時まで一時停戦が決まり、西ウクライナ政府からシェプティツィキー府主教を含む6人、ポーランド側からも6人の代表が出席して安全保障委員会が開かれた。この時点では双方とも妥協を図るハプスブルク期の慣習を踏襲し、交渉によって平和裏に事態を解決しようとした。しかし、いざ交渉が始まると、西ウクライナ側が皇帝カールのハプスブルク連邦案を基に西ウクライナ国家の正統性を認めるよう求めたのに対し、ポーランド側は、あくまでパリ講和会議でガリツィアの帰属が決定さ

第6章

戦闘当事者は互いに残虐行為や戦争法違反を非難し合ったが、同時に市議会やポーランド国民委員会のメンバーは、ウクライナの支配下にある商工会議所の建物で何事もなく会合を開くことができた。時折、捜索を受けたが、ポーランド人団体もウクライナ人が支配する地域で活動を続けることができ、市内の他の地区にいる同国人団体に後方支援を提供することができた。両民族の委員会が水道と発電所を管理し、市内への供給が継続されるようにした。停戦が合意され、争いのあった通りの住民が外に出て食料を調達できるようになった。［市街戦の］最初の数日間、ウクライナとポーランドの部隊指揮官の中には、若い兵士たちに互いに撃ち合いをさせるよりも、一緒にタバコを吸うことを好む者さえいた。[Mick 2016：151]

1918年のリヴィウ／ルヴフの兵士と市民 [Böhler 2018：80]

ガリツィア戦争

対して市内のポーランド人住民は、市庁舎の塔に青と金の横断幕が掲げられてからわずか数時間後、狩猟用ライフルから拳銃、軍隊に勤務していた時代のライフル銃に至るまで、手元にある銃器で武装し抵抗を始め、ウクライナ人守備隊を襲い武装解除や排除を行った。シェンキェヴィチ学校や技術者会館にはポーランド兵が立てこもり、軍事拠点とした。このようにポーランド人の行動は、1日から実質的な結果をもたらし始めた。ウクライナ軍司令部は、夕方には西ウクライナ政府が発行した身分証明書を携帯する者だけが街を移動でき、すべての武器と弾薬は直ちに警察署に預けるよう通達した。しかし、ウクライナ軍の兵士は人口20万の都市の各地に分散されており、リヴィウ／ルヴフの重要施設を占領した数時間後も、ウクライナ軍は勝利を確保することができなかった。[Markowski 2019：74-75]

11月2日に入り、東ガリツィア各地のオーストリア軍兵士を武装解除し、ウクライナ軍は大きな障害もなく、ほぼ東ガリツィア全域を事実上支配した。しかし、リヴィウ／ルヴフでは深刻な問題が持ち上がった。正午の時点でウクライナ軍の半数以上が、市街占領からわずか1日で脱走により消滅してしまったのである。脱走兵が相次いだ結果、リヴィウ／ルヴフに残った兵士と将校はわずか648名に過ぎず、戦闘できる兵士はごくわずかな志願兵を除いてはいなかった。[Markowski 2019：93-94] ウクライナ軍は、同日中に中央駅の占拠を放棄せざるを得なかった。

ポーランド軍とウクライナ軍の間では、2日の15時から18時まで一時停戦が決まり、西ウクライナ政府からシェプティツキー府主教を含む6人、ポーランド側からも6人の代表が出席して安全保障委員会が開かれた。この時点では双方とも妥協を図るハプスブルク期の慣習を踏襲し、交渉によって平和裏に事態を解決しようとした。しかし、いざ交渉が始まると、西ウクライナ側が皇帝カールのハプスブルク連邦案を基に西ウクライナ国家の正統性を認めるよう求めたのに対し、ポーランド側は、あくまでパリ講和会議でガリツィアの帰属が決定さ

第6章

ポーランド軍装甲車「小ピウスツキ」

れるべきであると主張し、双方の主張は平行線をたどった。[Wehrhahn 2004：143] 会談は不調に終わり、翌日から戦闘が再開した。

　11月3日には、既にガリツィア各地から援軍を集めたポーランド軍が戦闘を有利に進めたが、翌4日にブコヴィナからシーチ射撃団の支援を受けたウクライナ軍も反撃し、中央駅の奪回を図った。ポーランド軍は、装甲車「小ピウスツキ（Piłsudczyk）」を投入して敵の前線を突破し、更に飛行機でウクライナ軍の占領地区を爆撃した。11月8日に西ウクライナ政府は、コスティ・レヴィツィキーを首班とする内閣を発足させたが、ポーランド側との開戦を避けたいスコロパドシキー政権からは約束された援軍も来なかった。結局ウクライナ軍は、1週間足らずでポーランド軍の攻勢に押され市の中心部の支配を失った。その後2週間はチェスワフ・モンチンスキ（Czesław Mączyński 1881-1935）司令官の指揮するポーランド軍と民兵からなるルヴフ守備隊と、奪回を試みるウクライナ軍との交戦が続いた。ポーランド側には、ポーランド人市民の大学生やギムナジウム生、さらに年少の少

ガリツィア戦争

ペトルシェヴィチ議長（中央）とコスティ・レヴィツィキー（左脇）内閣

年少女までから成る志願兵団「ルヴフの鷹（Orlęta Lwowskie）」も参加した。当時ルヴフ守備隊6022人の内、1421人が17歳以下、2640人が18歳以上25歳以下であり、中には9歳の子どもまで参加した部隊もあった。[Markowski 2019：358] 後に彼らは、ルヴフの守護者と

「ウィチャクフ墓地を守るルヴフの鷹」
（ヴォイチェフ・コサック画）

して、ポーランドではその英雄的行為と犠牲が讃えられ、回想録が出版され、小説やノンフィクションの主人公として描かれる一方、作品の中では敵であるウクライナ兵が邪悪で残忍に描写された。[Mędrzecki 2018：52] しかし、実際のウクライナの正規軍はこの時点では1万5

第6章

千程しかおらず、ブコヴィナから呼びよせたシーチ射撃団も兵力は700人足らずしかいなかった。ほとんどのウクライナ兵は農村出身で、都市部の若いポーランド人兵士とは対照的に、市街地の地理にも通じていなかった。[Mick 2016：155] 対して、ワルシャワの摂政評議会は、シェプティツィキー府主教の弟スタニスワフ・シェプティツキ（Stanisław Szeptycki 1867-1950）将軍をガリツィア救援軍司令官に任命し、リヴィウ／ルヴフに1万2千の軍勢を派兵した。この正規軍に加え、当時の民兵を指す「守備隊」

スタニスワフ・シェプティツキ将軍。日露戦争では、オーストリア軍の観戦武官として奉天のロシア軍司令部に駐在した。

やピウスツキが創設した準軍事組織の「ポーランド軍事組織」を合わせ計6万7千のポーランド兵が動員された。[Böhler 2018：117] 当時、ポーランド・ウクライナ戦争におけるルヴフ防衛の意義は、軍事的・政治的な重要性をはるかに超えて、ポーランド人の愛国心を強く刺激していた。ポーランド全土を統治する中央政府が正式に発足していなかったにもかかわらず、各地でルヴフ救援のための軍資金や食料が集められ、軍への志願者も続出した。

　1918年11月12日には、ウィーンで社会民主党のカール・レンナーを首班とする臨時政府が、ドイツ＝オーストリア共和国の発足を宣言した。西ウクライナ政府が期待していたハプスブルク連邦の可能性は、この時点でほとんどなくなったが、翌13日に西ウクライナ政府は憲法を発布し、東ガリツィアからブコヴィナ、ザカルパッチャを含むハプスブルク帝国内のウクライナ人居住地域を領土に定めた。[岩崎 2017：第九章一節；Mick 2016：151]

　互いの敵を非難し合う政府のプロパガンダ合戦とは別に、前線のポーランド、ウクライナの将校や兵士の間では、健闘を称え合い、戦闘の合間の停戦中に、互いに交流する光景も見られたという証言もあ

ガリツィア戦争

る。リヴィウ／ルヴフでは、ウクライナ兵が、アコーディオンとウォッカを持って、フェルディナント兵舎で作業をしているポーランド工兵を訪れ、宴会が夜通し続いたという。グロデツカ通りでは焚き火が焚かれ、ポーランド人とウクライナ人は一緒に暖を取り、時々乾杯した。ウクライナ人将校の一人は眠ってしまい、朝、戦闘開始の直前に、ポーランド兵が眠っている彼を戦闘位置にまで運んだという。ポーランド人将校のヴァツワフ・リピンスキ（Wacław Lipiński）は、停戦中、ウクライナ軍が戦死したポーランド兵士の墓前に弔砲を捧げたと発表したことを回想している。リピンスキ自身もまた、ウクライナ人中尉との会話からポーランド語と共通する単語を聞き取り、この戦いが「悲劇的な兄弟殺し」であることに胸が締め付けられたという。ポーランドのジャーナリスト、歴史家のマチェイ・コズウォフスキは、これらの証言が元々ウクライナに友好的なピウスツキ派の将校のものであることに注意しながらも、引用する価値があるとしている。[Kozłowski 1990：172-173]

　開戦から3週間が経過し、市内外のポーランド軍双方から攻撃を受け、ウクライナ軍の劣勢は明らかであった。ここで西ウクライナ、ポーランド双方が様々な経路で停戦を模索した。これまで反目し合う関係にあったポーランド、ウクライナの社会民主党の間でも協議が行われた。シェプティツキー府主教は、ポーランド側と交渉の可能性を探るため、ローマ・カトリックのルヴフ大司教を務めるユゼフ・ビルチェフスキ（Józef Bilczewski 1860-1923）と書簡を交わし、教会関係者や市民の安全について協議していた。1918年11月16日、ビルチェフスキ大司教とシェプティツキー府主教は次のような連名の書簡を発表し、ポーランド側、ウクライナ側双方に対し、戦闘を終結させるために相互に譲

ユゼフ・ビルチェフスキ大司教

歩するよう求めた。

　両軍司令部へ
　未成年の子息が危険にさらされている家族のために、戦争が引き起こし得る悲惨な結果と苦難を緩和するのを目的として、隣人への愛の名において、諸氏に対し戦闘員捕虜や[拘束された]関係者、市民を、互いに合意された条件の下に交換するよう提案する。
　関係する書簡を両軍司令部に送付した。

　✣アンジェイ・シェプティツキ（アンドレイ・シェプティツィキー）　✣ユゼフ・ビルチェフスキ

[Wołczański 1997：132]

翌日17日にポーランド、ウクライナ両軍の間で停戦協定が締結さ

戦闘で破壊されたリヴィウ中央駅正面 [Markowski 2019：89]

ガリツィア戦争

れた。しかし 11 月 20 日から 21 日の深夜にかけて、市を包囲するポーランド軍は、南北から攻勢をかけ、西ウクライナ軍の立てこもる「ヴィソーキー城」（高い城）を攻撃した。ウクライナ兵の抵抗で城砦は落ちなかったが、24 時間の停戦後、西ウクライナ政府はリヴィウ奪回を諦め撤退する決断を下した。[Kozłowski 1990：180-181] 同政府は、東ガリツィアの UA テルノーピリ／ PL タルノポルに首都を移転、その後 UA スタニスラヴィウ／ PL スタニスワヴフに移った。これに先立つ 11 月 11 日、ルーマニア軍に占領されていたブコヴィナは西ウクライナ国民共和国から離脱した。

　ルヴフ／リヴィウのポーランド語紙は、「ルヴフは我々のものに！」という見出しをつけ、ポーランド軍の勝利を祝った。[Markowski 2019：327] ポーランド軍の占領以降、同市に残ったウクライナ人政治家はポーランド軍によって一時的に軟禁状態に置かれたが、ピウスツキがウクライナ人の「いかなる政治活動も妨げない」と布告したことで、解放された。この戦いでは少なくともポーランド兵 3000 人、ウクライナ兵 1100 人が亡くなった。

　ポーランド軍のルヴフ／リヴィウの占領の報を、ドモフスキらポーランド民族主義者をはじめ、ポーランド市民の多くはウクライナ人からの「解放」として熱狂的に歓迎したが、ピウスツキ周辺のポーランド社会党左派は、これを手放しで賞賛することはなかった。当時同党の若手の論客で民族問題の専門家でもあったタデウシュ・ホウフコ（Tadeusz Hołówko 1889-1931）は、1919 年 3 月 30 日に、社会党の機関紙『労働者』で、困難な状況でもウクライナ人との協調を模索するよう、次のように訴えた。

　　［ポーランド］下院は、ルヴフの子どもなら誰でも知っているように、ルヴフはポーランド人の街である、何故なら、ルヴフのポーランド性を、その血によって表明しているからであると断言した──だがウクライナ問題の解決策は見出さなかった。ルヴフはポー

第 6 章

ランド人の街だが、東ガリツィアで我々ポーランド人が少数派で
あることに変わりはない。したがって、我々はこの状況を打開し、
ウクライナ人との共存の道（modus vivendi）を見つけるべきなの
だ。[Chojnowski 1999：33]

　ホウフコやヴァシレフスキ、そしてピウスツキらの念頭にあった計
画は、ポーランドと、ロシアから独立したウクライナが連邦を形成
し、国内の少数民族にも自治を与えるというものであった。彼らは東
ガリツィアを、ルヴフ／リヴィウ周辺を除いてウクライナ人に譲渡す
る案も検討していたが、国内においても、党内においてもこれらの案
の支持者は少なかった。また、ピウスツキやヴァシレフスキは、士族
共和国時代の歴史的な発想に基づいて、他民族を統べる優越的な地位
にポーランド国民を位置づけていたのに対し、ホウフコは、ポーラン
ド人とウクライナ人の対等な関係を求める点で、前者とは異なる考え
にあったという指摘もある。こうしたポーランド人とウクライナ人の
関係性をめぐる見解の相違に加え、ギリシャ・カトリックという独自
のアイデンティティの基盤を持ち、ハプスブルク期からナショナリズ
ム運動の政治、社会面における組織化を進めていた西ウクライナと、
ナショナリズム運動の組織化が不十分で、ロシアとの紐帯を感じる住
民もいる東ウクライナに対して、ポーランドがどのような対応をとる
べきか、ポーランド政府内でも意見の一致は見られなかった。[Chwalba
2020：145-146]

戦中のプシェミシル／ペレミシュリ自治とレムコ共和国

　リヴィウ／ルヴフでは 11 月初日からポーランド、ウクライナ人の
間で市街戦が展開され対立が表面化したが、他のガリツィアの諸都市
でも同様であったわけではない。東ガリツィアのドロホビチのユダヤ
系の家庭に生まれ、プシェミシュル／ペレミシュリの街で法律家とし

て働く傍ら、ポーランド社会党の地元の有力者であった、ヘルマン・リーベルマン（Herman Lieberman 1870-1941）の回顧録には次のような記述がある。1918 年 11 月 1 日に、プシェミシル／ペレミシュリのポーランド社会党と、ポーランド清算委員会、ウクライナ国民会議の間で合意が成立し、ポーランド人、ウクライナ人、ユダヤ人の三者の代表からなる委員会が設立され、リーベルマンもその一人に選ばれた。委員会はポーランド人とウクライナ人からなる民兵の設立や、委員会による市の行政機関の管轄、そして各民族に委員長の選挙権を与えることなどを平和裏に決定した。[Liebrman 1996：146] リーベルマン自身は地元のポーランド人を代表して自治委員会で活動していたつもりであったが、民族間の緊張が高まると、民族や党派を超えた自治委員会の存在は反対派の標的にされてしまう。11 月 9 日にリーベルマンがプシェミシル共和国の独立を宣言しその首長に就任したという報道が飛び交ったが、実はこれは誤報で、リーベルマンは、群衆の前でポーランド共和国を称えるために「共和国万歳！」と叫んだだけだった。しかし「国民民主党（エンデツィア）員は、私がプシェミシルをポーランドから切り離そうとしたと考え、ウクライナ人は、私がプシェミシルを新興のウクライナ国家から切り離すのではないかと考えていた」という。[Lieberman 1996：149] 自治委員会の存在が過大視されたことで、リーベルマンは、幻の「プシェミシル共和国」の「大統領」のようにみなされたが、ポーランド軍が 1 週間後にプシェミシル／ペレミシュリ市を制圧すると委員会は機能を停止し、ポーランド兵がウクライナ住民とともに、ユダヤ人に対するポグロム（暴力迫害）を引きこすという悲惨な事件に発展してしまう。プシェミシル／ペレミシュリの出来事は、リーベルマンによれば、その後の彼の政治活動の障害となったという。

　ポーランドともウクライナとも異なる、地域的な帰属意識に基づく人々が実際に国家を建国する例もあった。西ガリツィアのレムコ地方ではレムコ・ルシン国民共和国（Руска Народна Республика

Лемків）が、その東隣にはさらに、コマンチャ共和国（Команчанська Республіка）が建国された。前者は、反ウクライナ、後者は親ウクライナを掲げた。

　レムコ国民共和国は 1920 年 5 月まで存続した。レムコのルシン人は第一次世界大戦時から、親ロシア姿勢を見せ、ロシアとの統合を求めていた。しかし、ロシアが内戦に突入しもカルパチア地方に影響力を及ぼすことはできない状況下で、レムコの指導者たちは他の選択肢を探した。1918 年、西ウクライナの独立がレムコ地方でも広まると、レムコ・ルシン人の間でも民族自決の声が高まる。11 月 4 日に一部の親ウクライナ勢力がコマンチャ共和国を建国し、ウクライナ国家との統一を唱えたのに対し、ルシン人住民の多くは、12 月 5 日に **PL** フロリンカ／**UA** フリオリンカ（Florynka ／ Фльоринка）村の全国会議で、独自のレムコ国民共和国の独立を決定した。反ウクライナでの共闘を期待して会議にはポーランド政府代表も参加していたが、レムコ政府は対ウクライナ戦には参加せず、ポーランド国家とも距離をとった。その一方で、ヤロスラフ・カチマルチク（Ярослав Качмарчик 1885-1944）ら政府首脳は、ガリツィアのレムコ人とカルパチア以南のすべてのルシン人が一つの民族を形成し、カルパート・ルーシと呼ばれる領土を構成し、チェコスロヴァキアとの統合を目指そうとした。レムコの代表者たちはカルパチア山地以南のルシン人代表と会談し、カルパート・ルーシの統一民族評議会を設立した。同評議会の代表団はパリ講和会議に派遣し、カルパート・ルーシの統一構想を表明した。既にこの時ポーランド軍は軍事作戦を開始し、コマンチャ共和国を早々に平定していたが、カチマルチクは、講和会議での正式決定まで停戦する合意をまとめた。しかしパリ講和会議は、1919 年 6 月にポーランドによるレムコ地方の一時占領を認めた。カチマルチクはなおも交渉を続け、1920 年 3 月にレムコの新政府が発足させたが、チェコスロヴァキアとポーランドの間で国境紛争が続くなど状況は好転しなかった。1920 年 5 月にポーランド軍は制圧作戦を再

ガリツィア戦争

開し、レムコ共和国全土を占領した。1921年1月にカチマルチクは逮捕され、6か月の拘禁の後に釈放された。1923年にレムコのポーランド領有を連合国も正式に承認した。[Magocsi 2015] 戦中のガリツィアの地域ナショナリズムとして、レムコ共和国はカルパチア山麓に誕生した都市国家ならぬ山岳国家ともいうべきものであった。同時期のヨーロッパにおけるライン共和国や PL シロンスク／DE シュレージエン自由国とも比較可能な事例といえる。[衣笠 2023]

ウクライナ・ガリツィア軍の十二月攻勢と停戦協議

　1919年に入ると、ポーランド・ウクライナ戦争は、ウクライナやロシアの革命の情勢と絡みあい、ますます複雑な様相を呈した。東ガリツィアの西ウクライナ政府、キーウの東ウクライナ政府とポーランドに加え、ロシアのボリシェヴィキと反ボリシェヴィキの白軍、そして連合国という多様なアクターが、同時進行するいくつもの戦争、内戦に直接的、間接的に関与したのである。一連の経緯を分かりやすくするために、1918年時点のそれぞれのアクターの関係を簡単にまとめると次の表のようになる。

ポーランド・ウクライナ戦争（1918-1919）	ポーランド vs. 西ウクライナ＋ウクライナ（ペトリューラ）
ロシア革命・内戦（1917-1922）	ポーランド（リトアニア、ベラルーシ方面）vs. ボリシェヴィキ vs. 白軍＋連合国
ウクライナ革命・内戦（1917-1921）	ペトリューラ vs. スコロパドシキー vs. ボリシェヴィキ vs. 白軍のデニーキン＋連合国
	＊マフノ軍などポ・ウ関係に直接関係しないアクターはここでは除く。

　まず東ガリツィア（西ウクライナ）の領有権をめぐり、ポーランドと西ウクライナ国民共和国の戦争が継続していたのに加え、ロシアでは十一月革命で政権を握ったレーニン率いるボリシェヴィキに対し、

第6章

248

旧ロシア軍将校を中心とする白軍が欧米や日本など連合国の支援を受けて、内戦を繰り広げていた。西ウクライナとロシアの間にあるウクライナ国民共和国は、さらに状況が複雑で、ドイツの敗北によって後ろ盾を失ったスコロパドシキー政権を、元中央会議のメンバーが設立した「ディレクトリア（指導部）」政府とウクライナ軍を率いるペトリューラが追い詰める一方、ボリシェヴィキも共産主義政権を打ち立てるため、内戦に干渉していた。また白軍のアントーン・デニーキン（Антон Деникин 1872-1947）将軍も、連合国の支援を受けてキーウ攻略を狙っていた。

　それぞれの戦いに関与するアクターは、他の戦いに対しては、自らがかかわる戦いを有利にするため、敵・味方を変えたり、介入ないし不介入を決めたりした。後に詳述するように、ポーランド・ウクライナ戦争では西ウクライナを応援するディレクトリア政府のペトリューラは、当初ポーランドと敵対関係にあったが、ウクライナ内戦では、ボリシェヴィキやデニーキンと対抗するためにポーランドの支援を必要とした。他方でポーランドは、リトアニアやベラルーシでは東部領土をめぐり赤軍と対決したが、白軍に対しても、敵国であるロシア軍とみなしたため、支援には消極的であった。また西ウクライナを除き、ウクライナ情勢には1920年になるまで直接関与せず、その後の軍事介入も東部のウクライナ国民共和国の独立を助けることを目的とした。その一方で連合国、特に英仏は、ボリシェヴィキ打倒のためにデニーキンなどの白軍の支援をポーランドに度々求める一方、ウクライナの独立そのものには関心が薄く、反ボリシェヴィズムの共同戦線を張るためには、ウクライナよりもロシアやポーランドの利益を優先するべきと考えていた。

　東ガリツィア情勢に目を転じると、リヴィウ／ルヴフ撤退後、UA テルノーピリ／PL タルノポルでは、ウクライナ・ガリツィア軍（Українська галицька армія, УГА）の再編成が行われ、ディレクトリアの支援を受けた同軍は5万人に増強された。軍司令官には、

ガリツィア戦争

ミハイロ・オメリャノヴィチ＝パウレンコ将軍

ミハイロ・オメリャノヴィチ＝パウレンコ（Михайло Омелянович-Павленко 1878-1952）将軍が就任した。1918年12月にキーウをペトリューラ軍が落とし、スコロパドシキーはドイツに亡命した。ペトリューラは再建されたウクライナ国民共和国政府の首班となった。これを見計らって、西ウクライナは代表団を派遣し、東部のウクライナ国民共和国の代表団とともに、両国の統一に関する予備条約を採択した。同条約は1919年1月3日、スタニスラヴィウ／スタニスワヴフのウクライナ国民会議によって批准され、1月22日、キーウの聖ソフィア広場で西ウクライナ国民共和国と東部のウクライナ国民共和国の統一式典が行われた。これ以降、西ウクライナ国民共和国は「ウクライナ国民共和国西ウクライナ諸州」と称された。しかし、西ウクライナ政府は統一憲法会議を招集するまでは当面維持されることが決まり、ウクライナの国内に二つの政府が併存する状況となった。[中井1988：101] ちなみに現在のウクライナではこの1月22日を「統一記念日」として、8月24日の独立記念日と並ぶ国家的な祝日にする動きが見られる。

しかし、ウクライナ国民共和国も、ボリシェヴィキとの戦争に巻き込まれており、統一記念式典から数日後にキーウがボリシェヴィキ軍によって陥落させ

ウクライナ・ガリツィア軍幹部。左からイヴァン・ボベルシキー、ミハイロ・ヴォロシン、ロンヒン・ツェヘリシキー

第6章

られるなど、新たに統一された西ウクライナを助けられる状況ではな
かった。1918 年 12 月から翌年 1 月にかけて、ウクライナ・ガリツィ
ア軍は、いわゆる「十二月攻勢」をかけ、リヴィウ／ルヴフの奪回を
試みた。ちょうどその時、フランスのジョゼフ・バルテレミー（Joseph
Barthélemy）将軍を代表とする連合国の使節団がガリツィアに到着
し、ガリツィアの帰属問題をパリ講和会議まで先送りすることで、ポー
ランドとウクライナの紛争を解決しようとした。バルテレミー将軍の
仲介の下、ポーランド・ウクライナ間の休戦交渉では「バルテレミー
線」と呼ばれる暫定的な休戦ラインが示され、リヴィウ／ルヴフと油
田地帯のドロホビチ・ボリスラウ盆地を含む東ガリツィアの 3 分の 1
をポーランド側が有する代わりに、連合国はウクライナ国家を承認
し、可能な限り援助を提供することを約束した。このようにバルテレ
ミーの休戦案は、連合国との外交的なつながりを持つポーランドの要
求を大幅に受け入れたものであった。連合国は、ポーランドとウクラ
イナがこれ以上互いに争うのをやめ、ボリシェヴィキ打倒を目指す白
軍を支援することを期待していた。バルテレミー使節の一人のイギリ
ス軍人スマイス大佐と会見した際に、シェプティツィキー府主教は、
ウィルソン米大統領の示した民族自決の権利を東ガリツィアにも適用
するように求めたのに対し、スマイス大佐は、英仏はそもそもウィル
ソンの宣言には縛られておらず、民族自決という「特殊な規範」の限
定的な解釈が、ポーランドの歴史的な領土に関する配慮に優先するこ
とはない、とにべもなく拒絶した。[Budurowycz 1989：51] ただし、
1918 年 10 月にドモフスキがパリ講和会議に提出した覚書にある、ガ
リツィア全土をポーランド領として要求する案に比べれば、バルテレ
ミーの案は、西ウクライナ側にも全く呑めない内容ではなかった。ま
た、停戦案を受け入れれば、戦闘の重心をウクライナ軍が、ボリシェ
ヴィキ軍の進撃を阻止できないでいる東ウクライナに移すことができ
るという利点もあった。しかし当時のガリツィアのウクライナ人の間
では、休戦案はウクライナ・ガリツィア軍のリヴィウ／ルヴフ攻略を

ガリツィア戦争

251

ユゼフ・ハレル将軍

阻止するために派遣されたものだという意見が主流となり、休戦交渉は決裂した。英仏側は、交渉決裂の原因は、休戦案の署名を拒んだウクライナ側にあると非難した。[Kozłowski 1990：244] 他方で、米国のウィルソン大統領は1919年5月に特使をガリツィアに派遣し、ポーランドと西ウクライナ間の合意に向けて直接仲介しようとしたが、パデレフスキ首相らポーランド政府首脳は、既にガリツィア全土の軍事占領と西ウクライナ政府の屈伏を目指していた。

ポーランド軍はバルテレミーの訪問中の短い停戦を利用して軍を強化しており、ユゼフ・ハレル（Józef Haller 1873-1960）将軍の指揮の下、大戦期のポーランド人捕虜で編成された11万の軍隊がフランスから到着していた。1919年春には、ポーランド軍は戦場で主導権を握った。ウクライナ・ガリツィア軍も5–6月に最後の攻勢をかけたが失敗し、6–7月にポーランド軍は、東ガリツィアと東部のウクライナ国民共和国の境にあるズブルチ（Збруч／Zbrucz）川に到達した。また、ポーランド軍は5月に、東部のウクライナ国民共和国が支配するウクライナ北西部の UA ヴォリーニ／PL ヴォインの中心都市 UA ルーツィク／PL ウツクを占領した。

こうしたポーランド軍の攻勢を受けて、ウクライナ国民共和国政府はボリシェヴィキとの戦争に専念するため、ポーランドと和平を結ぶ道を選び、ポーランドとの徹底抗戦を唱える西ウクライナ政府を見放す決断を固めつつあった。1919年5月24日、東ウクライナ外相とポーランドのパデレフスキ首相との間で合意が交わされ、ポーランドが東部のウクライナ国民共和国政府を承認し、両国関係を緊密なものとする代わりに、東ガリツィア、ヴォリーニ／ヴォウィンなど西ウクライナの領域について、東ウクライナ政府はポーランド領とは正式に認め

ないものの、同時にいかなる権利も主張しないと約束したのである。
[Wandycz 1969：125] 7 月に西ウクライナ政府は、東ガリツィアから
東ウクライナ領のカムヤネーツィ＝ポジーリシキーに逃れたが、東ウ
クライナからの支援は受け入れられず、さらにウィーンへ亡命した。
1919 年 6 月 26 日にポーランドがパリで調印したヴェルサイユ条約で
は、東ガリツィアの帰属については触れられておらず、ポーランド側
は失望する一方で、西ウクライナ政府は、それに一片の希望をつない
だのである。

　東ガリツィアから撤退したウクライナ・ガリツィア軍は、東部のウ
クライナ軍と合同し 1919 年 8 月に、ボリシェヴィキの占領するキー
ウ攻略作戦に参加した。ガリツィア軍はボリシェヴィキ軍を破ったも
のの、入城を前に、デニーキン将軍率いる反ボリシェヴィキの白軍に
キーウ／キエフを明け渡して撤退してしまう。これを契機に、以前
から潜在していたガリツィア軍とウクライナ軍との間の対立が表面
化し、ガリツィア軍はデニーキンの配下に入ってしまった。[Subtelny
2009：373] キーウ／キエフを手中にしたデニーキンは、ロシアに攻
め上るべく、ポーランドに助力を求めた。しかし、ポーランド政府は、
既にウクライナ国民共和国政府と事実上の和平を結んでおり、それと
対立するデニーキン軍を支援するのには消極的であった。結局 12 月
にキーウ／キエフはボリシェヴィキ軍によって取り戻され、それ以降
デニーキン軍の勢いは衰えていった。デニーキンから離反したガリ
ツィア軍は四散し、ウクライナ軍やボリシェヴィキの赤軍に吸収され
る軍団もあった。他方でデニーキンの支援要請に応じなかったポーラ
ンドに対して、連合国の不信感は募った。

　1919 年までにガリツィア全土の占領に成功したポーランド軍で
あったが、地元のウクライナ人住民に対して暴力や略奪をはたらいた
という報告がしばしば上がった。1919 年 6 月 26 日にピウスツキに宛
てて、シェプティツィキー府主教は次のようなポーランド語の書簡を
送り、軍や地方政府の横暴を改めるよう、ワルシャワの中央政府に訴

ガリツィア戦争

ルヴフ／リヴィウ市街の破壊された建物（1918年11月）[Mędrzecki 2018：84]

えた。

　クレフフ（／ クレヒウ）（Krechów／Крехів）のバシリア修道院、そして ジュウキエフ（／ ジョウクヴァ）のバシリア修道院から、非常に貴重な教会用品、公文書、図書がすべて持ち去られたのは確実であるということで、ウクライナ社会は、ポーランド軍当局がさまざまなウクライナの収蔵品を持ち去ろうとしないかどうか不安になっています。［ポーランド兵は］農民に手かせ足かせをかませて殴打し、小屋に火をつけて金を脅し取り、補償なしに馬や家畜を奪い、村々を略奪し、正教教会さえもそれを免れませんでした。これらは、私が各方面の信頼できる証人から聞いた事実です。このような悲しい現状を前にして、よく知られている［ウクライナ人の］自治に関する軍の決定を真面目に信じるウクライナ人が、果たして大勢いるでしょうか。一般に、地方当局の行動には、ウクライナ住民に公平でありたいという意思を

第6章

254

示そうという気持ちが微塵も感じられません。これが新興国家ポーランドの政策や利益に沿ったものであるかどうかは、私が判断することではありませんが、私はこのことに注意を喚起することが義務であると考えました。[Hunczak 1983：210]

　しかし、シェプティツィキー府主教はウクライナ人の被害だけを訴えていたわけではない。この書簡に先立つ1月に、当時一時的な軟禁状態にあった府主教は、駐ルヴフ・ポーランド軍司令官タデウシュ・ロズヴァドフスキ（Tadeusz Rozwadowski）将軍と公開書簡を交わすのを許された。ロズヴァドフスキ将軍は、書簡を通じて、ギリシャ・カトリックの聖職者の反ポーランド宣伝を非難し、ポーランド人の人質や捕虜、衛生要員に対するウクライナ人の暴力行為の責任について、シェプティツィキー府主教に問うた。特にウクライナ軍が1918年11月15日にリヴィウ／ルヴフ近郊の街 UA ソキリニキ／ PL ソコルニキ（Сокільники / Sokolniki）を平定した際、地元の聖職者や有力者を含むポーランド人住民11人を殺害した事件は、ポーランド人の間でウクライナ人の残虐性を示すものとして喧伝されていた。他方で、西ウクライナ政府も、ロズヴァドフスキ将軍をはじめ、ポーランド軍将校の命によってウクライナ人住民に対する戦争犯罪が行われたと告発する文書を英語やドイツ語で出版した。こうした状況下でシェプティツィキー府主教は将軍に、ギリシャ・カトリック聖職者の反ポーランド的活動とされるものについて正確な情報を提供するよう求めるとともに、ポーランドのマスコミが行っている執拗な反ウクライナ・キャンペーンについても軍司令官の注意を喚起した。その上で、府主教は、ポーランド、ウクライナ双方による中立的な委員会を設立し、両軍から提出された証拠を公平に検証し、国際法の原則に従って戦争犯罪に判決を下すことを提案したのである。[Budurowycz 1989：51]

ガリツィア戦争

ポグロムの際、内部が破壊されたリヴィウ／ルヴフのハダシム・シナゴーグ [Бевз та інші 2008: 454]

1918 年 11 月のルヴフ／リヴィウのポグロム

　この一連の戦争の陰では、ガリツィアのユダヤ人住民の迫害も深刻であった。とりわけ知られているのは、1918 年 11 月 22 日にウクライナ軍がルヴフ／リヴィウを撤退した後に、同市のユダヤ住民を襲ったポグロム（暴力的迫害）であった。市に入ったポーランド軍は、これを「野蛮な」ウクライナ軍やユダヤ人の「盗賊」、オーストリアの敗残兵の仕業などと報告したが、ルヴフ／リヴィウのジャーナリスト、歴史家でユゼフ・テネンバウムは、偽名で発表した『レンベルクのユダヤ人ポグロム』という著作の中で、このポグロムを起こしたのは、ポーランド軍とルヴフ／リヴィウを守るポーランド民兵であったことを既に明らかにしていた。彼らは、ユダヤ人が一見中立的な立場を装いながらも、ユダヤ人に「民族」の地位を認めた西ウクライナ政府に実質的に協力している「裏切者」であるとみなしていた。事実は、

たしかにユダヤ教共同体（カハル）は中立を標榜していたものの、ユダヤ人の中ではウクライナ側、ポーランド側にそれぞれつく者がいた。しかし、ポーランド軍と民兵は、ユダヤ人の殺害や、住宅や商店の略奪、婦女暴行など残虐な行為に及び、150人の死者、数百人の怪我人が出た。[Mick 2016：146；野村 2008] ポーランド人によるポグロムの結果、ユダヤ人の中には西ウクライナ政府により接近する者が増え、西ウクライナ国民共和国の軍隊には約 1000人のユダヤ人部隊が編成されるとともに、西ウクライナ国民共和国の閣僚評議会は、ポグロムのユダヤ人犠牲者への財政支援も行った。[Prusin 2005：99] この事件は、ニューヨーク・タイムズ紙を含む欧米の各紙によって広く報道され、アメリカのユダヤ系組織もユダヤ人保護を訴えた。これらを受けて連合国は、従来の親ポーランド的な姿勢を修正し、パリ講和会議においてポーランド代表団に少数民族保護条約への調印を迫った。[Fink 2004：115-121；相馬 2007：95] ポグロムの波は、西ガリツィアにも広がり、ユダヤ人の商店や酒屋が打ち壊された。「私はふたたび独立を回復したポーランドのはじめの週に３つのポグロムを体験した[…] これがポーランド独立の暁にわれわれが受けた仕打ちであった」と西ガリツィアのフシャヌフ（Chrzanów）出身で『非ユダヤ的ユダヤ人』の著者であるアイザック・ドイッチャー（Issac Deutscher 1907-1967）は幼少期の体験を回想している。[ドイッチャー 1970：14]

　前線の各所においてもポーランド軍やウクライナ軍の兵士によるユダヤ人に対する暴力や略奪が見られたため、双方の軍の上層部は、度々そうした犯罪行為を禁止する命令を出さなくてはならなかった。また、ペトリューラ配下のウクライナ国民共和国軍は、既に東ウクライナでユダヤ人を「ボリシェヴィキの手先」とする陰謀論を信じユダヤ人に対するポグロムを起こしたことで悪名が高く、ガリツィアにおいてもペトリューラの部隊によるユダヤ人に対する暴行や略奪が行われ、ガリツィアのウクライナ軍司令部によって罰せられる事例がしばしばあった。後に赤軍がガリツィアに来襲した際は、ポーランド国家

ガリツィア戦争

防衛のために立ち上がるよう、ユダヤ教共同体が呼びかけたにもかかわらず、ポーランド語紙などはユダヤ人が赤軍を支援しているという噂を報じていた。[Mick 2016：191]

西ウクライナ国民共和国の内政と外交

　8か月ほどの短命に終わったとはいえ、西ウクライナ国民共和国の建国は、東ウクライナと同様、ウクライナ人が近代国家を形成し、その統治に携わる経験を得た、歴史的に重要な出来事であった。ウクライナの歴史家フリツァークは次の点を特筆する。まず個人所有権などを保障した近代法の整備である。これは、性急な土地改革によって地主の所有権を否定したために、農民の地主層に対する略奪が発生した東のウクライナ国民共和国の場合とは対照的であった。次に、法的な平等の拡大である。西ウクライナ国民共和国では、ユダヤ人を含む少数民族の文化自治の権利が法的に定められ、ハプスブルク期に実現した普通選挙制度を受け継ぎながら、選挙権を女性にも拡大した。[Hrycak 2000：145-146；Wehrhahn 2004：140] 現代ポーランドの歴史家のメンジェツキは、同国におけるウクライナ人のエリート形成にも注目する。建国当初の西ウクライナ政府には、これまでのポーランド人、ドイツ人役人に代わる専門の役人数が不足しており、役所の事務作業も停滞していた。しかし、時間をかけてウクライナ人の「政治家、弁護士、公務員、軍人、治安担当官は、複雑な意

西ウクライナ政府機関と国民評議会が置かれたスタニスラヴィウ／スタニスワヴフ（現イヴァノ＝フランキウシク）のホテル・ドニエステル

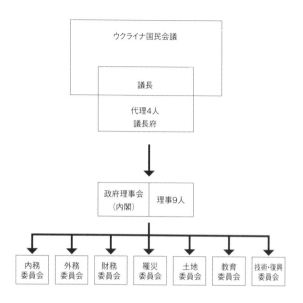

思決定プロセスや人的チームの管理、公的権限の獲得など、国家業務の経験を積んだ。その後の数年間で、彼らは政治、経済、社会、文化組織のネットワークや、ウクライナの国益の実現、ひいては主権国家の建設に邁進する秘密の政治・軍事組織を担当する幹部を養成した」と指摘している。[Mędrzecki 2018：51] ポーランドとの戦闘の最中にも、西ウクライナ政府は内政を運営し、飢饉や伝染病の発生を避け、学校、郵便局、電信、鉄道の機能の確保に当たらなくてはならなかった。

　西ウクライナは、公式には全ウクライナの主権を代表する東ウクライナのウクライナ国民共和国政府と国政をめぐりしばしば対立した。とりわけ東ウクライナ側の急進的な社会改革を「疑似ボリシェヴィズム」と西ウクライナは批判し、対して東ウクライナ側は西ウクライナを官僚主義的かつ「反動的」とみなしていた。両者の対立は東西のウクライナ軍同士の反目にもつながり、ガリツィア軍のデニーキンへの寝返りを生んだ。[Subtelny 2009：373] その後、ペトリューラのウク

ライナ国民共和国政府がポーランドの結びつきを深めていったのに対し、ウィーンの西ウクライナ亡命政府の政治的影響力は、減少せざるを得なかった。しかし、西ウクライナ国民共和国は、「ハプスブルク帝国による未完の連邦構想から生まれた、多民族からなるウクライナ国家」であり、国家としての期間は短かったものの、ハプスブルク期の政治的、文化的伝統を、その後の戦間期のガリツィア政治に継承したといえる。

ポーランド・ソヴィエト戦争とルヴフ／リヴィウの戦い

東部のウクライナ国民共和国はボリシェヴィキ軍の進撃に抵抗できず、1919年夏にウクライナ軍は壊滅の危機に瀕した。同年12月初旬、ペトリューラは数千の軍勢とともにポーランドの支配下にある西ウクライナに移動した。ペトリューラはポーランド政府に軍事介入を含めた支援を求め交渉していたが、両者の合意は容易でなかった。当時のポーランド国内では1914年から続く戦争によって国民は疲弊しており、まして東ウクライナに介入する余裕はないと主張する者も多かった。社会党のリーベルマンは1919年秋のプシェミシル／ペレミシュリの集会で、「この国はすでに戦争の時代から抜け出さなくてはならない。国民はもう戦争には飽き飽きし、犠牲者や東方への拡大にもうんざりしている」と発言した。[Chwalba 2020：158]

ピウスツキ（右）とペトリューラ（1920年）

翌1920年4月21日にワルシャワで、ピウスツキはペトリューラと会見した。ピウスツキはペトリューラに対し、ウクライナへのポーランド軍の支援と、互いに第三国と単独講和を結ばない代わりに、ポーランド人住民

が多く居住する東ガリツィアや UA ヴォリーニ／ PL ヴォウィンを含む西ウクライナ地域と PL ヘウム／ UA ホルムをポーランド領として認めるよう求めた。この条件をウクライナ側が呑めば、亡命西ウクライナ政府からの反発は必至であったが、ペトリューラはウクライナ国家の基礎はあくまで東ウクライナであり、同地域をボリシェヴィキの支配から解放することが目下の重要な課題と考え、ピウスツキの要求を受け入れたのである。[Hrycak 2000：157] また、ポーランド、ウクライナ両国は、それぞれが抱えるウクライナ人マイノリティ、ポーランド人マイノリティの権利を保護することでも一致した。[Chwalba 2020：175] このようにピウスツキは、ポーランドの領土拡張要求をペトリューラ側に呑ませることでポーランド国内の支持をまとめ、東ウクライナへの軍事介入を決断した。ピウスツキの決断の理由については、ドニプロ川までのポーランドの領土拡張という「民族エゴイズム」やボリシェヴィズムからの「キリスト教文明」の防衛など様々な議論がされているが、冷戦期の米国で活動したポーランド人歴史家のピオトル・ヴァンディチは、ピウスツキ・ペトリューラ協定を「ポーランドの利他主義の例でも、ウクライナを奴隷化するための陰謀でもなかった」と指摘し、ピウスツキの動機そのものは、赤軍の兵力をウクライナの戦場で破壊し、ウクライナをソヴィエトとの緩衝国家として確保することにあったとしている。[Wandycz 1969：190] さらにヴァンディチは、ポーランドとソヴィエトの対立の根底にある、両国の東ヨーロッパの覇権をめぐる争いにも注目している。すなわち、当時ピウスツキらポーランド社会党の政治家が唱えていた、ウクライナ、ベラルーシをロシアから独立させ、将来的にポーランドやリトアニアと連邦を形成するという新たな地域秩序と、レーニンの世界革命論を根拠に、中東欧一帯に共産主義の衛星国家を作りだし、ソヴィエトに統合する秩序の対立である。ボリシェヴィキの手で東ウクライナに建国されたウクライナ・ソヴィエト社会主義共和国が後者の一環とすれば、ポーランドの対ソ軍事行動は、これに対抗してウクライナ国民共

和国の独立を回復し、前者の構想を実現するための一段階であった。このようにピウスツキとレーニンの秩序構想は、ポーランド・ソヴィエト間の武力衝突の背景を成していたが、他方で深刻化するガリツィアなどの中東欧地域の民族問題を解決する連邦制の実現を双方とも目指していた点をヴァンディチは示唆する。[Wandycz 1969：287]

　4月21日にピウスツキとペトリューラの間で締結されたワルシャワ協定は、東ガリツィアのポーランド併合を合意したことで、ウィーンの亡命西ウクライナ政府の反発を買い、結果ウクライナの東西間の軋轢を増したといわれる。ただし、1920年5月19日、ルヴフ／リヴィウで密かに開かれたウクライナ国民会議のメンバーの会合で、シェプティツィキー府主教は、現在のウクライナ人にとってより大きな脅威はポーランドよりもソヴィエト・ロシアであり、ボリシェヴィキとの戦争ではポーランドとの協調が必要であると説いていた。[Wehrhahn 2004：267] 他方で、ポーランド国内においては、ドモフスキら国民民主党（エンデツィア）が、その親ロシア路線から、ロシアと対立するウクライナを警戒し、ポーランドとウクライナの同盟にも反対していた。また、共産主義体制の打倒を欲しながらも、ヨーロッパの勢力バランスの一角をなすロシアの再建も望んでいた連合国には、かつて白軍支援に応じなかったピウスツキの軍事行動は、ポーランドの対外拡張政策としてしか映らなかった。そのため、連合国の支持も支援の約束も今回はポーランドに対してなされなかった。[Wandycz 1969：100；伊東 1988：81]

　1920年4月25日にポーランド・ウクライナ連合軍は、東ウクライナの赤軍を攻撃し、ポーランド・ソヴィエト戦争が始まった。赤軍に所属していた1万の東ガリツィアの旅団は、進撃するポーランド・ウクライナ連合軍に寝返り、赤軍の戦線を攻撃した。[Wandycz 1969：194] 5月7日に早くもキーウは陥落したが、ウクライナの解放を掲げたポーランド軍の支持は、当時の東ウクライナの民衆には広まらなかった。既に土地改革の際に地主から接収した土地や生産手段を与え

られていた彼らは、ボリシェヴィキのプロパガンダによって、むしろポーランド軍が、白軍と同様、有産階級を助けて、生産手段と物資を自分たちから奪い返すのではないかと疑っていた。[Wandycz 1969：195；Mędrzecki 2018：61] 翌月には赤軍の反攻を受けて、ポーランド・ウクライナ軍は、キーウを再び奪取されてしまう。名将トゥハチェフスキー率いる赤軍はポーランド軍を追撃し、ヴィスワ川を越えてポーランド国内に侵攻した。ポーランドが危機的状況に陥る中、7月11日、イギリス外相カーゾンは、ポーランド、ソヴィエトに休戦案を提示した。いわゆる「カーゾン線」と呼ばれる休戦ラインは、これまで何度か登場したガリツィアの東西分割も考慮していた。ただし、ルヴフ／リヴィウの帰属については、A案とB案が策定され、前者ではソ連領、後者ではポーランド領とされていた。東ガリツィアは「ロシア領」であるべきと考えていた当時のイギリスはA案を支持していた。

　カーゾンの休戦案をめぐり、ポーランド、ソヴィエト双方の政府内では議論が紛糾し、ポーランドでは当時のグラプスキ内閣が総辞職した。結局両国は休戦案を受け入れず、戦闘は継続した。赤軍は快進撃を続け、ワルシャワ近くにまで到達したとの報を受けたソ連指導部は、保護下にあるポーランド人共産主義者をポーランド国内に送り込み、7月30日にビャウィストクに臨時ポーランド革命委員会（Tymczasowy Komitet Rewolucyjny Polski）を設置した。その目的は、ポーランドの民衆を扇動し革命を起こしてポーランド政府を内部から崩壊させ、新たに社会主義政権を樹立することであった。しかし、赤軍の支持は一部の共産主義者に留まり、民衆からは歓迎されるどころか、ポーランド各地で彼らが組織するパルチザンの抵抗に遭った。同時期のポーランド政府では、西ガリツィアのタルヌフ近郊出身で農民党党首のヴィンツェンティ・ヴィトス（Wincenty Witos 1874-1945）が挙国一致内閣を組織し、民衆に赤軍の抵抗を呼び掛けていたからである。他方で東ウクライナ共産党の指導者であったヴォロディーミル・ザトンシキー（Володимир Затонський 1888-1938）は、赤軍が占領し

ガリツィア戦争

た東ガリツィアのテルノーピリ／タルノポルで、8月1日に革命委員
会の綱領を発表し、レーニンの民族自決の原理に基づき、西ウクライ
ナをウクライナ・ソヴィエト社会主義共和国が吸収する形で、ポーラ
ンドから分離させることを約束した。反ポーランド感情を利用し、同
委員会はガリツィアのウクライナ人から協力者を得ようとした。しか
し、赤軍兵士は住民に対してしばしば略奪をはたらき、赤軍のプロパ
ガンダには、無神論や大ロシア主義な内容が見られたために、革命委
員会はウクライナ人農民の大勢から期待した支持を得られなかった。
また市内のユダヤ人共同体も赤軍には協力せず、ポーランド側に忠誠
を誓う決議を出した。[Wandycz 1969：231-232；Mick 2016：190]

　ルヴフ／リヴィウの激しい攻防戦は、戦局の転換点となったことか
ら後に「ポーランドのテルモピュレー」と呼ばれた。リヴィウ／ルヴ
フの包囲を試みる赤軍の南西方面軍（指揮官の一人はスターリン）を
迎え撃ったのは、ポーランドのルヴフ／リヴィウ方面軍及びモンチン
スキ司令官率いるルヴフ守備隊と、オメリャノヴィチ＝パウレンコ将
軍率いるウクライナ軍合わせた6個師団であった。昨年まで干戈を交
わしていたガリツィアのポーランド人、ウクライナ人の市民に対し
て、「東方からの野蛮の洪水」から「西欧文明」を守る戦いに参加せよ、
という文明論的な宣伝が今度は流され、ルヴフ／リヴィウ市内では
1918年と同じく、民兵が結成された。[Mick 2016：193] 緒戦では380
人の死者を出しながらも、ポーランド軍は市街近郊の PL ザドヴジェ
／ UA ザドヴィリャ（Zadwórze / Задвіря）の戦いで赤軍を破った。赤
軍はウクライナ軍の裏切りを狙い工作を行ったが失敗し、戦線は膠着
したため、トゥハチェフスキーは軍の重心を南部戦線から北部戦線へ
移した。隙を突いたポーランド・ウクライナ連合軍は南部で反攻を開
始した。8月後半には「ヴィスワ川の奇跡」として名高い、ポーラン
ド軍の反攻作戦が北部戦線で成功し、赤軍はワルシャワ近郊からも撤
退を余儀なくされた。9月18日には、ウクライナ軍が、ポーランド人、
ユダヤ人市民の協力の下、テルノーピリ／タルノポルを赤軍の占領か

第6章

264

ら解放した。[Chwalba 2020：267]

　ガリツィア近隣のルブリン県のザモシチまで撤退した赤軍は、再び
ポーランド・ウクライナ連合軍と交戦した。歴史家のフワルバは、ザ
モシチの戦いについて「ウクライナ国民共和国軍の最も輝かしい一
頁」であると書き、「兵力は少なかったが、兵士は熟練しており、傑
出していた。彼らは一度もひるむことなく、砲手は一流の軍人である
ことが判明した」と当時従軍していたポーランド人文芸評論家のアダ
ム・グジマワ＝シェドレツキ（Adam Grzymała-Siedlecki 1876-1967）
による同軍の奮闘を称える文章を引用している。[Chwalba 2020：269]
ザモシチの戦いに敗れた赤軍は、軍を再編したものの、その後もポー
ランド軍の勢いを止められず後退を続け、ベラルーシのミンスクまで
攻略されてしまう。

リガ条約の締結とウクライナ国家の消滅

　再び形勢を逆転したポーランド、ウクライナ側だったが、連合国は、
これ以上の戦争継続を望まず、ポーランド、ソヴィエト双方に圧力を
かけ交渉のテーブルにつかせた。ソヴィエト側に和睦の意思があった
のに加え、連合国が提案した休戦ラインである「カーゾン線」を超え
てポーランドが進撃したことが、連合国にポーランドの「帝国主義」
を警戒させたためである。ポーランド政府は、1920年8月から9月に
かけて、ラトビアの首都リガでソヴィエト政府と和平交渉に臨んだ。
しかし、これはウクライナ側の了承を得ておらず、ピウスツキ・ペト
リューラ協定の内容に反するものであった。ピウスツキ自身は、交渉
中ペトリューラとベラルーシの独立派の仲立ちをするなど、依然両民
族の独立を諦めていたわけではなかった。しかし、ウクライナに対す
るソヴィエト政府の要求は固く、逆にソヴィエト側が東ガリツィアの
帰属を住民投票で決定することを提案した際は、ポーランド側がこれ
を拒否した。[Mroczka 1997：188] また、ポーランド側も一枚岩ではな

ガリツィア戦争

く、国民民主党の代表は、ポーランド人居住地域までの領土拡大に専心し、ピウスツキと対立した。1921 年 3 月に、ポーランド・ソヴィエト間で正式に結ばれたリガ条約では、ウクライナはベラルーシとともに、ポーランド、ソヴィエト間で分割された。この結果、ヴォリーニ／ヴォウィン、ヘウム／ホルムはポーランド領に、対して UA ポリッシャ／ PL ポレーシェの一部はソ連領に編入された。東ガリツィアは条約には言及がなかったがポーランドの実効支配が追認された。

　リガ条約によって、ソヴィエトに併合された東部のウクライナ国民共和国は西ウクライナと同様に正式に消滅し、祖国を失ったペトリューラはウィーンに亡命した。ポーランド国内の少数民族との融和を訴えたポーランド社会党のタデウシュ・ホウフコは、条約の内容に激怒し、「我々はペトリューラから去り、彼を裏切り [...] ウクライナ人を裏切った」と「リガ講和の帰結」という記事で書いた。ウクライナ、ベラルーシの独立なくしてポーランドの独立は考えられず、もし周辺諸国の独立がかなわずポーランドが孤立すれば、ポーランドには悲惨な未来が待ち受けていると、この時ホウフコは予言していた。1921 年 5 月 15 日にポーランド西部のカリシュの収容所を訪れたピウスツキは、収容されているウクライナ兵に、「すまなかった。このようなはずではなかった」と謝罪の言葉を口にしたと伝えられている。他方で、ポーランド民族主義を掲げるドモフスキら国民民主党（エンデツィア）は、リガ条約で、ポーランド人居住地域にまでポーランドの領土を拡大できたことを自らの功績と自賛し、ピウスツキやホウフコらウクライナを支援する社会党の連邦主義者に対する「勝利」ととらえた。[Wandycz 1969：277；Chwalba 2020：291]

　1923 年 3 月には連合国もリガ条約の内容と、ポーランドが実効支配している東ガリツィアの同国の主権を承認した。こうして戦乱の続いた中東欧地域にひとまずの安定がもたらされた。他方で、ウクライナが独立を果たせなかったことは、ウクライナ人の悲劇のみならず、ソヴィエトとの間に緩衝国家を得ることが出来なかった点で、ポーラ

ンドの安全保障にも不安を残す結果となった。[Hrycak 2000 : 147] ま
た、ソヴィエトの拡大もピウスツキの連邦構想も実現しないまま、両
国に居住する諸民族の間に国境線が引かれたことで、戦後の中東欧の
民族問題、国境問題はより複雑なものとなった。[安井 2019] 特に、ポー
ランドが武力で併合したガリツィアでは、ポーランド国内の少数民族
の地位にとどまったウクライナ人勢力が、ポーランド化に抗し自治の
拡大を求める声や、ポーランド政府の政策を批判する声を常に上げて
いた。戦間期を通して、そうした国家なきウクライナ人の声は、ドイ
ツ、ソ連、チェコスロヴァキアなど国境、民族問題でポーランドと対
立する周辺諸国だけでなく、イギリス、米国などポーランドの友好国
や国際連盟の場でも同調者を見つけた。[Mędrzecki 2018 : 63] また、
戦中に西ウクライナから「民族」の地位を与えられたユダヤ人は、戦
後、宗教マイノリティとしてだけでなく、民族マイノリティとしても
新たな関係をポーランド人、ウクライナ人と築く必要性に迫られたの
である。

　最後に戦争と文化的差異の問題について検討する。第一次世界大戦
では既にロシア人とハプスブルク帝国市民の間に、前者を「野蛮人」、
後者を「文明人」とする文化的差異が、本質的なものとして大量にメ
ディアで流布した。潜在的でもロシア方とみなされた者は、ポーラン
ド人であれ、ルテニア人であれ、ユダヤ人であれ、容赦なくオースト
リア当局によって連行され、処刑されることもあった。これに対し、
ポーランド・ウクライナ戦争では、ポーランド人とウクライナ人の双
方が、自らを「文明人」、敵を「野蛮人」と呼び、敵方とされたユダ
ヤ人は、残忍な迫害を受けた。戦争は住民間の文化的差異を際立たせ、
戦間期の民族問題を深刻なものにした。その一方で、文化的共通性に
気づく前線の兵士の証言や、共通の宗教的、人道的配慮に基づくシェ
プティツィキー府主教とビルチェフスキ大司教の停戦努力、そしてプ
シェミシルの自治委員会やレムコ共和国などに見られる、文化的差異
を政治対立にまで発展させず、その共通性にも目を向けるべきである

ガリツィア戦争

という言動やそれに基づく行動は、ガリツィア社会でなお一定の影響
力を持っていた。

第七章

戦間期のガリツィア

「通り」（マレク・ヴウォダルスキ画）戦間期のルヴフ／リヴィウを代表するポーランド・ユダヤ系のモダニストの画家による作品。

[Magocsi 1983：177]

ポーランドのガリツィア併合後、ガリツィアは行政単位として消滅し、西ガリツィアに中近世の「マウォポルスカ（Małopolska）」が地名として復活した。さらにポーランド政府は東ガリツィアまで「東マウォポルスカ（Małopolska wschodnia）」と呼称し、同地域を三つの県に分割して支配した。町村名もポーランド語名に改められ、地名から、ウクライナ、ハプスブルクの痕跡は消し去られたのである。

　このように、ピウスツキの多民族連邦構想がポーランド・ソヴィエト戦争の結果潰えた後に、ポーランドは、ドモフスキの単一民族国家の路線に向かうように思われた。しかし、当時のポーランド共和国の人口の3割強を占めたのはウクライナ人、ベラルーシ人、ドイツ人、ユダヤ人、ルシン人、リトアニア人、チェコ人、スロヴァキア人など少数民族であった。同国は、ハプスブルクの歴史家ピーター・ジャドソンが「小さな帝国」と呼ぶように、まぎれもなく大戦前の諸帝国の後継国家であった。ポーランドが連合国と結んだ少数民族保護条約は形骸化していくものの、ハプスブルク期から組織化していたガリツィアのウクライナ人運動や労働・農民運動は、もはやポーランド政府の多少の圧力では抑えられない勢力に成長していた。戦間期のガリツィアの状況は複雑であり、その将来は1939年に至るまで単純に見通せるものではなかった。

ポーランドの東ガリツィア統治

　リガ条約締結後、ポーランドはソ連との間で「現状維持」を図ることが主要な目的となった。ポーランド政府によるガリツィアの併合はペトリューラとピウスツキのワルシャワ協定締結の前後で進んだ。1920年1月30日、ポーランド下院は、ガリツィア・ロドメリア王国の自治機関の廃止を法律で可決した。法案を提出したポーランド農民党のヴワディスワフ・キェミクは、オーストリア時代のガリツィア独自の自治を維持することは、「ポーランド国家における行政の全般的

第7章

統一の願望と相容れない」と議会の演説で述べた。[Mroczka 1998：131] しかし、一方でポーランド政府は、東ガリツィアに領域自治を与える案も当時検討していた。ポーランド外務省の東ガリツィア担当は当時、ヤン・スタニスワフ・ウォシ（Jan Stanisław Łoś 1890-1974）が務めていた。ウォシは、PL ルヴフ／UA リヴィウ近郊の地主の家に生まれ、古代ローマ美術の歴史家として知られていた。彼は国家元首のピウスツキ、

ヤン・スタニスワフ・ウォシ

ヴィンツェンティ・ヴィトス首相、コンスタンティ・スキルムント外相に東ガリツィアのウクライナ人に文化的自治と経済的な自立を認める妥協を図るよう説得し、シェプティツィキー府主教も、ウクライナ側として妥協を支持した。[Łoś 2012；Wehrhahn 2006：323] しかし、ウィーンのペトルシェヴィチを中心とする西ウクライナ亡命政府は、ポーランド政府と合意するには、西ウクライナが国家として認められることが条件であると強硬な態度を崩さなかった。西ウクライナ政府はポーランドとの交渉を拒否し、1920 年 1 月、国際連盟という国際舞台でウクライナの主権を訴える手段に出た。ただし、ウィーンの西ウクライナ亡命政府は、国際連盟規約が要求する正式な承認を得ていなかった。ヴェルサイユ条約を持ち出してウクライナの住民を代表して訴えることは、形式的には東ガリツィアが占領地であり、ポーランド領の一部ではなかったという事実によって阻まれた。加えて、国際連盟はウクライナ国民共和国政府の加盟申請も、その領土に対する管轄権がないという理由で拒否していた。にもかかわらず、英首相ロイド・ジョージと国際連盟事務総長エリック・ドラモンド卿の手配で、ウクライナ語のメモ、覚書、抗議文が受理され、国際連盟理事会と総会に提出された。ポーランド代表シモン・アスケナジ（Szymon Askenazy）の抗議は大きな効果をもたず、この決議運動を止めること

はできなかった。

　しかし、ポーランドとソヴィエトの間でリガ条約が結ばれたこと
で、両国によってウクライナを分割する「現状維持」は、連合国の間
で次第に追認された。ポーランド国内でもガリツィア自治構想の支持
が少なかったことも、ウクライナ人勢力にとって不利であった。自治
案を推していたウォシもポーランド政府への報告の中で、ルヴフ／リ
ヴィウのポーランド人市民の間で、東ガリツィアの自治案に対する反
対が強いことに懸念していた。ポーランド人市民は、東ガリツィアが
自治領になれば、多数派のウクライナ人に対し、自らが少数派として
不利な立場に立たされることを恐れたのである。ポーランド社会党左
派が提出した、東ガリツィアに議会を設置する独自の自治に関する法
案も、下院で否決された。1920 年 12 月 3 日にガリツィアは、東ガリツィ
アの「ルヴフ県」「スタニスワヴフ県」「タルノポル県」と西ガリツィ
アの「クラクフ県」に分割されることが決定し、翌年 9 月 1 日、オー
ストリア政府からガリツィア統治の業務を引き継いだガリツィア領邦
政府代表部が解散した。同年にウクライナ民族運動の精神的主柱で
あったシェプティツィキー府主教はポーランド国外に出国し、23 年
にポーランド国家への忠誠を条件に帰国を許されるまで、イタリア、
カナダなどを転々とする事実上の亡命生活を送ることになった。

　1922 年 11 月 5 日には、ポーランドの上下院の選挙が東ガリツィア
で実施された。ウクライナ政党はこれをボイコットし、ポーランド政
府の東ガリツィアの国勢調査の実施に際しても、これに協力しないよ
う、ペトルシェヴィチはウクライナ人住民に呼びかけた。しかし、す
でに旧西ウクライナ国民共和国の議会で与党を担ったウクライナ人民
労働党（旧ウクライナ国民民主党）内では、ポーランド政府に対して
独立ではなく自治を求めるよう路線を変える声が高まっており、あく
まで連合国の支援で独立の回復を狙うペトルシェヴィチのウィーン亡
命政府と対立した。1923 年 3 月に連合国の大使が共同で、東ガリツィ
アの領有権をポーランドに認める決定を発表すると、ペトルシェヴィ

第 7 章

チは国連での影響力を完全に失い、4月にウィーンの亡命政府の解散を発表する。ウクライナ人民労働党も内部対立で解党し、その後ウクライナ人の政治勢力は離合集散したが、1925年までに再び統一政党として組織化が図られ、ポーランド議会に進出するまでに成長した。

　他方で1920年代、ポーランド当局のウクライナ問題に対する政策は、まだ完全には形成されていなかった。頻繁な政権交代は、一貫した少数民族政策を策定するのを困難なものにした。国家への忠誠と引き換えに非ポーランド系住民の文化的発展の自由を保障するという多民族的な国家統合の概念と、非ポーランド住民のポーランド化という同化主義の間でポーランド政府の政策はなお揺れ動いていたのである。たとえばヴワディスワフ・グラプスキ（Władysław Grabski 1874-1938）内閣は前者の方向に前向きであった。同内閣は農地改革に関する法案を起草し、国境警備隊の創設を導く一方、ローマ・カトリック教会による正教会の財産接収を阻止し、少数民族との交渉に臨んだ。これは、ポーランド当局がこれまで軽視されてきた少数民族の問題に真剣に取り組むだろうと信じる根拠となった。実際、グラプスキ内閣は、1925年にシオニスト政党との間で「合意」に達した。これによって、ユダヤ教徒の労働者や子弟に土曜休日を認め、公立学校でも週10時間のヘブライ語ないしイディッシュ語の学習が義務づけられた。しかし、グラプスキ内閣以降、合意内容はほとんど履行されず、シオニスト側の失望を買う結果となった。[安井 2007]

　後者の方向性では、ポーランド政府はポーランド語の優位性を確保するため、政府機関では「ウクライナ語の表現」の使用を禁止する命令を出していた。[Chojnowski 1979：34] 戦後、レンベルク大学はルヴフ大学（正

戦間期のルヴフ大学。ハプスブルク期のガリツィア領邦議会議事堂を転用した。

式名称はヤン・カジミェシュ大学）に改組されると、戦前に存在したウクライナ語の講座は廃止された。また、ルヴフ学区の初代教育長であるスタニスワフ・ソビンスキ（Stanisław Sobiński 1872-1926）は公教育のポーランド化に積極的であった。彼は、1924 年にウクライナの学校でも 11 月 22 日をルヴフ市の「解放」の日として祝うことを命じる規則を発したが、ウクライナ人ナショナリストは反発し、2 年後に彼は「ウクライナ軍事組織（Українська Військова Організація, УВО / UWO）」によるテロの最初の犠牲者の一人になった。[Mędrzecki 2018：111]

　近年の研究では、変遷するポーランド政府の少数民族政策を俯瞰的に把握するために、東方辺境地域の少数民族の文化に対するポーランド文化の優越性を前提とした「文明化」の視点に注目するものがある。ここでいう「東部辺境地域 (Kresy Wschodnie)」とは、ポーランドが第一次世界大戦とその後の継続する戦争によって得た、東ガリツィアや、PL ヴォウィン／UA ヴォリーニやベラルーシ西部、PL ヴィルノ／LI ヴィルニュスなどの諸地域を指し、単に「クレシ」（辺境）と呼ぶこともあった。これらの地域の多数を構成している住民を、ポーランド政府は、しばしばルシン（ルーシン）人と呼び、文化的にはポーランド人に近い住民とみなす一方、地方の農民層を中心に教育や経済水準は低く、民族意識にも「目覚めて」いない「半文明」の民として捉えた。その上でルーシン住民を、一部の「ウクライナ人」や「ベラルーシ人」を自称する「ナショナリスト」の勢力の影響から切り離せば、ポーランド国家に忠実な国民として統合することが可能と考えたのである。[Ciancia 2021] 実際、1931 年の国勢調査でポーランド国内のウクライナ人口は 320 万人、ルーシン人口は 120 万人にのぼるとされたが、後者の内 10% はウクライナ語を話すとウクライナ人勢力は主張した。[Żarnowski 1973：382] このポーランド政府の文明論に立脚した見方は 18 世紀後半にガリツィアを併合したばかりのハプスブルク政府のガリツィア住民に対する態度とも類似するといえるが、1923

年までポーランドと独立と領土をめぐり争っていたウクライナ人の存在を軽視したものであった。

しかし、戦間期ポーランドの少数民族問題の研究で知られるポーランド人歴史家のアンジェイ・ホイノフスキが指摘する通り、「ウクライナ人社会は、[ポー

UA リチャキウ／PL ウィチャクフ墓地内のポーランド人戦没者墓（2023 年）

ランド]国家に遠大な譲歩を迫るには弱すぎたが、忘れ去られるにはあまりに強かった」。[Chojnowski 1997：83] ルヴフ／リヴィウのポーランド人市民は 11 月 1 日を「ルヴフ防衛の日」として、ウィチャクフ墓地でポーランド兵士や守備隊を追悼する壮麗な式典を執り行ったが、それはウクライナ人市民には敗北を、ユダヤ人市民にはポグロムの被害を思い出させた。11 月 11 日をウクライナ人市民はウクライナ人の「11 月蜂起」と西ウクライナ国民共和国の建国記念日として、ポーランド当局の目に見えない形で祝っていた。[Mędrzecki 2018：111] そうしたウクライナ人の集会は、ウクライナ系の組織の本部やギリシャ・カトリック教会に属する教会や墓地などが用いられた。教会の敷地では長年にわたり、ウクライナ人による大規模な全国デモが行われた。ウクライナ側では 1923 年まで、ポーランド政治をボイコットする傾向が優勢であり、時には積極的に闘うことさえあった。1921 年には、ルヴフ／リヴィウでユゼフ・ピウスツキの暗殺未遂事件が起きたが、多くの場合、ウクライナ人勢力は、ハプスブルク時代、文化、教育、経済の分野で実践された、いわゆる民族の「有機的活動」と呼ばれる合法的な手段で民族運動を継続した。

戦間期のガリツィア

東ガリツィアにおける文化的差異の政治

　ハプスブルク帝国崩壊後、同国の領土は、3つの新生国家（チェコスロヴァキア、ポーランド、ユーゴスラビア）、と4つの既存国家（オーストリア、ハンガリー、イタリア、ルーマニア）という、自国を「国民国家」と見なす国々に継承された。この時期は同時代人や歴史家から、国民国家の時代、すなわち「ナショナリズムの絶頂期」（ホブズボーム）として捉えられた。またナショナリズムの勝利は、民主主義の勝利と同義とされた。民主主義の権利は、個人とともにネイション（国民／民族）と関連付けられ、人民の民主主義のための闘いによって、ネイションは解放されたと信じられたからである。チェコスロヴァキア初代大統領マサリクは、民族原理も民主主義も認知してこなかったハプスブルク帝国は、グローバルな民主主義の勝利の前に「過去の制度」になったと突き放した。

　しかし、国内の多数派民族の自決権は認められたものの、それと文化を異にする少数民族の自決権は認められなかった。たしかに、ヴェルサイユ条約は、旧帝国の市民に、「民族」に沿って国籍を選択する権利を定めていた。しかし、実際は、旧帝国諸領邦のドイツ系住民が、オーストリアの国籍を選択できるよう運動した一方で、ポーランド、特にガリツィアに集中するドイツ語話者のユダヤ人は、オーストリア政府が彼らをドイツ「人種」ではないと決定したことで、オーストリア国籍を選択できなかった。一方で少数民族側は、国内で自らの利害を代弁する政治家を多く輩出し、政府側に補償や国境の変更を要求するなど、多数派に対抗する政治活動を展開した。また少数民族の故国（独、墺、洪、伊）は、将来的な領土拡大を念頭に、少数民族を「敵国」である各後継国家に留まらせるよう勧めた。この論理によって、各少数民族言語の話者とその故国の利害は、（たとえ実際、歴史的なつながりや利害が前者になくても）同一のものとされたのである。[Judson 2016：442-445]

　1914年以前には想像し得ない形で戦間期を支配した、国民と国家

の間の矛盾は、本質的に重要である。特に大戦前の三分割領を統合したポーランドは、首都ワルシャワを中心とする旧ロシア領（通称ポーランド王国領）と、旧独領 **PL** シロンスク／**DE** シュレージェンや旧墺領ガリツィア、またポーランド・ソヴィエト戦争後にポーランドが得た東部領土（クレシ）では二つの異なる社会が現出していた。前者の旧ポーランド王国領では、ポーランド語文化が住民を統合するための指標とみなされた。換言すれば、この地域では、ナショナリズム研究で著名なチェコ出身の社会学者、人類学者アーネスト・ゲルナーが指摘する、上層の知識階層が独占していた文字文化が、教育やメディアの普及によって社会の全階層に均一に行き渡ることで、政治的単位と民族的単位が一致することが比較的容易であった。これによって、米の歴史社会学者、マイケル・マンが指摘する、国家と社会の相互浸透（これをマンはインフラストラクチャー権力と呼ぶ）が進んだ。住民は、自らを国家の「主権者」である国民（ネイション）とみなし、選挙を通じて権力を行使する民主制度を、君主制に代わり国家の正統性を確保する制度として認識したのである。1921 年に採択されたポーランド三月憲法は従来の身分的特権を否定し、近世の「王のいる」士族共和国とは区別される「王のいない」民主共和国を標榜していた。
[福元 2023：78]

　これに対し、後者のシロンスク／シュレージェンやガリツィア、クレシでは自他の民族（エスニシティ）を分かつ指標として文化は捉えられた。住民間に深い文化的差異があるという認識の下、ポーランド政府は、政策の立案や住民の民族ごとの分類を行い、民族性を客観的かつ外材的な要素として捉えた。これはポーランドに限らず、ハプスブルク帝国から独立した中東欧の後継国家で広く見られたものであり、政府だけでなく住民もまた自らの状況を訴えるための基本的な手段として、文化的差異をめぐる政治を生産し、その差異をより強固なものにした。こうした地域では、国家が社会に浸透するのは容易ではない。少数民族側に強い政治勢力があれば、既成の国家を、外部から

戦間期のガリツィア

自らを支配する帝国的・専制的な権力としてみなすため、多民族社会と国家の間には距離が生まれる。1924年にルヴフ／リヴィウをはじめポーランド各地を旅行したドイツの作家、アルフレート・デーブリーン（Alfred Döblin 1878-1957）は、ウクライナ人らとの交流を通して、彼らの主張を代弁して次のように書いている。

　　ひどい圧政が支配し、正義が行われない国、一方の人々が他方の人々を支配の対象としてしか見ないような国に対して、明日といわず今日のうちにも背を向けないで、夢中になる人がいるだろうか——だが、我々はそれを表明するように強いられる。我々が民族とその郷土を愛するのは、その価値ゆえだ。西欧や東欧の政府がその臣民である民衆に要求する愛国心は野蛮だ。現代の国家は偶然の所産にすぎず、合目的的にできたものではない。そんなものに誰が夢中になるだろうか。我々は機械が役に立たなくなれば、それを壊して、新しいものを作る。現代の国家は民族の墓穴だ。
[デーブリーン 2007：216-217]

　デーブリーンはかつて抑圧されていたポーランド人が自らの国家を持ったことで逆に民族問題に「過敏に反応」し、少数民族を抑圧する立場に変化したと批判する。デーブリーンの指摘はポーランド政府の政策の一面を突いているが、必ずしもそれだけではないことは現在の研究が明らかにしている。少数民族と国家の間の距離を縮め、国家を現地社会に浸透させるという課題に対し、ポーランド政府は二つの方向性を示した。

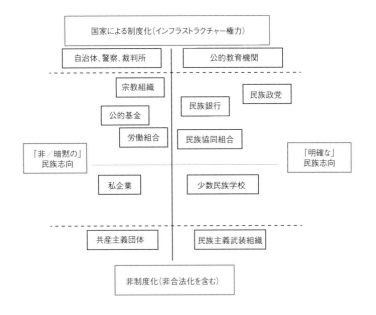

　一つ目は、少数民族の組織の活動を公認し制度化することで、現状の多民族社会に即してポーランド国家を改革するもので、二つ目は、少数民族の組織活動を制限し、強制的に同化したり排除したりすることで、単一民族国家を実現するものである。1930年代後半には後者の傾向がより強まっていくものの、戦間期を通じてポーランド政府は、少数民族の諸組織を制度内に組み込んでそれらと交渉を試みたり、逆に制度の枠組みから除外することで、当組織の社会における影響力を限定しようとした。

　上記の図は、戦間期のガリツィア社会の諸組織を、国家による制度化の度合いと、それぞれの組織の民族志向の度合いに分けて位置付けたものである。上に行くほど国家によって組織の存在は公認され、政

府とのコミュニケーションのチャンネルが開かれ、公的な枠組みに位置付けられる。逆に下に行くほど、組織の存在は非公認のものとなり、最下部の団体は非合法化されていた。また横軸の民族志向に関しては、右側の民族志向を明確にする団体であっても、議会に議席を有する民族政党や、協同組合法によって各民族の協同組合は公認され、制度化されていた。しかし、少数民族を同化するためにポーランド語教育が中心となった公教育制度においては、少数民族語教育は採り入れられず、その教育は私立の少数民族学校に頼るほかなかった。またポーランド国家を武力で打倒しようとするマイノリティ側の民族主義武装組織は、共産主義組織とともに非合法化され、ポーランド政府による弾圧の対象となった。他方で左側の諸団体は表向き民族志向を否定していたが、実際は組織内部で民族差別が起きたり、民族主義に接近したりする団体もあった。また官公庁も、少数民族出身者はほとんど採用しなかった。このように「暗黙の」民族志向を内包する組織が数多くある一方、民族志向が明確な諸団体もその実態は異なる場合があった。例えば、ウクライナ系を名乗る協同組合であっても、実際はユダヤ系の組合員が含まれることもあれば、地方の交易でウクライナ系組合とユダヤ商人が協力することもしばしばあった。

議会政党と議会外政治組織

　前節で述べたように、ポーランド第二共和国に二つの社会が現出したことで、戦間期ポーランドの政党政治は、地主・中間層 vs. 農民・労働者、資本主義 vs. 社会主義などの国内政治における左右対立に加え、少数民族政策をめぐる対立も加わり、モザイクのような複雑な様相を呈した。従来から政治的右派を代表し、他民族のポーランドへの同化政策を唱える国民民主党（エンデツィア）は戦間期、国民人民同盟に発展し、ガリツィアの地主層を支持基盤にする国民右翼党とともに議会で代表的な右派セクターを形成した。これに対し、宗教的保守

第7章

主義を掲げるキリスト教民主党（ハデツィア）は、政治路線ではエン
デツィアに近くても、少数民族の権利を一部容認する点で異なってい
た。また左派でも、少数民族を含む国内全体の労働者の提携を目指
し、少数民族の自治も支持してきた伝統的なポーランド労働党に対し
て、ポーランド人労働者のみを代表する国民労働者党が戦間期は支持
を伸ばした。ポーランド農民党も戦間期は少数民族政策などをめぐ
り、ピャスト派と解放派に分裂した。これらに加え、非合法化されて
いたポーランド共産党や、ピウスツキ個人の権威に従う政治家や軍人
などからなるピウスツキ派など、議会外の勢力もポーランド政治に影
響を及ぼしていた。他方で、1923 年以降、ウクライナ人勢力はポー
ランドの国勢選挙に参加し、ユダヤ系政党やドイツ系政党とともに少
数民族ブロックを形成した。こうした複雑な政党の構成のために、組
閣や連立工作は困難を極め、内閣は一年足らずで崩壊するのがしばし
ばであった。政党政治の混迷は、隠遁状態で政治的権限がなかったピ
ウスツキの権威に政治家や軍人がますます頼ることにつながり、1926
年 5 月にピウスツキは側近とともにクーデタを起こし、再び権力を掌
握した。[伊東 1988：114-115] ピウスツキの推挙で大統領にはルヴフ
大学学長を務めた化学者のイグナツィ・モシチツキ（Ignacy Mościcki
1867-1946）が、首相にはルヴフ工科大学学長で数学者のカジミェ
シュ・バルテル（Kazimierz Bartel 1882-1941）がそれぞれ就任した。

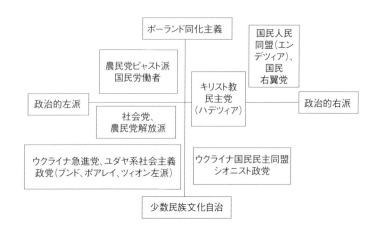

　他方で議会においてウクライナ人政党を代表したのは、ハプスブルク期から続く左派のウクライナ急進党とウクライナ社会民主党という二つの政党、そして戦前のウクライナ国民民主党の流れを汲んだ中道右派の「ウクライナ国民民主同盟（Українське Національно-Демократичне Обєднання УНДО / UNDO）」であった。各党とも、基本的には、議会政治の中でキャスティングボートを握りながらウクライナ民族の自治拡大などの譲歩をポーランド人政党から引き出すことを目指していた。

　しかし他方で当時は少数派ながら、ポーランド国家制度そのものを帝国主義的な権力と捉え、ポーランド人政党との政治的な協力や妥協を拒否し、武力を伴う独立闘争を厭わない組織も存在した。右派において急速に支持を伸ばしていたウクライナ民族主義者組織（OUN）や、左派では西ウクライナ共産党やその姉妹政党の「ウクライナ労農同盟（通称セリ＝ロブ）（Сель-Роб）」がそれに当たる。

OUNの創設

　現在に至るまで、「ウクライナ民族主義者組織（Організація українських націоналістів, ОУН / OUN）」は、ウクライナ国内外を問わずその評価をめぐり、「記憶の政治」「歴史の政治」と呼ばれる、しばしば政治化された激しい論争が交わされる。ウクライナ国内では独立運動の旗手として称える声も根強い一方、戦間期の要人暗殺や破壊工作に加え、第二次世界大戦時の他民族の住民殺戮を理由にウクライナ民族主義の悪しき代表格として扱われることも多い。OUN の思想的源流を辿ると、第一次世界大戦時にロシア領ウクライナからガリツィアに逃れた亡命知識人、ドミトロ・ドンツォウ（Дмитро Донцов 1883-1973）に行き着く。ドンツォウは東ウクライナのメリトポリに生まれ、当初は社会主義者として、サンクトペテルブルクでペトリューラとも協力しながらウクライナ語雑誌の刊行やウクライナ社会民主党の結成にかかわった。大戦勃発でガリツィアに亡命した後、ドンツォウは仲間とともに「ウクライナ解放同盟」を創設したが、第一次世界大戦とそれに続く戦争はウクライナ独立の希望を潰えさせた。戦後ガリツィア・ウクライナ人の主導的な政治勢力がポーランド国内の自治運動に方針を切り変える中、ドンツォウは、ポーランド人やロシア人など他民族による同化の危機からウクライナ人を救う手段は独立のみであると主張した。しかし、武力では他民族が圧倒している現状で、ウクライナの独立はいかにして可能なのか。戦中から既にドンツォウは、ポーランドの思想家、スタニスワフ・ブジョゾフキ（Stanisław Brzozowski 1878-1911）による、マルクス主義にニーチェ思想やデュルケームの宗教社会学などを組み合わせた独自の労働哲学を参照しており、戦後はドイツの作家オズヴァルト・シュペングラーやフランスの急進右派組織「アクション・フラン

ドミトロ・ドンツォウ

戦間期のガリツィア

セーズ」を率いたシャルル・モーラスの反近代の思想にも影響を受けていた。それらの著作から、ドンツォウは社会主義の階級闘争よりも民族間の闘争をより根源的な人類の法則とする世界観を持つに至った。その上で、ウクライナ人が、支配民族に精神的に隷従する「奴隷の民族」から、独立国家を形成する「主の民族」になるためには、ナショナリズムを人類の進歩から外れた後進的なものと捉えるリベラルな考えを捨て、単一の人種や文化的・宗教的アイデンティティによって結ばれた民族共同体の形成が必要であると論じた。またフランスの思想家ジョルジュ・ソレルの著作から、国家権力とは異なる、下からの「神話的暴力」という概念を取り入れたドンツォウは、支配民族中心の社会秩序を破壊する暴力を神秘的なものとして賛美した。近年ではドンツォウの思想の変化については、民族は異なるものの、ロシア帝国内の民族自治主義から急進的な修正シオニズムに転換したオデーサ／オデッサ出身のシオニスト、ヴラジーミル・ジャボティンスキー（Владимир Жаботинский 1880-1940）との類似性を指摘する研究もある。しかし、ドンツォウ自身は、1927 年にペトリューラがユダヤ人青年に暗殺されたのを機に反ユダヤ主義的な態度を示すようになった。[Erlacher 2021]

　ドンツォウの主著『ナショナリズム』は、1926 年にルヴフ／リヴィウで一度だけ出版されただけで、再刊もされなかったが、ウクライナ人の青年層を中心に回覧されることで関心が高まった。ドンツォウの思想に感化された若者を中心に OUN が結成されたが、ドンツォウ自身はそれに加入することはなかった。代わりに OUN の若き指導者として台頭したのが、ステパン・バンデラ（Степан Бандера 1909-1959）であった。バンデラは、ドンツォウのような哲学的な思考よりも、直接行動によってのみ、ポーランドのウク

ステパン・バンデラ

ライナ支配とソ連による共産主義拡大の脅威を除くことができると主張した。彼はイェウヘン・コノヴァレツィ（Євген Коновалець）が設立し、OUN の前身となるウクライナ軍事組織（UWO）に入り、若者に軍事教練を施した。

　OUN のメンバーはそれまでのウクライナ・ナショナリストと異なり、ウクライナ近代文学の父イヴァン・フランコさえも親ポーランド的として公然と否定するようになった。[Shkandrji 2015：30] OUN が起こすテロ事件は、シェプティツィキー府主教が、自制と節度を求める度重なる呼びかけを行ったにもかかわらず、繰り返された。1921 年から 1939 年の間に、OUN が暗殺したポーランド人の要人は 23 人にのぼった。その中にはポーランド人とウクライナ人の対等な関係を追求してきたポーランド社会党の政治家、タデウシュ・ホウフコ（1932 年、ただしソ連側の関与も疑われる）や、ポーランド内相のブロニスワフ・ピェラツキ（Bronisław Pieracki 1895-1934）（1934 年）、ポーランド政府に協力したとされる元ウクライナ人将校で教育者のイヴァン・バビー（Іван Бабій 1893-1934）にまで及んだ。これに対し、ポーランド政府は軍や警察を動員し、1930 年に東ガリツィアの各県で「平定」作戦を実施した。政府の公式発表では、作戦は OUN のメンバーの捜索と逮捕に限られるとしていたが、実際はウクライナ人の農村の施設が破壊され、住民の財産が没収された。また、2,000 人以上のウクライナ人住民が逮捕され、その約 3 分の 1 が長期の懲役刑を宣告されたりするなど、過酷な処置を伴った。[Mędrzecki 2018：153-156；Mick 2016：217] たしかに戦間期の終わりまで繰り返された OUN によるテロ行為は、東ガリツィア全体はおろか、ルヴフ／リヴィウとその住民の生活にさえも大きな脅威を与えるものではなかった。しかし、OUN のテロ活動や警察のそれに対する取り締まりに関する、しばしば誇張された報道が繰り返されたことで、ポーランド人市民の間ではウクライナのテロの脅威を背景とした集団パラノイアの雰囲気が作り出された。[Mędrzecki 2018：99] OUN のテ

戦間期のガリツィア

ロ事件とポーランド当局による対 OUN 掃討作戦によって、ポーランド人、ウクライナ人市民の間で相互に反感が高まる中、シェプティツィキー府主教は、ガリツィアの住民にハプスブルク期におけるウクライナ人、ポーランド人政治家の間の妥協の努力を思い起こさせ、民族の価値を尊重しつつも、それを超える宗教的、道徳的権威の重要性を次のように説いた。

　伝統は未来の礎である。[…] 年長者の権威を否定する者は、両親の権威も、そして国家のその他の権威も、いとも簡単に拒絶することになる。最後に、教会の権威も、神の権威も、あらゆる倫理体系の権威も、同様に否定されるだろう。[…] これらの権威を否定する者は、自分自身の権威か、自分の党派の権威か、あるいは自分に近いさまざまな徒党の権威のどれかを残すことになる。これでは完全な無政府状態になってしまうのではないか？
[Budurowycz 1989：56]

府主教は、「われわれは、青少年を堕落させる者は誰であれ、犯罪者であり、人民の敵であると宣言してやまない」と OUN を暗に批判した。他方で OUN の非合法活動を除いては、ウクライナ系組織の活動やポーランド化に対する抵抗運動そのものには支持を与えた。彼のそうした態度は、ポーランド政府やローマ・カトリックによって、ギリシャ・カトリック教会全体が、民族志向をより明確にし、OUN を支持する土壌を教会内に生んだという、非難の口実にされたのであった。

1935 年の関係「正常化」と東ガリツィア社会の動揺

　悪化するポーランド人、ウクライナ人関係を改善するため、シェプティツィキー府主教らの仲介によって、ポーランド政府とウクライナ

人政党を代表して UNDO の間で、1935 年に会談が断続的に行われた。
UNDO が、東ガリツィアのウクライナ人の領域自治を認め、ウクラ
イナ語教育の認可や政治犯の釈放など幅広い要求をしたのに対し、
ポーランド政府はウクライナ系組合に対する資金支援など限定的な譲
歩にとどまった。正常化交渉がウクライナ側に不利に終わった背景に
は、当時ポーランド当局の厳しい弾圧によってウクライナ人の間で
OUN の影響力が広がらず、合法的なウクライナ人組織は既にポーラ
ンド国家の制度に取り込まれ、抵抗の手段が限られたことがあった。
このように国家としての強い力を見せつけることで、ポーランド政府
は交渉を有利に進め、ウクライナ人勢力もそれに歩み寄らざるを得な
かった。もっとも、この時のウクライナ人側の不満や屈辱感は、1939
年以降に表出することになる。[Mędrzecki 2018：298]

　公式には関係を正常化したにもかかわらず、東ガリツィアの民族関
係はその後、むしろ緊張の度合いを増した。1935 年 5 月にピウスツ
キが死去すると、ポーランド政界は代わりとなる指導者が不在の中、
急進的な政策を掲げることで、政治的な求心力を得ようとする傾向が
右派の陣営で顕著になった。それまで右派セクターの中心であったエ
ンデツィアが選挙で大勝し、政府与党を担っていた旧ピウスツキ派の
サナツィア派にも当時のファシズムの影響が増していた。その結果、
ポーランド政府の政策は、少数民族の協同組合の活動を制限したり、
ユダヤ人住民のパレスチナへの自発的な出国を求め、マダガスカルへ
のユダヤ人の集団移住も計画するなど、法治国家の基盤を揺るがすも
のになっていった。[西村 2021]

　反ユダヤ主義は当時の大学やアカデミアで特に深刻化していた。当
時のルヴフ大学の学生のうち、ユダヤ人学生の割合が学部によっては
50 パーセントを超え、大学全体では 40 パーセント前後で推移してい
た。ルヴフ／リヴィウのポーランドの右派の学生組織は、1921 年に
「ノーメンクラトゥーラ」の導入を求める要求を行った。これは、個々
の学部の当局は、国の総人口に占めるユダヤ人の割合を考慮して、総

数の11パーセントのみをユダヤ人学生に割り当てるべきであるというものであった。しかし、このような制限は、憲法の関連条項や少数民族条約の規定に反しており、ルヴフ／リヴィウのエンデツィアの指導者スタニスワフ・グウォンビンスキ（Stanisław Głąbiński）が宗教・教育相に就任した際も、ノーメンクラトゥーラを公式には導入できず、個々の大学の教授会が規制について独自に決定することを奨励する通達を出しただけであった。こうした政府の対応に不満を募らせた右翼の学生団体の要求によって、ルヴフ工科大学の講義室には悪名高い「ゲットー席」が設置され、ユダヤ人学生を座らせるという差別行為が公に行われた。右翼学生団体によるユダヤ人学生に対する暴力行為も度々起こり、これに対してユダヤ人学生も団体を結成して力で報復するという事態も起こった。

　一連の反ユダヤ主義の暴力に加え、1929年の世界恐慌以来、国内の不況に伴って労働運動が急進化したことで、ポーランド国内では街頭での乱闘や暴力事件も頻発した。ルヴフ／リヴィウでは、1936年

ゲットー席の導入を要求するポーランド民族急進派のピケ [Mędrzecki 2018: 109]

の4月にヴワディスワフ・コザク（Władysław Kozak）という一人の労働者が警察に射殺されたのきっかけに、労働者に急進的な共産主義者も加わって大規模な暴動に発展、警察との衝突で少なくとも十数人が死亡し、百人以上が負傷した。しかしこの騒乱も、共産主義者が期待したような革命運動に発展せず、秩序は比較的速やかに回復された。ポーランド国内の社会主義者の多くは、共産主義者の背後にソ連がいることを理由に協力を望まず、ポーランド政府も、ソ連のコミンテルンからの支援を疑って国内の共産党の弾圧を強めたためである。他方で1937年には農民のゼネストも起きた。

　1933年にナチ党がドイツで政権を握ると、ピウスツキはドイツとソ連のはざまに置かれたポーランドの安全保障環境を憂慮し、1934年にポーランド・ドイツ不可侵宣言をナチ政権と交わし、融和姿勢に転じた。[伊東 1988：139] その一方で、東ガリツィアの OUN もまた、ナチ政権に接近し、ポーランドからの独立を画策した。ナチ政権は、OUN をユダヤ＝ボリシェヴィキ撲滅という目的を共有しているとみなし、ポーランド侵略のために利用しようとした。また OUN は、満洲、中国問題で米英仏と対立を深めていた日本とも提携を模索し、1937年には OUN の活動家フリホリー・クペツィキーが来日、日本側の高官や、既に満洲で活動していた亡命ウクライナ人団体とも交流した。[岡部 2022]

ガリツィア経済の変容とエスニック・エコノミー

　第一次世界大戦後、ポーランド第二共和国に編入されたガリツィアでは戦災復興と都市化、そして世界恐慌への対応が課題となった。第一次世界大戦、ポーランド＝ウクライナ戦争、ポーランド＝ソヴィエト戦争など度重なる戦災で、東ガリツィアの中心都市ルヴフ／リヴィウは、市内の2割の建物が損壊し、水道などインフラが破壊された。また、ポーランドのガリツィア併合に伴うウクライナ系住民の流出と

戦間期のガリツィア

改宗の動きも見られた。戦後、ポーランド政府は、政府主導の復興事業を計画し、グディニア港の建設や、中央工業地帯（COP）の開発が行われた。COP の一角であったルヴフ／リヴィウ一帯は人口増加を受け市域を拡大し、都市計画「大ルヴフ（Wileki Lwów）」も発表された。ルヴフ／リヴィウにおけるウクライナ系住民が増加するに伴い、宗派比率でもギリシャ・カトリックの割合が増大した。

表①戦間期ルヴフ／リヴィウの宗派別人口推移（Mick 2016, p. 211.）

年　　　　　　％	1910	％	1921	％	1931	％
ローマ・カトリック	105,469	51.17	11,186	50.99	15,749	50.44
ギリシャ・カトリック	39,314	19.07	27,269	12.43	49,747	15.93
ユダヤ教徒	57,387	27.84	76,854	35.03	99,595	31.90
その他	3,943	1.91	3,405	1.55	5,268	1.69
合計	206,113		219,388		312,231	

　戦禍によって活動を停止していた各民族の協同組合も、戦後活動を再開させた。まず、ポーランド系組合では、1924 年にルヴフ／リヴィウの利益・経済団体連盟とワルシャワ、ポズナニ、クラクフの諸協同組合団体が合同し「ポーランド協同組合連合会（Unia Związków Spółdzielczych w Polsce）」が設立された。その際、同連合会選出の上院議員、司教スタニスワフ・アダムスキ（Stanisław Adamski）は、他民族も包摂する国民全体の協同組合の必要性を説く組合員の主張を退け、商工業におけるポーランド人の影響力を強め、中流階級を創出するためにも、ポーランド人のみの組織が大戦前と同様に必要と主張した。

　その一方で、戦後再生したウクライナ系組合は、ガリツィアを中心に著しく規模を拡大させた。まず 1883 年に都市部の商業組合としてルヴフ／リヴィウで結成された「民族交易」が、1923 年に都市生活中央協同組合として再建された。戦前の農業・商業協会組合が発展した「中央組合」は 1924 年にウクライナ人の農協の中央組織になった。また 1907 年にプシェミシルで結成された酪農組合「マスロソユーズ」

第7章

292

は1922年に活動を再開する一方、1898年にルヴフ／リヴィウに設立された信用組合「中央銀行」は、大戦と不況による経営悪化を被りながらも活動を維持した。

オーリハ・バチンスカ（マスロソユーズ代表）

　戦間期にはユダヤ人の間でも協同組合の創設が続いた。これは、戦後経済危機に陥る零細なユダヤ商人と手工業者、農業入植者を対象に低金利融資を実施するために、ジョイント（アメリカ・ユダヤ人合同分配委員会）やユダヤ植民協会（JCA / ICA）など国際的なユダヤ支援団体が財団を設置し資金援助したことに始まる。戦間期にはユダヤ系の協同組合の上部組織が複数設立された。東ガリツィア諸県（ルヴフ／リヴィウ、スタニスワヴフ／スタニスラヴィウ、タルノポル／テルノーピリ）では、ウクライナ農民に融資するユダヤ系組合も多くあった。

　このように戦間期のポーランド経済は、外資とともに国内の民族、宗教マイノリティによって少なからず支えられていた。1931年にポーランド国内には外資系銀行が25あったのに対し、内資系銀行は26、その内一つはウクライナ系であった。また、当時のポーランドの銀行資本の28.7％は外国資本であり、残りの71.3％の国内資本の内、ウクライナ系、ドイツ系は、それぞれ2％程度を占めていた。また同年のルヴフ／リヴィウの小売業者、卸売業者の8割はユダヤ教徒であった。戦間期の東ガリツィアで住民の多数派であったウクライナ人の協同組合は、世界不況を乗り越え、1931年に組合数は3,200を数え、組合員数は1929年には327,000人から1935年には542,000人に増加した。同時に、組合の自己資金もわずかに増加し、1929–1935年度の組合の決算も黒字を維持した。

　各民族の協同組合が出資先として力を入れていたものの一つに酪農組合があった。例えばウクライナ系組合では「マスロソユーズ」（ウ

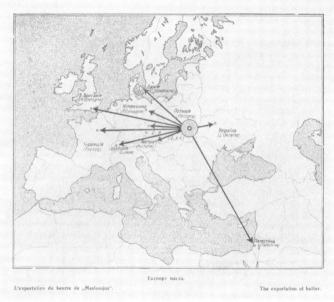

マスロソユーズの輸出先

クライナ語で「バター組合」の意味）が、ガリツィアを中心に1930年代には13の街に事業所と27の直営店を構え、ウクライナ語でパッケージされた乳製品を販売した。またバターの輸出先は近隣の欧州諸国に加えソ連、パレスチナ、満洲に及んだ。

その一方でユダヤ系組合の資金援助をもとにユダヤ人酪農家が結成した「酪農・農業協会連盟ヘマー（Zjednoczone Związki Mleczarskie i Rolnicze, Chema）」（「ヘマー」はヘブライ語で「バター」の意味）は、1933年まで

マスロソユーズの乳製品

第7章

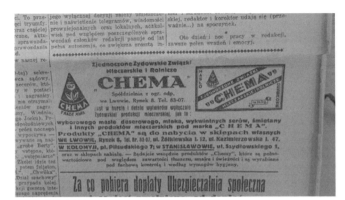
ヘマー食品の広告

にルヴフ／リヴィウ、スタニスワヴフ／スタニスラヴィウ、コウォミア／コロミヤに直営店を構え、ユダヤ教の食事規定（コシェル）に則って製品化されたチーズやバターを「ヘマー」というブランド名で販売する戦略を打ち出した。同組合は 1934 年にパレスチナともヘマー食品の輸出で合意した。[安齋 2024]

　こうした各民族の協同組合は、経済的に相互に競合しながらも、協同組合評議会（Rada Spółdzielcza）に加入し、当事者間で問題を協議するなど、紛争を未然に防ぐ制度は存在した。しかし、実際はポーランド人やウクライナ人のナショナリストが競合する組合の店の品物を買わないようボイコット運動を展開したり、1934 年にヘマー組合が、ユダヤ系からポーランド系の監査組合に強制的に編入されたりするなど、協同組合の経済活動は、民族問題をめぐる政治の最前線にもなった。

戦間期の都市文化と文化交流

　戦間期のガリツィアでは、政治や経済において、民族間の文化的差異がしばしば強調され、そうした言説や活動が広まることで差異その

ものが再生産されたといえる。その一方で民族間の文化交流や、文化の混淆（ハイブリッド）性に焦点を当てた活動も戦間期には見られた。学術面では、1927年にタデウシュ・ホウフコやレオン・ヴァシレフスキ、ヤン・スタニスワフ・ウォシなど多民族国家としてのポーランド・リトアニア共和国の再生（ヤギェウォ理念）やポーランドの東方への影響力拡大（プロメテウス主義）を支持するサナツィア派の知識人や専門家によって、シンクタンク「民族問題研究所」がワルシャワに設立された。同研究所は『民族問題』や『ポーランド・ウクライナ報知』という専門誌を発行し、東ガリツィアにおける少数民族に関する様々なテーマや、ポーランド人、ウクライナ人相互の文化や歴史の理解の促進と共通利益に関する調査研究を、ウクライナ人やユダヤ人の専門家、知識人を交えて行った。

　他方で1933年にルヴフ／リヴィウで創刊した、当時のポーランドを代表する進歩的な文芸雑誌『シグナル（Signały）』では、ウクライナやユダヤの文芸についてコラムで紹介されたり、特集が組まれたりした。また同誌は、ルヴフ／リヴィウを東西の多様な文化が混淆する「境界」の街として評価していた点でも注目される。[加藤　2012]
『シグナル』には、当時パリに留学したポーランド人の造形芸術家が、シュルレアリスム芸術集団を結成した。クラクフでは「クラクフ・グループ（grupa　krakowska）」が結成され、ユダヤ系のサーシャ・ブロンデル（Sasza Blonder）などが活躍していたが、ルヴフ／リヴィウでは、「アルテス（artes）」が結成された。「アルテス」に参加したのは、ポーランド系の芸術家では、ユダヤ系でもあるマレク・ヴウォダルスキ（Marek Włodarski 1903-1960）をはじめ、イェジ・ヤニシュ（Jerzy Janisch）、タデウシュ・ヴォイチェホフスキ（Tadeusz Wojciechowski）、アレクサンデル・クシ

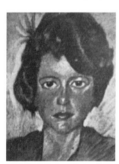
デボラ・フォーゲル

第7章

ヴォブウォツキ（Aleksander Krzywobłocki）、アンジェイ・プロナシュコ（Andrzej Pronaszko）、ルドヴィク・リレ（Ludwik Lille）に加え、ウクライナ系ではアルテス初代会長のロマン・セリシキー（Роман Сельський）やパウロ・コウジュン（Павло Ковжун）など多

ブルーノ・シュルツ（コロミヤの旧居前のウクライナ語、ポーランド語、ヘブライ語のレリーフ）

彩な人物であった。『シグナル』にはイディッシュ語の作家、詩人のデボラ・フォーゲル（דבורה פוגל Debora Vogel 1902-1940）も寄稿した。フォーゲルは、『アカシアは花咲く』などの作品で知られ、東ガリツィアのドロホビチ生の作家、ブルーノ・シュルツ（Bruno Schulz 1892-1942 ）は彼女と交友関係にあった。シュルツは、ユダヤ系の家庭に生まれ、1936年までドロホビチのギムナジウムで教師を続けながらポーランド語で自作を発表した。作品中ではドロホビチの風土を独特の筆致で表現している。また、当時若手のイディッシュ語詩人ダニエル・カツ（1908-2005 דניאל קאץ）やイスラエル・アシェンドルフ（1909-1956 ישראל אשנדורף）らは1930年代初めに文学サークル『始まり（אנהייב）』を結成し、同名のイディッシュ語雑誌をルヴフ／リヴィウで刊行した。他方でプシェミシル／ペレミシュリでは女性詩人のロフル（レイチェル）・コルン（1898-1982 רחל קארן）が1920年代から、ガリツィアの風土を主題とするイディッシュ語の詩作を発表していた。

1934年には「ウクライナ作家同盟」が、ソ連側のキーウ／キエフで活動を開始した。作家同盟は UA ハルキウ／ RU ハリコフ

ロフル（レイチェル）・コルン

戦間期のガリツィア

近郊生の詩人ペトロ・パンチ（Петро Панч 1891-1971）を中心にウクライナ語の文学雑誌を発行しており、ルヴフ／リヴィウにも支部を開設していた。[Tarnawski 2004：53] ルヴフ／リヴィウでは既に、1920年代からアンドリー・ヴォロシチャク（Андрій Волощак 1890-1973）が共産主義インターナショナル系の作家団体「ホルノ（Горно）」を主宰し、プロレタリア文学を西ウクライナの若者に広めていた。ボロシチャクのサークルには、1926年にルヴフ＝ワルシャワ学派を創設した哲学教授カジミェシュ・トファルドフスキの指導の下、ルヴフ大学の哲学学位を得たステパン・トゥードル（Степан Тудор 1892-1941）も参加していた。トゥードルの小説『ソイカ神父の日々』は教会に批判的な内容から後にソ連体制側に絶賛されたが、この小説の一部が最初に掲載されたのは、コミンテルンに忠実な共産主義者から反スターリン的として指弾された西ウクライナの『彼方へ』という雑誌であり、トゥードル自身も共産党に入党することはなかった。1936年にはルヴフ／リヴィウで、トゥードルらの主導でウクライナ人、ポーランド人、ユダヤ人の共産主義系の文化人が密かに会合し「文化労働者の反ファシスト会議」が開催されている。1941年のドイツ軍のガリツィア侵攻の際、ウクライナ人作家のオレクサンドル・ハウリリュク（Олександр Гаврилюк）や彼の妻でポーランド人作家のゾフィア・ハルシェフスカ（Zofia Charszewska）とともにトゥードルは爆撃で命を落とした。こうした民族の枠を超えて左派の文学者が共同する一方、ウクライナ作家同盟には、ドンツォウ主幹のリヴィウ／ルヴフのウクライナ語雑誌を編集する傍ら、自作も発表していた女性詩人、オレーナ・テリーハ（Олена Теліга 1906-1942）も加入していた。内戦期のキーウで過酷な幼少時代を過ごしたテリーハは「言葉の力を通しての民族復興」に献身し、1939年にOUN

オレーナ・テリーハ

第7章

298

に参加したが、ソ連やナチ・ドイツの支配には批判的な姿勢を貫いたため、1942年にゲシュタポによって逮捕され、バービ・ヤールで殺害された。[原田 2023] 他方でボフダン・イホル・アントニチ (Богдан-Ігор Антонич 1909-1937) は、レムコの出身の詩人として同地域の民話をモチーフにした作品を発表しトゥードルにも高く評価され、1934年にはその功績を称えられてイヴァン・フランコ協会賞を受賞した。

　アントニチの作品が評価されたように、戦間期には、民族（民俗）文化への関心が、ナショナリズム的な動機を含め高まった。士族や聖職者、都市部の知識人による「啓蒙的な」文化に対して、農村部の「民衆」文化を、自民族の文化の「原型」として体系的に研究する民族学が戦間期には発達したのである。ウクライナ人学者は、フツル人文化をウクライナ文化の象徴とみなしたのに対し、ポーランド人学者は、フツル人をウクライナ人とは異なる独自の民族としてとらえようとした。[Linkiewicz 2018] すでに東ガリツィアのギリシャ・カトリックの宗教画やルーシ・ウクライナの民俗品を展示したA. シェプティツィキー記念博物館は1905年から開館していたが、戦間期にはボホスロウシク学院が、ギリシャ・カトリックの神学研究をけん引した。1934年、ルヴフ／リヴィウにはユダヤ民衆の芸術品を展示したユダヤ博物館も開館した。

　ルヴフ／リヴィウの音楽界では、作曲家のヘンリク・ヴァルス (Henryk Wars 1902-1977) の軽快なワルツ音楽に、ルヴフ／リヴィウ生の作詞家エマニュエル・シュレヒテル (Emanuel Schlechter 1903-1943) が作詞した「ルヴフでだけ(Tylko we Lwowie)」という歌が流行し、第二次世界大戦以降はポーランドの主要な愛国歌の一つとなった。

　　だって、世界のどこにここほど素晴らしい場所がある？
　　ここほど素晴らしいところはないだろう？
　　ルヴフでだけ！

戦間期のガリツィア

この歌があなたを目覚めさせ、寝かしつける。
ルヴフでだけ！
金持ちも貧乏人も、ここでは仲がいい
誰もが笑顔でいる
お嬢さんはこの街を甘くする
ジュース、甘酒、蜂蜜のように！

「ヤブツォ・ジャズ」楽団

戦間期はこうした軽音楽に加え、ジャズやタンゴも人気を博していた。東ガリツィアのコウォミア／コロミヤに生まれたウクライナ人音楽家のアナトリー・コス＝アナトリシキー（Анатолій Кос-Анатольський 1909-1983）は、仲間のウクライナ人音楽家とともに「ヤブツォ・ジャズ（Ябцьо-джаз）」楽団を結成した。楽団で演奏活動をする傍ら、彼は自身の作曲にも当時の流行であるジャズやタンゴの要素を取りいれた。第二次世界大戦後、コス・アナトリシキーはウクライナを代表する作曲家の一人になったが、彼はその基礎を、戦間期ルヴフ／リヴィウのモダンな音楽文化を通して既に固めていたのである。また「ヤブツォ・ジャズ」楽団でレナータ・ボフダンシカ（Рената Богданська）という仮名でボーカルを担当したポーランド人歌手イレーナ・アンデルス（Irena Anders 1920-2010）も、後に戦中・戦後ポーランドの歌謡界のシンボルとなる足掛かりをこの時期に得たのだった。

イレーナ・アンデルス（レナータ・ボフダンスカ）

第7章

「シュコツカ・カフェ」とルヴフ数学学派

　ハプスブルク期では主に大学を拠点に論理学、数学のルヴフ＝ワルシャワ学派が形成されたが、戦間期にルヴフ／リヴィウの数学の中心になったのは「シュコツカ・（スコティッシュ）カフェ」という街中のカフェであった。ステファン・バナフ（英語ではバナッハ）（Stefan Banach 1892-1945）はクラクフの鉄道局の官吏の家に生まれ、ルヴフ工科大学で工学を学んだ。その後、クラクフの公園で友人と当時最新のルベーク積分について話していた時に、たまたまその話を傍で聞いていたルヴフ大学の数学教授フーゴ・シュタインハウス（Hugo Steinhaus 1887-1972）に関心を持たれ、シュタインハウスの出した数学の問いにもバナフは数日で解答を出してしまった。バナフを見出したことは「自分の数学上の最大の発見であった」とシュタインハウスは語っている。[志賀 1988：111] シュタインハウスの勧めでルヴフ大学の博士課程に進学したバナフは、いわゆる「バナッハ空間」を用いた画期的な関数解析で数学の博士号を1922年に受け、1924年にはルヴフ工科大学の教授に就任した。その頃からバナフはシュタインハウスとともに、ルヴフ／リヴィウのシュコツカ・カフェに集う数学者や数学学生と議論に明け暮れる毎日を送り、ここに「ルヴフ数学学派」が生まれたのである。議論の輪の中には、ルヴフ／リヴィウ随一の富裕なユダヤ人の家に生まれ、後にアメリカ合衆国に渡り、原水爆開発の基礎となる研究を行う、若き日のスタニスワフ・ウラム（Stanisław Ulam 1909-

現在のシュコツカ・カフェ前にあるバナフとルヴフ数学学派のプレート

戦間期のガリツィア

1984）の姿もあった。ウラム一家は当時ルヴフ／リヴィウ随一の銀行家であった。ウラムはギムナジウム生の頃に既にバナフの講義を受ける機会があり、彼の該博な知識と飾らない人柄に惹かれ、カジミェシュ大学進学以降も友人のスタニスワフ・マズール（Stanisław Mazur 1905-1981）とともに、シュコツカ・カフェの会合に顔を出していた。ウラムの自伝『数学者の冒険』には次のような回想がある。

　　われわれはここで、はじめて持ち出される問題を論じた。数時間も考えてもたしかな解答を出すことができない場合がよくあった。たいがい次の日に、バナッハはそれまでにできた証明の概要を記入した小紙片を持って現れるのであった。それが十分に洗練されていなかったり、完全に正しいといえないときには、よくマズールが手を加えて満足な形にした。[ウラム 1979：31]

このカフェで議論された問題や定理を記録したバナフの妻のノートは後に公刊され、カフェのメンバーによって『ストゥディア・マテマティカ』という独自の専門誌も出された。シュコツカ・カフェには、ワルシャワからも数学者のヴァツワフ・シェルピンスキ（Wacław Sierpiński 1882-1969）などが訪れ、外国からの訪問者もいた。[志賀 1988：148-149] しかしウラムの自伝からは、すでに次の大戦の暗い予感がシュコツカ・カフェの数学者の間にも影を落としていたことがわかる。

　　言うまでもなく、このような数学上の議論には、一般の科学（特に物理学や天文学）の話や大学の風評、政治、ポーランドの国情などの話が多く入り混じっていた。ジョン・フォン・ノイマンが好んで使った表現を借りれば「世界の残部」についての話である。ドイツにおけるヒトラーの台頭という来るべき事件の影や、大戦の前兆が不吉な姿を現しはじめていたころであった。[ウラム

第7章

1979：31]

　第二次世界大戦とその後のホロコーストによって、シュコツカ・カフェに集った数学者の内ユダヤ系の者は多くが死亡し、奇跡的に収容所から生還したバナフも戦後ほどなく亡くなった。また、ウラムは米国に、シュタインハウスはポーランドの PL ヴロツワフ／ DE ブレスラウに、それぞれ移住を余儀なくされた。しかし、バナフの業績は、米国では弟子のウラムらに、またソ連ではウクライナの数学者ミハイロ・カデツィ（Михайло Кадец 1923-2011）らによって受け継がれ、世界的な数学研究の発展に貢献した

ルヴフ／リヴィウのスペクタクル ── レム少年の見た「東方見本市」と映画、ラジオ

　1921年から1939年にかけて年一回、ルヴフ／リヴィウ南部にある「ストリスキ公園」で、ポーランド商工省、外務省の後援で「東方見本市（Targi Wschodnie）」が開催された。見本市の目的は、ポーランド国内外の先進的な農業技術や工業技術をガリツィアの住民に紹介するとともに、同地域の工芸品を宣伝・販売し、生産者と商人が交流する機会を提供することで、経済発展を促進することにあった。同時に、ポーランド政府は、経済活動を通して「ポーランド人社会とウクライナ人社会の和解」が進むことも期待していた。[Targi Wschodnie 1935：3] ただし、見本市は、19世紀の植民地帝国でしばしば開かれてきた「差異の中の一体性」を謳う万博博覧会と似た性格を持つともいえ、実

「東方見本市」全景

戦間期のガリツィア

東方見本市のパヴィリオン（ポーランド国立図書館）

際見本市がOUNの襲撃の標的にされることもあった。

　22ヘクタールの見本市の敷地には、元々ストリスキ公園にあったパヴィリオン・ラツワヴィツカや以前の博覧会で建設された芸術パヴィリオンも活用されたが、今回は農業、商工業などのパヴィリオンも新たに建設され、レストランや売店も併設された。1922年には出品者は1852を数え、ドイツ、オーストリア、チェコスロヴァキア、バルカン諸国など、海外の出品者も300に及んだ。パヴィリオンの建築については、芸術パヴィリオンが西欧のネオ・ルネサンス建築であったのに対し、農業パヴィリオンは農村地主の別荘風に設計され、カルパチア山脈の少数民族フツル人文化のレストランも建てられるなど、ポーランド東部境界地域の「多文化性」が公的に強調された。[Pszczółkowski 2016：146-147] ルヴフ／リヴィウ生まれで後に世界的な文学者として名をはせるスタニスワフ・レム（Stanisław Lem 1921-2006）は、自伝『高い城』で、幼少の頃に東方見本市を訪れた時の様子を、生き生きとした筆致で描いている。見本市にある独特の建築や珍しい展示物は、レム少年を魅了し、彼の想像力を大いに刺激した。

第7章

東方見本市のラジオ塔

しかし、見本市のドイツ館で見た鍵十字から、彼は迫りくる大戦の「予兆」も感じていたという。[レム 2004：107-108]

レム少年の心をとらえたもう一つのものは、当時のトーキー映画であった。『キングコング』や『フランケンシュタイン』など、米国から輸入されたトーキー映画に彼は夢中になった。[レム 2004：97-98]

映画とともに新たなメディアとして成長したのはラジオである。ヘンリク・フォーゲルフェンガー（Henryk Vogelfänger 1904-1990）は、ルヴフ大学法学部を卒業しながらも、カジミェシュ・ヴァイダ（Kazimierz Wajda 1905-1955）とコンビを組み、「ポーランド・ラジ

フォーゲルフェンガーとヴァイダのラジオ番組の収録風景。(ポーランド独立博物館)

オ」でコメディ番組を放送して反響を呼び、同番組は映画化もされるなど、ポーランドの聴衆に愛された。他方で、1930 年にはウクライナ人の民間ラジオ放送も開局した。

第八章

第二次世界大戦とガリツィア

ベウジェツ絶滅収容所跡地。第二次世界大戦中、リヴィウのユダヤ人市民の多くがこの収容所に移送され、殺戮された。

[Magocsi 1983：206]

第二次世界大戦においてガリツィアでは 3 つの戦争・紛争が同時に
進行した。すなわち、独ソの大国間戦争、ポーランド人対ウクライナ
人の地域的な民族紛争、そしてファシズム対共産主義のイデオロギー
紛争である。それぞれは 1939 年に突如として現れたものではない。
第五章の第一次世界大戦から続く中東欧をめぐる独露間の帝国主義的
な覇権戦争、第六章のガリツィア戦争から悪化し続けた民族対立、そ
して第七章の戦間期の社会の混迷が拍車をかけたイデオロギー対立が
重なることで、第二次世界大戦は、ガリツィア社会に膨大な人的・物
的損失をもたらした。特に東ガリツィアは 1939 年から 41 年までのソ
連占領、41 年から 45 年までのナチ・ドイツの占領、そして 45 年の
ソ連の再占領と占領者が変遷することで、弾圧や殺戮の対象も変わっ
た。これらの諸政策と民族間の殺戮、住民追放によって、同地域の多
民族・多文化性は急速に失われる一方、戦後、東ガリツィアが、ウク
ライナ人を主要民族とする西ウクライナの一部として再編される一里
塚となった。

独ソ占領支配下のガリツィア

　1939 年 8 月、生まれ故郷の東ガリツィアを離れ、ウィーンからパ
リへ移住していた作家、評論家のマネス・シュペルバーは、ヒトラー
とスターリンの間で協定が結ばれると聞き、フランス国内の共産党員
や人民戦線などの左派の政治家、言論人に激震が走ったと回想録で述
べている。「アンチ・ファシズム運動全体にとっても、左翼の全陣営
にとっても、いまだかつてこうむったことのない政治的道義的敗北」
とシュペルバーが呼んだ独ソ不可侵条約は、1939 年 8 月 23 日に締結
された。[シュペルバー 1997：672] 独ソ不可侵条約締結時に交わされ
た秘密協定に従い、1939 年 9 月 1 日、ナチ・ドイツが西からポーラ
ンドに侵攻すると、同月 17 日にソ連軍も東からルヴフ／リヴィウに
進軍し、22 日に同都市を占領した。翌月 22 日には西ウクライナのソ

第 8 章

連併合を追認する形式的な「住民投票」が実施された。投票所では入口から投票箱のそばまでソ連兵が監視しており、有権者は選挙委員会から併合支持をあらかじめ「助言」された。[Gross 1988：94-95] ソ連がポーランド占領地として獲得したのは、サン川から東のガリツィアやヴォリーニ、ブコヴィナ、そして現在のベラルーシ西部である。東ガリツィアはソ連の構成共和国であるウクライナ・ソヴィエト社会主義共和国の一部となった。東ガリツィアにおいてポーランド軍は短期間の抵抗の後

リヴィウ市庁舎に掲げられたソ連の指導者像（スターリン像の下は、左からヴォロシーロフ、モロトフ、フルシチョフの像）

に、ソ連軍に降伏した。ポーランド支配の終焉をリヴィウのウクライナ市民は歓迎したが、市の行政はソ連当局が握った。ソ連の行政・司法制度が導入され、「県（województwo）」は「州（область）」に改められ、ルヴフ県の14の郡は36の区（район）に分割された。ソ連出身の幹部が行政と警察を支配したが、地元のウクライナ人が村や地区のソヴィエトの書記や議長に任命された。リヴィウ州の828の村ソヴィエトの議長は、1553人のウクライナ人、65人のポーランド人、18人のユダヤ人、3人のロシア人が務めた。地区ソヴィエトの議長は、ウクライナ人59人、ユダヤ人12人、ポーランド人3人であった。集団農場（コルホーズ）の16人の代表はすべてウクライナ人であった。[Mick 2016：265] しかし、指導部のウクライナ人はソ連から派遣されており、その多くが、1930年代のスターリンの粛清によって中堅層が失われたために、若年層であった。彼らの明らかな能力不足は、ガ

第二次世界大戦とガリツィア

リツィアのウクライナ人エリートの間で不安をかき立てた。[Hrycak 2000：219]

　ソ連支配下の東ガリツィアでは、急速に「ウクライナ化」政策が進められた。当時ウクライナ共産党第一書記であったニキータ・フルシチョフは、自ら西ウクライナに赴き、同政策を進めた。東西のウクライナ「再統一」を宣伝するため、ソ連政府は行政言語にウクライナ語を採用した。また、🇵🇱ルヴフ大学（ヤン・カジミェシュ大学）は、🇺🇦リヴィウ大学（イヴァン・フランコ大学）に改称され、ウクライナ語教育が復活した。このように占領下の西ウクライナでウクライナ語教育の拡充を行ったソ連の狙いについて、米研究者、ケイト・ブラウンは、宗教や地域性など多様で可変的なアイデンティティを抱える境界地域の住民に民族カテゴリーを導入し、教育政策などを通じて住民に民族アイデンティティを浸透させることで、民族の範囲を地図上に可視化させ、ソ連の統治を円滑に図るためであったと指摘する。[Brown 2003：23] しかし、その際に用いられたウクライナ語は、1933年の時点以降、ロシア語の文法に合わせて改変されたものであり、ソ連全体の行政や高等教育で優越的な地位にあったのはロシア語であった点には注意が必要である。[ジャブコ 2023：82-86]

　カテゴリー化と民族語教育によって「可視化」された民族は、しかしひとたび反体制的とみなされれば、そのエリート層の消滅さえもソ連の占領当局はいとわなかった。フルシチョフは後年の回想で、レーニン主義思想が西ウクライナで生き、繁栄するためには、反動的なブルジョワの検挙が西ウクライナで必要であったと語っていた。[Davies 2006：930] 1939年10月から、ソ連の政治警察に当たる内務人民委員部（Народный комиссариат

リヴィウの旧 NKVD 本部

внутренних дел, НКВД / NKVD）は、リヴィウ／ルヴフ市内で、ポーランド人将校、公務員、地主などを逮捕した。同年11月には、ルヴフ守備隊の墓地に追悼のために集まったポーランド人の民衆をNKVDが逮捕した。現代のポーランド史学では、カチンの森虐殺事件に見られるように、ソ連政府によるポーランド人エリートのせん滅がソ連の占領政策の目的であるとしばしば批判されている。ポーランド史研究者ヤン・トマシュ・グロスは、ソ連支配下の西ウクライナ（東ガリツィア、ヴォリーニ）では、怨恨など個人的動機によって上司や隣人に関する密告が横行し、ランダムに犠牲者が選ばれたために、住民同士が互いに恐怖と不信感に支配されていたと指摘している。[Gross 1988：122] ソ連当局から「社会的に異質かつ不安分子」として敵側とみなされた一般市民や、集団化の対象となる都市や農村の労働者に対して、ソ連占領当局は東ガリツィアから東方に強制移住させた。ポーランド占領地からソ連国内への移送は1940年から41年にかけて4回にかけて行われ、総計37万9千人近くにのぼった追放民の内、58％がポーランド人住民であった。[Hryciuk, Ruchniewicz i in. 2022：38]

　他方でソ連の占領当局による東ガリツィアのウクライナ人エリートの弾圧もまた、過酷なものであった。翌1940年1月までに、東ガリツィアのウクライナ人組織やUNDOなどの政党を解体し、指導者145名を逮捕した。さらに西ウクライナ共産党員も前年に既に分離主義者としてコミンテルンから除名されていたが、党員は占領後に拘束されてしまった。ソ連当局によるウクライナ人政党、結社の禁止と関係者の投獄は、ウクライナ人社会に破壊的な影響をもたらした。中道派、左派の諸団体が消滅してしまったガリツィアのウクライナ人勢力では、地下の抵抗運動を続けるOUNのみが主要な政治組織として残ったからである。[Subtelny 1986：9]

　ギリシャ・カトリックもソ連の占領下で試練に立たされた。ソ連占領当局は、ギリシャ・カトリックをローマ教皇庁の管轄から外し、ロ

シア正教会への統合を画策していた。当局がシェプティツキー府主教を拘束しなかったのは、ロシア正教会下に新たに設置される「ウクライナ人民教会」への協力を期待したためである。しかし、府主教はギリシャ・カトリック教会と信徒の権利を守るよう当局に訴え続けるだけであった。[Сергійчук, Кокін, Сердюк 2005] そのため占領当局は、統合に反対するギリシャ・カトリックの弾圧を強める。リヴィウのギリシャ・カトリック教区では、11 から 12 人の聖職者が殺害・行方不明になり、33 人の聖職者が追放された。当初はギリシャ・カトリック側が政治には直接干渉しない姿勢を取ったシェプティツキー府主教だったが、「ボリシェヴィキの下では、私たち全員が死刑宣告を受けたようであった」とソ連の教会弾圧を批判した。[Bociurkiw 1988：116] 逮捕者は拷問の末に、カザフスタンや、ロシア北部、そしてシベリアへ追放された。1939 年から 1941 年にかけて東ガリツィアから追放された人数は少なくとも 14 万人に上り、弾圧の犠牲者は西ウクライナ人口の 10% を占めたと推定されている。[Hrycak 2000：219、Mick 2016：273]

　また、ソ連当局はユダヤ人勢力に対しても、シオニストやブンドなどユダヤ・ナショナリズム運動の禁止や、ユダヤ教の宗教学校の閉鎖に加え、ヘブライ語教育さえ「ブルジョワ的」であるという理由で禁止した。しかし、後述するように、ユダヤ人がソ連当局に雇用されたことを理由に、ユダヤ人全体が積極的に当局に協力したという「ユダヤ＝ボリシェビズム」と呼ばれる陰謀論が、この時期からさらに広まった。[Magocsi and Petrovsky-Shtern 2018：68-69]

東ガリツィア、ヴォリーニ／ヴォインにおける逮捕者数
（Mick 2016：271）

	全体	ポーランド人	ウクライナ人	ユダヤ人
1939 年 9 月 -12 月	10,566	5,406	2,779	1,439
1940 年 1 月 -12 月	47,403	15,518	15,024	10,924
1941 年 1 月 -5 月	8,594	1,121	5,418	801
合計	66,563	22,045	23,221	13,614

NKVDに逮捕、投獄されたウクライナ国民民主同盟（UNDO）の幹部

コスティ・レヴィツィキー
Кость Левицький
1859-1941
ハプスブルク期のウクライナ国民民主党の党首を務めた中道派の指導者。モスクワで14か月間投獄された。

ヴォロディーミル・スタロソリシキー
Володимир Старосольський
1878-1942
UNDO代表。シベリアで獄死。

ヴォロディーミル・ツェレーヴィチ
Володимир Целевич
1890-1943
UNDO書記。ヴォルガ河流域のサラトフで獄死。

オスタプ・ルツィキー
Остап Луцький
1883-1941
ポーランド下院議員。ロシア北方のコトラスで獄死。

ドミトロ・レヴィツィキー
Дмитро Левицький
1877-1942
ウクライナ語新聞『ディロ』編集長。ウズベキスタンのブハラで獄死。

フリツィ・テルシャコヴェツィ
Гриць Тершаковець
1877-1958
ポーランド下院議員でウクライナ系組合役員。シベリアに流刑され、戦後の1947年に解放されるが、翌年再度投獄され、獄死。

第二次世界大戦とガリツィア

ソ連支配下の東ガリツィアに対し、マウォポルスカ（西ガリツィア）はナチ・ドイツが設置した総督府（**DE** Generalgouvernement / **PL** Generalne Gubernatorstwo）の管轄下に入った。クラクフ県は **DE** クラカウ地区（Distrikt Krakau）に改められた。ポーランド総督に任命されたのは、ヒトラーの法律顧問を務めた側近、ハンス・フランク（Hans Frank 1900-1946）である。彼は、クラクフのヴァヴェル城に総督府を設置し、ドイツから引き連れたナチ党幹部を各地区の知事に登用した。その一方で副知事はドイツ人公務員が務め、末端の市長や町長はポーランド人が務めた。このように「総督府の行政はその底辺における官僚的徹底性とその頂点における党主導とを組み合わせたものであった」。[ヒルバーグ上 1997：151] クラクフ知事には、オーストリア出身のSS大将、オットー・ヴェヒター（Otto Wächter 1901-1949）が就任した。ソ連とナチ・ドイツの間では、東ガリツィアのドイツ人をドイツ占領地に移住させることが決められた。ナチ・ドイ

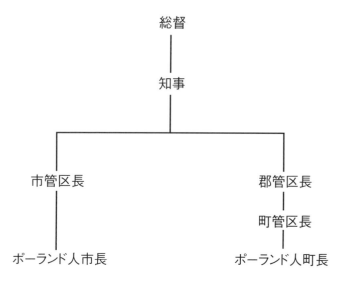

総督府の地方組織 [ヒルバーグ上 1997：152]

第8章

ツは、東欧ドイツ人のドイツ領への移住政策（「帝国に帰ろう（Heim
ins Reich)」）を進めていた。こうして東ガリツィアやヴォリーニなど
西ウクライをドイツ占領地に移住させることをドイツ占領地に移住さ
せることナから、13,6400 人のドイツ人住民が姿を消した。

　他方で西ガリツィアを支配したポーランド総督のフランクは、第一
次世界大戦時のようなドイツ側と協力するポーランド人政権を置か
ず、総督府の領域はドイツ国民のための「植民地」として扱うと発言
していた。[ヘルベルト 2021：143] 中東欧近代史家のマーク・マゾワー
は、第一次世界大戦期のドイツ帝国がポーランドに対して行った間接
支配と、この第二次世界大戦期のナチ・ドイツの直接支配を「あらゆ
る面で異なる」と指摘し、その理由を次のように説明している。

> 　[第一次世界大戦では] 皇帝の総督はハンス・フォン・ベーゼラー
> （Hans von Beseler）将軍という軍人であったのに対し、ハンス・
> フランクは [ナチ] 党幹部であった。フォン・ベーゼラーはポー
> ランド貴族の議会を設立し、ポーランドの独立を約束したが、フ
> ランクはポーランド人エリートの大量殺戮を指揮し、いかなる自
> 治の代替案も提示しなかった。ポーランド人はドイツ人のための
> 最低限の教育を受けた奴隷労働力となり、将来は自国の政治家を
> 必要としなくなるはずだった。『総統はポーランド人を同化させる
> つもりはない。彼らは強制的に切り捨てられた状態にされ、完全
> に自分たちの手にゆだねられることになる。（中略）我々は人種遺
> 伝の法則を知っており、それに従って物事を処理することができ
> る』。[Mazower 2008：91]

　このように、ナチ・ドイツの占領政策は、「アーリア人」社会の建
設のため「スラヴ人」や「ユダヤ人」などの「劣等人種」を除かなく
てはならない、という人種主義イデオロギーに基づいていた。この新
たな帝国主義支配下の社会では、「ドイツ民族リスト」と呼ばれる、

第二次世界大戦とガリツィア

地元住民をドイツ人の「血統」に近いとされた順（「ドイツ人の血統」「ゲルマン系」「雑種」「劣等人種」）に序列化したリストが作成され、そのリストによって各住民に色違いの証明書が配られた。ナチ政権は「純粋な」アーリア「人種」を頂点として住民の地位を上下に階層化し、住民の権利を制限したのである。また、ドイツ占領当局は、ドイツ国内の労働力不足を解消するために、れんが製造や道路建設などの「低質労働」に配置するためとして、1940年には30万人近い民間人と、28万7000人の戦時捕虜をドイツに移送した。[矢野 2004：59-60]

　人種主義政策に基づくナチ・ドイツのユダヤ人に対する迫害は、ポーランド侵略当初から始まった。ドイツ本国に編入されたポーランド西部地域に住むユダヤ人はすべて総督府の領域へ移住を強制された。フランクはこの100万人にのぼるユダヤ人を総督府内に受け入れ、将来的にさらに外部、すなわちアフリカのマダガスカル島に追放することを考えていた。同時にポーランド国内では小規模なユダヤ人の市中心部からの追放と隔離地区の設置も計画された。クラクフがまずその計画に選ばれたのは次の理由からである。フランクは、ポーランドの古都クラクフを「古きドイツの都クラカウ」に改造するため[Davies 2006：927]、ドイツ人移民を受け入れようとしていた。しかし、移住してきたドイツ人を入居させる住宅は、クラクフ市内では不足していた。そこで、この住宅不足を解消するため、市内の6万人のユダヤ人住民の追放が計画された。ユダヤ人評議会の説得によって23000人のユダヤ人が「自発的に」市外に移住した後、残りのユダヤ人に対し、1940年11月25日、ヴェヒター知事による退去命令が出され、ヴィスワ川を挟んで伝統的なユダヤ人居住区のカジミェシュ地区の対岸にあるポドグジェ地区にユダヤ住民は押し込められた。これが第二次世界大戦期におけるクラクフ・ゲットーの起源であった。[ヒルバーグ上 1997：160-161] 他方で、1940年4月末、ハインリヒ・ヒムラーの命令で、クラクフにほど近い街 PL オシフィエンチム／DE アウシュヴィッツのポーランド軍兵舎を転用した強制収容所が開設された。当

初ポーランド人が送られた同収容所は、1941年のヴァンゼー会議の「最終解決」の了承後、ポーランド内外から移送されたユダヤ人が収容された。ポーランド軍・ソ連軍捕虜、ロマ・シンティ、同性愛者らとともに殺戮の対象となった。

その一方で、占領者に協力する住民にはドイツ占領当局は支援を与えた。1939年6月、クラカウ／クラクフの総督府の下に「ウクライナ中央委員会（Український центральний комітет）」が設置された。委員長のヴォロディーミル・クビヨヴィチ（Володимир Кубійович 1900-1985）は、ウクライナ領土におけるポーランドの影響力の排除、PLヘウム／UAホルムやレムコ地方の住民に対するウクライナ民族意識の強化を図った。ドイツ占領当局にとって、ポーランド人を犠牲にしてウクライナ人を支援することは、自分たちが裁定者の役割を保持するために好都合であった。ウクライナ人は、国境地帯から追い出されたポーランド人の土地、ユダヤ人の所有地、企業、商店などを引き継ぐなど利益を得る代わりに、ウクライナ人の社会活動家は、ドイツ国防軍や親衛隊情報部（SD）、あるいはゲシュタポに協力した。[Hrycak 2000：221]

しかしウクライナ人勢力の中では、ナチとの協力をめぐって組織が分裂することもあった。OUN は第二次世界大戦前から、ナチ・ドイツと協力してウクライナ独立国家の建国を目指しており、ポーランド侵攻後、ナチ・ドイツはバンデラら、ポーランド政府によって収監されていた OUN の幹部を解放した。その後 OUN 内ではナチ・ドイツの協力に積極的なアンドリー・メリニク（Андрій Мельник 1890-1964）と、ナチ・ドイツの目的がウクライナ支配にあると疑念を抱いていたバン

フランク（右）を訪問するクビヨヴィチ（左）

第二次世界大戦とガリツィア

デラとの間で対立が深まり、OUN-M（メリニク派）とOUN-B（バンデラ派）に分かれた。しかし、対ソ戦準備のため、OUNは引き続きドイツ軍に協力する方針をとり、「ローラント」「ナハティガル（ナイチンゲール）」という義勇軍を結成した。

東ガリツィアのナチ・ドイツ占領支配

　1941年6月22日午前3時25分、リヴィウ／ルヴフのソ連軍飛行場が、突如ドイツ国防軍機による空襲に見舞われた。同日午後1時には、市内の数か所がさらに爆撃された。[Hryciuk 2000：180] モロトフ外相が正午過ぎにラジオで演説し、リヴィウ市に戒厳令が敷かれたが、既にこの時点でドイツ国防軍330万の兵力がソ連国境を越え前進していた。[大木2019：34-35] ナチ・ドイツからの奇襲に対して十分な準備をしていなかったソ連南西方面軍は混乱状態に陥り、2日後の24日にリヴィウ／ルヴフはドイツ南方軍によって陥落した。

　リヴィウ市内では、ドイツ軍の入城を前に、迫害を恐れるユダヤ市民が市外に逃れようとしたが、ソ連兵が市民の移動を阻止した。ソ連兵はさらに延期されていた政治犯の処刑を執行し、3,100人から3,500人ほどの人々が射殺された。[Mick 2016：288] かねてからナチ政権と関係を持っていたOUNはドイツ軍の入城前に蜂起を画策したが、ソ連軍に阻まれた。ソ連軍撤退後、6月30日にドイツ軍が入城すると、ソ連支配の解放を喜ぶウクライナ人市民はこれを歓迎した。リヴィウの歴史を著したドイツのジャーナリスト、歴史家のルッツ・C・クレフマンは次のように書いている。

リヴィウ空襲

第8章

通りや広場では、兵士は熱狂的に迎えられ、花束を投げられ、少女は兵卒の手に接吻した。多くの者が「ウクライナ万歳」(Slawa Ukrajna!) と叫び、[ドイツ兵に続いて行進するウクライナ義勇兵の]ナハティガル戦闘員が[英雄万歳（Heroj Slawa!）と]応答した。ウクライナ人はドイツ軍を侵略者ではなく、ソ連の解放者とみなしていた。特に[ソ連による]追放がまじかに迫っていた者にとってドイツ軍の進軍は、救済に感じられたのである。年配の女性は、急いでソ連の旗を縫い合わせてハーケンクロイツを作り、人々は「ドイツ軍万歳！ハイル・ヒトラー！」(Es lebe die deutsche Armee, Heil Hitler!) と勝利の標語を設置した。[Kleveman 2015：188]

リヴィウのポーランド人市民もまた、多くはソ連支配の終焉を歓迎したが、その一方で、ドイツの支援によってウクライナ国家が建国される可能性も警戒していた。実際リヴィウ／ルヴフ市内でハーケンクロイツとともに掲げられたのはウクライナ国旗であり、「ウクライナ人のためのウクライナを」というバンデラ派のポスターも各所に見られた。[Mick 2016：289] しかし 6 月 30 日夜にウクライナ国家の独立を宣言したヤロスラウ・ステツィコ（Ярослав Стецько 1968-1986）ら OUN バンデラ派の幹部は、入城したドイツ軍により直ちに拘束され、ベルリンに移送された。その後も OUN は表向きドイツとの協力が維持されているかのように発表したが、バンデラやステツィコをはじめ幹部の多くは、解放後もベルリンを離れることを許されなかった。

総督府の管轄下に入ったリヴィウ／ルヴフは、ウクライナ人教授が市長（Stadtkommandant）に任命された。東ガリツィアのウクライナ人勢力はこれからウクライナの独立が進むと期待した。しかし、フランクは既に 1940 年の時点で「ウクライナ人はドイツ国民の友人ではあるが、信頼はできない」と述べていた。[Motyka 2011：39] ナチ・ドイツは、東ガリツィアをあくまでドイツ人の「東部生存圏」の一部

として認識していたのである。1942年6月に作成されたナチ・ドイツによる東欧支配の青写真である「東部総合計画」によれば、戦争終結後の最初の四半世紀においてポーランド、バルト三国、ソ連西部地域の住民3100万人をシベリアに追放し、死に至らしめる一方、「ドイツ化できない」残りの住民1400万人は、東欧に新たに入植するドイツ人のために奴隷労働に従事すると定められていた。ウクライナ統一というウクライナ人の希望は無視され、東ガリツィアは、ナチ・ドイツがソ連から奪取した東ウクライナとは別に「ガリツィア地区」として総督府の管轄下に入ったのに対し、東ガリツィアと同様西ウクライナに含まれるヴォリーニは、東ウクライナとともに「ウクライナ高等弁務官区」に編入された。[大木 2019：93] 1942年夏、ナチ・ドイツ支配下で新たに強制労働を課せられた外国民間人55万人のうち、95％はソ連とポーランドから集められた。[矢野 2004：80]

　ヒトラーは、かつてオーストリアが146年に渡って統治したことを根拠に、ガリツィアが「ドイツ化」されるべき土地であるとみなした。

リヴィウ大学正面に掲げられたナチ旗（ポーランド国立図書館）

[Mick 2016：299] 1942 年までにリヴィウの 146 の通りと広場はドイツ語名に改められ、劇場では、一部を除きドイツ語劇が上演された。ストゥリスキ公園近くの高級住宅は、占領軍によって接収された。

既に総督府に隣接する東部のウクライナ高等弁務官区では、1941 年 11 月に指揮官としてエーリッヒ・コッホ（Erich Koch）が赴任すると、OUN が徹底的に弾圧されるとともに、ウクライナ人の文化団体と協同組合も閉鎖に追い込まれた。翌 42 年 1 月にはウクライナ語の初等教育が廃止された。さらに，ウクライナ高等弁務官区を含め旧ソ連領占領地域でいわゆる「東方労働者」計画が採択され、1942 年から 1945 年にかけて約 230 万人の住民がウクライナからドイツに労働力として徴発された。こうしたドイツの占領政策の転換に対してウクライナ人の間では、一般住民の自衛行動、地下組織運動、ソ連主導下のパルチザン運動が組織され，対独抵抗運動が進められた。[柳沢 2004：25]

他方で、総督府ガリツィア地区では、同じ「劣等人種」に入れられながら、ポーランド人、ウクライナ人、そしてユダヤ人のそれぞれの待遇は異なった。ドイツ占領当局は、東ガリツィアのポーランド人やウクライナ人の文化的・経済的活動を、ナチ・ドイツが支配する他地域の場合とは異なり、部分的に許可し、ポーランド人、ウクライナ人の協同組合も活動が再開された。ドイツ占領当局は、ポーランド人、ウクライナ人に互いに自らへの恭順を競わせようとしたのである。たしかに、ポーランド国家をナチ・ドイツ自身が破壊しただけに、占領当局は忠誠心に疑いのあるポーランド人よりもウクライナ人を優遇した。[Mick 2016：301] そのため、ウクライナ人は、ポーランド人より優先して占領当局の行政機関で職を得られたが、専門技術が必要な職種に適当なウクライナ人材が欠けていれば、ポーランド人からもしばしば登用された。ユダヤ人もまた、専門家や熟練労働者であれば軍需企業で働くことが許された。[矢野 2004：179] プシェミシル／ペレミシュリの占領当局は、内部報告でウクライナ人を「怠惰なでくのぼう」

第二次世界大戦とガリツィア

と見下していたのに対して、ユダヤ人専門家を「最善を尽くし、最大限のものを引き出す」と評価さえしていた。[ヒルバーグ上1997：274-275] また、ドロホビチの石油プラントを接収したドイツ系のカルパテン石油は、ユダヤ人技術者を利用するため、強制収容所への移送を行わないようリヴィウの当局に請願しており、フランクもユダヤ人の熟練工は収容所に移送しないよう、通達を出していた。[Friedlich bearb. 2014：427-428；矢野2004：180] その一方で、1943年11月までにガリツィア地区では、軍需企業で働いていない全てのユダヤ人労働者は収容所へ移送されたのである。[ヒルバーグ上1997：409]

ナチ・ドイツ占領下におけるテロルとホロコースト

総督府はガリツィアの各都市にユダヤ人のゲットーを設置し、ユダヤ人住民を強制移住させた。そのうちの一つであるリヴィウ・ゲットーは、1941年に開設、1943年までに解体され、収容者は郊外のヤノフスカ収容所やベウジェツ絶滅収容所に移された。ドイツのリヴィウ占領後のゲットーの生活、特に解体前後の4か月の壮絶な経験について詳細に記録したのがリヴィウのラビ、ダヴィド・カハネ（1903-1998　דוד כהנא）の『リヴィウ・ゲットー日記』である。カハネの日記は、ドイツ軍リヴィウ／ルヴフ入城後、7月1日から2日のウクライナ人によるポグロムから始まっている。その契機となったのが、リヴィウ／ルヴフ市内のソ連の監獄の解放であった。ドイツ軍に同行した親衛隊宣伝部は、収容所で殺害されたウクライナ人が埋められた墓地をユダヤ人に掘り返させたうえ、その様子を写真に記録し、市中に流布した。その目的は、ソ連によるウクライナ人収容者の虐殺をあたかもユダヤ人が行ったかのよう

ラビ、ダヴィド・カハネ

第8章

に装うことで、「ユダヤ人は全て共産主義者である」という「ユダヤ＝ボリシェビズム」プロパガンダを補強し、ウクライナ人のユダヤ人に対する憎悪をたきつけるためであった。ドイツ主導の戦争に複雑に民族的利害が対立しあう現地住民を統合するには、ユダヤ人＝ボリシェヴ

1941年、リヴィウの7月ポグロムを撮影するドイツ人兵士 [Kleveman 2015]

ィストという共通の敵マイノリティに焦点を定め、そこに攻撃の的を絞ったのである。[永岑2001：58-59] 帝国保安本部長官ラインハルト・ハイドリヒは、ユダヤ人掃討を任務とする特別行動隊（アインザッツグルッペン）に与えた指示の中で、リヴィウ占領の際に共産主義者とユダヤ人の掃討を、現地住民を扇動し、彼らの手による「自己浄化」として行わせるよう、あらかじめ指令していた。[野村2008：248-249；Himka 2021：200-201] ポグロムの様子をカハネは次のように描写している。

　　ドイツ人はユダヤ人を自宅や通りで捕まえ、監獄で働くよう強制した。その目的のために、彼らは、最近設置したウクライナ人警察の要員を招集した。ポーランド人とウクライナ人住民はドイツ人に心から助力したのである。その仕事は恐らく4日以内で完了した。毎朝1000人以上のユダヤ人が集められ、三つの監獄に分けられた。何百人もの人々が直ちにコンクリートの床を壊し、死体を取り除く労働を課せられた。他のユダヤ人は、中庭や監獄に押し込められ、射殺された。その墓地を開設する仕事を任された不幸な人々も全員が帰宅できたわけではない。墓からの死臭で気絶した者は、引きずり出され、直ちに射殺された。ブリギトキ監獄では感染症の症例があった。ガスマスクをつけたドイツ人の現場監督、将校、兵士が、ユダヤ人労働者の中を歩き回り、「復讐と

第二次世界大戦とガリツィア

は甘美なものよ！」と嘲弄していた。リヴィウの「アーリア系」住民の大群衆が、この身の毛のよだつ見世物に参加した。監獄の広場や中庭、廊下には喜びに満たされ、明らかに「シャーデンフロイデ(他人の不幸を喜ぶ気持ち)」から[ユダヤ人を]傍観する人々で一杯だった。度々「人殺しを撃て！」というヒステリックな声が聞こえた。あちこちでユダヤ人を殴るドイツ人に手が貸された。[Kahane 1990：6-7]

リヴィウ生のユダヤ人、エリヤフ・ヨネスも上記と同様の証言を残している。[野村 2008：175-180] 7月1–2日のポグロムでは、リヴィウの主席ラビ、エゼキエル・レヴィンも殺害され、ラビ・カハネは衝撃を受けた。同時期のガリツィアとヴォリーニでは153件のポグロムが確認された。[Himka 2019：199]

ポグロムが収まった後も市中には、保安警察（Schutzpolizei）が、行きかうユダヤ人に暴行を加えた。またカハネによれば、「(ユダヤ人狩り) 作戦で最も利益を得ていたのはウクライナ人警察であった。彼らは老人を探すという目的の下、夜にユダヤ人の家に押し入り、金を奪った」。[Kahane 1990：37] ポグロムの他にもユダヤ人の捜索や収容所の管理にウクライナ人、ポーランド人住民の協力者が少なからずいたことは、様々な文献で明らかにされている。しかし何故、ガリツィアのウクライナ人、ポーランド人住民の中にはナチのホロコーストに加担する者がいたのか。米の歴史家ティモシー・スナイダーは、政治哲学者ハンナ・アーレントの議論を踏まえ、主権国家の破壊とそれに伴う法による秩序の崩壊という構造的な要因を挙げている。現地住民を法による保護のない無権利状態に投げ出し、占領者に従属することでしか自身や家族の生命を守れないようにした結果、住民のホロコーストへの加担というモラルの崩壊をもたらしたとスナイダーは指摘する。[スナイダー 2016]

その一方でホロコーストへの組織的な関与について議論されている

のがOUN-B（バンデラ派）である。同組織のユダヤ人に対する態度については、戦間期から続く反ユダヤ主義を同組織のイデオロギーの本質として、ポグロムにも主体的に関与したと唱える研究者もいる一方、同組織の主たる敵は元々ソ連とポーランドであり、ユダヤ人の重要性は副次的であったと指摘する研究者もいる。OUNのポグロムやホロコーストの関与を示す史料については、ロシアのKGBが反ウクライナ民族主義の立場から、史料全体ではなく特定のものを選別し、これまで海外の研究者に提供してきたと批判する現代のウクライナ史家も多い。第二次世界大戦の記憶をめぐる現代の論争については次の第九章でも触れる。

いずれにせよ、OUNのホロコーストへの関与というテーマについて、ロシアのプロパガンダと切り分け、事実と当時の状況に基づいて検討されなくてはならないというのは、現代の国際的な研究者の共通理解である。独ソ戦直前の1941年4月の決議において、OUNバンデラ派は、ソ連行政に雇用されたユダヤ人を念頭に、「モスクワのボリシェヴィキ政府はウクライナ人の反ユダヤ感情を利用して、ウクライナ人の関心を悲惨の真の原因から反らし、失望の時期にユダヤ人に対するポグロムに結び付けた」とし、OUNバンデラ派が「ユダヤ人と戦うのはソ連の支持者であるからであり、彼らに真の敵がモスクワであることを気づかせるため」であると弁明していた。他方で、「ウクライナ女性同盟」代表のミレーナ・ルドニツィカ（Мілена Рудницька 1892-1976）は、ユダヤ人がソ連行政に雇用されたのは、ソ連による中間層の破壊と集団化により、生業を失ったユダヤ人が行政に頼ったためであるとしてユダヤ人側を擁護した。[Mick 2016：286；Himka 2021：169-170] しかしOUNバンデラ派内部では、ユダヤ人を「ウクライナ革命」の敵対勢力とみなし、

ミレーナ・ルドニツィカ

「我々に戦争を仕掛け、破壊しようとするロシア人、NKVD の代理人」の殺害を正当化し、ナハティガルなどに属するウクライナ人兵士を扇動する者さえ現れていた。若干の救うべき例外を除き、他住民からユダヤ人を隔離し、その多くを殺害することを OUN は望んでいたと北米のウクライナ史家ジョン・ポール・ヒムカは指摘する。[Himka 2021：241] ただしドイツ占領当局の配下でポグロムに直接手を下したウクライナ人兵士や警察官は、全員が OUN に加入していたわけではない。またこの時期のユダヤ人に対する暴力を、ウクライナ人民族主義者に特有のものと断定するのではなく、第一次世界大戦で現地住民が起こしたポグロムから続く、反ユダヤ主義と暴力の連鎖からも捉えるべきであるという議論もある。弁解論や政治的な論争を超えて、OUN とホロコーストとのかかわりは今後さらなる調査研究が必要とされている。[Magocsi and Petrovsky-Shtern 2018：77]

東ガリツィアにおけるゲットーの設置とユダヤ人殺戮

1941 年 8 月、国家臨時委員会スタニスラヴィウ州支部長を務めていたゲシュタポ隊長は「ヒトラーはとても良い人である [⋯] 戦中は他民族から隔離されることでユダヤ人は平和に暮らし、働くことができる」と演説した。このようにドイツ占領当局は、現地住民のポグロムからユダヤ人住民を「保護するため」として、東ガリツィア各都市のゲットーの設置を正当化した。[Himka 2019：204-205] しかし、ゲットーの隔離はナチの対ユダヤ人政策が決定するまでの暫定措置に過ぎなかった。リヴィウ・ゲットーはリヴィウ／ルヴフ北のザマルストノウ、ズニエストルニエ、クレパルウ地区に加え、ユダヤ人街があったスロネチュナ（晴天）通りを含む形で設置され、10 万人以上が暮らすポーランド第三の規模のゲットーとなった。

ホロコースト史家ラウル・ヒルバーグがゲットーを「囚われ人の都市国家」と呼ぶように [ヒルバーグ上 1997：180]、外部との接触がほとんど絶たれたユダヤ人住民の隔離区域では、ユダヤ人評議会による

第 8 章

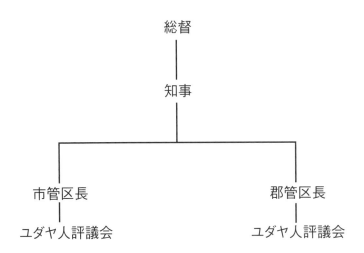

ユダヤ人評議会に対する総督府の支配機構 [ヒルバーグ上 1997：168]

自治が行われた。しかし、ユダヤ人に対しては、飢餓化、強制労働、財産の押収が、一連の経済的措置として取られため、生活水準は劣悪であった。ゲットーでの生活に耐えながら、ラビ・カハネは評議会の文化部で働き、ユダヤ教の祭具や書物などを当局の目に触れぬように密かに保管する作業を行っていた。しかしゲットーの収容能力は既に限界を超えていた。ナチ幹部の間ではユダヤ人をマダガスカル島やソ連東方に追放するというナチ政府で検討されていたが、フランスの反対や独ソ戦の膠着から実現不可能であった。

　こうしてユダヤ人の集団殺戮が、ドイツ占領当局によって命令された。その最初の事例は、スタニスラウ／スタニスワヴフ／スタニスラヴィウのゲットーであった。同市のゲットーは、市内すべてのユダヤ人を収容するには小さすぎ、加えてハンガリーのユダヤ人も収容しなくてはならなかった。親衛隊・警察指導者フリードリヒ・カッツマン

第二次世界大戦とガリツィア

とガリツィア地区治安警察司令官ヘルムート・タンツマンは、ユダヤ人収容人数に合わせるため、市内の「過剰な」ユダヤ人の射殺を命じた。1941年11月12日、約1万人のユダヤ人市民が殺された。東ガリツィア最初の大量射殺は、いわゆる「血の日曜日」と称され、リヴィウ／ルヴフでも同様の殺戮が11月から12月にかけて行われた。[永岑2006：62-63]

ゲットーの解体とユダヤ人救助

1941年12月16日、ベルリンのヴァンゼー会議の出席を前に、総督のフランクはクラクフで幹部を集めて会議を開き、ユダヤ人の絶滅について議論した。ポーランドは西欧から離れた「東方」であるため、絶滅収容所の中心地とされた。[ヒルバーグ上1997:366] 42年1月ヴァンゼー会議と同時期に、ガリツィア地区のカール・ラッシュ知事が汚職事件を理由に逮捕、処刑され、クラクフ知事を務めていたSS（親衛隊）大将オットー・ヴェヒターが新たにガリツィア地区の知事に任命された。こうしてSS支配がガリツィアでも強まり、同地域におけるユダヤ人の「最終解決」が本格化したのである。

晩年のシェプティツィキー府主教（リヴィウ歴史博物館）

1942年3月にリヴィウ／ルヴフでは「三月作戦」と呼ばれるユダヤ人狩りが市内で行われ、郊外のヤノフスカ収容所に送られた。8月にはリヴィウ・ゲットーが解体されるという噂がユダヤ人の間で流れる中、ラビ・カハネは、ユダヤ人の学生を助けるため、以前から親交のあったシェプティツィキー府主教に彼らを教会に匿ってもらうよう依頼した。しかし、第三帝国の築いた人種主義ヒエラルヒーの下層に置かれ、「劣等人種」とみなされていたポーランド人やウ

クライナ人がユダヤ人を救うには、ナチによる抹殺を覚悟しなくては
ならなかった。ヒルバーグが指摘するように、「ポーランド人やウク
ライナ人の援助者は、同じような活動を行ったデンマーク人やオラン
ダ人よりもはるかに大きな危険にさらされた」のである。[ヒルバー
グ下 1997：283]

　当時、86 歳の老齢の府主教は病を得て身体も動かず、眼も十分に
見えない状態であったという。しかし、府主教は、ナチによる捜索の
恐れがあることを承知で、150 人のユダヤ人生徒を教会に匿うことに
同意した。「ユダヤ人を匿うことは死のリスクを抱えていたにもかか
わらず、私たちは危険な時期に彼の助けを頼りにできた」とラビは書
いている。[Kahane 1990：59]

　シェプティツィキー府主教は既に、SS 部隊にウクライナ人を雇わ
ないようヒムラーに求めていた。1942 年、旧約聖書の戒律の一つ「汝
殺すなかれ」と題した信徒への書簡の中では、ユダヤ人殺戮の直接的
な言及はなかったものの、殺人をとがめ、隣人愛をキリストの教えの
本質として改めて説いている。「愛なくしては信仰さえも死すのであ
り、愛なくして人は無である」「神の五番目の戒律『汝殺すなかれ』
を犯した者は神に対してすべてを抱合する聖なるキリストの隣人愛を
最も否定し、自己を破壊している。殺人者は、聖なる社会から、神が
人間性を表すとした家族から自らを疎外している」と府主教は書簡の
中で述べた。[Sheptytsky 1942] ただし、シェプティツィキー府主教の
ナチとの関係は、これまでしばしば批判的に取り上げられ、論争を呼
んできた。ドイツ軍の占領当初、1941 年 7 月 1 日の信徒宛の公開書
簡では、府主教は、ドイツ軍を「解放者」として迎え、OUN のヤロ
スラウ・ステツィコを西ウクライナ政府の首長として認めるように求
めたからである。[野村 2009：180-181] 近年のウクライナ史学の研究
では、書簡の著者が府主教本人かどうかで疑義が出ており、占領当初
に府主教がナチの支配を容認したのは、反共産主義という彼の信念か
ら理解されるべきという指摘や、ウクライナ人勢力の象徴的存在で

第二次世界大戦とガリツィア

あった府主教が、勢力内を分断する恐れのある政治的行動を起こすのには限界があったという指摘もある。[Himka 2014] 他方で、翌1942年5月28日に府主教が教皇ピウス十二世に宛てた書簡の中では、リヴィウのユダヤ人15000人が殺害され、同市のユダヤ教共同体がその犯行をすべて「ウクライナ人が行ったかのように証言するよう、当局に強制された」と府主教は報告していた。同書簡では続けて、ユダヤ人を含む「何百、何千という知識人が敵であるという理由だけで判決なしに殺害され」、ナチの友人や同盟者とされたウクライナ人は当局に「裏切られた」と述べられており、その理由としてナチの支配機構が「良識ある住民や社会集団」同士の対立を煽ることで、住民の財産の「没収や私有財産の『国有化』」という自らの目的に利用したことが挙げられている [Friedlich bearb. 2014：235]。この書簡からは、様々な制約から積極的な抵抗姿勢を示せなかった点で限界がありながらも、府主教が、ホロコーストをはじめナチによる住民殺戮を認識し、明確に非難していたことがわかる。

　ユダヤ人学生が匿われた翌日、ゲットーは閉鎖され、占領当局によってユダヤ人住民を郊外のヤノフスカ収容所やさらに遠方のベウジェツ絶滅収容所に移送する「作戦」が開始された。ラビ・カハネは、府主教の弟クリメンティー・シェプティツィキー（Климентій Шептицький 1869-1951）修道院長の計らいで家族とともに修道院に滞在し、身分を偽るためドイツ系の皮革企業の労働証を手に入れていた。しかし、労働証を携帯していたにもかかわらずラビは路上でウクライナ人警察に逮捕され、ヤノフスカ収容所に連行されてしまう。

クリメンティー・シェプティツィキー修道院長（リヴィウ歴史博物館）

　収容所に着いたラビ・カハネは、「あなたの足の履物を脱ぎなさい、あなたの立っている場所は聖なる地である」（出エジプト記

三章五節。自らの権利を失い奴隷の立場に立つという意味）という聖書の一文と「ここを通るものは全ての希望を捨てよ」というダンテの箴言が頭に浮かんだという。ヤノフスカ収容所は当時東ガリツィア最大のユダヤ人労働者の収容所であり、隣接

ヤノフスカ収容所正門

する親衛隊の車両修理工場の他、リヴィウ市内の清掃作業やユダヤ人墓地の破壊作業など、様々な強制労働をユダヤ人は課せられた。[野村2008：194] ラビ・カハネもまた、「最も汚く、暗い」第五バラックで生活し、ゲットー跡地のドイツ企業の工場で刃物を製造する労働を日夜課せられた。

　ある日、ラビは、修道院に匿われ続けている妻の手紙を受け取った。収容所の悲惨な現状を聞き、脱出を勧める内容であった。たしかに収容所から作業所のあるゲットー跡地まで移動する際に、隙を見つけて逃亡することも可能であることをラビは知っていたが、連帯責任で収容者が処刑されることを恐れ、この時は脱出を断念した。しかし、翌年、状況は変化する。

　　1943年5月23日、私は夜勤をした。通常、収容所の労働者は朝に出勤する。その朝、労働者が来なかったので、私たちは何かがおかしいと気づいた。数時間後、収容所が包囲され、恐ろしい光景が繰り広げられていることを知った。数日後に到着予定のゲットーからの健康なユダヤ人のスペースを確保するため、ドイツ軍は収容所内の6、7千人のユダヤ人を清算している最中だった。1時間ほどして、[ドイツ企業の] VIBの作業場の責任者は、夜勤者全員を収容所に送り返すよう電話で指示を受けた。これが何を意味するかはわかっていた。誰もが、できる限りの方法で自分の身

第二次世界大戦とガリツィア

を守ろうと決めた。[Kahane 1990：118]

　既に以前からヤノフスカ収容所では、ベウジェツ絶滅収容所に移送する者とヤノフスカ収容所にとどまらせる者が選別されていたが、この段階では、SS 部隊が直接、収容者をその場で射殺していたのである。決死の覚悟でヤノフスカ収容所を脱出したラビ・カハネは、ユーラ大聖堂にたどり着き、6 月 1 日に府宗教の指示で図書室に匿われた。1944 年のリヴィウ／ルヴフのソ連奪回まで、ラビ・カハネは生き延びることができた。1943 年 11 月には、ヤノフスカ収容所で収容者による蜂起と収容所からの脱走が起きている。

　しかし、ラビ・カハネなど一部を除き、リヴィウ／ルヴフのユダヤ人住民は、その多くがさらに絶滅収容所に移送された。1942 年までにアウシュヴィッツ強制収容所に隣接してビルケナウ絶滅収容所が設置され、ベウジェツにも絶滅収容所が開設された。ベウジェッツ絶滅収容所は、ソビブルやトレブリンカとともに、1942 年の「ラインハルト作戦」の一環として建設された。内部は収容者が「中継収容所」と誤解させるため小規模で簡素に作られ、ガス室はシャワー室に偽装された。警備用にはウクライナ兵一個中隊が配備された。ラインハルト作戦によってリヴィウのゲットーから移送されたユダヤ人 45 万人がここで殺害されたのである。

　ガリツィアでは 1942 年初夏と、42 年 12 月から 43 年 1 月までの移送停止期間中は、大虐殺が移送にとって代わった。多くの場合、老人と病人のユダヤ人は全く移送されず、射殺されたのである。[ヒルバーグ上 1997：376]

　ポーランドの歴史家グジェゴシュ・フリツィクによれば、1939 年以降、他地域からユダヤ人住民が移送されたことで一時的に増加した東ガリツィアのユダヤ人口は、1944 年までにその約 9 割が殺害された。死者数は研究者の試算によって異なるものの、少なくとも 50 万人近くと考えられている。

第 8 章

東ガリツィアのユダヤ人口の変化（1931–1944）[Hryciuk 2005：237]

年	東ガリツィア全体	リヴィウ / ルヴフ県	スタニスラヴィウ / スタニスワヴフ県	テルノーピリ / タルノポル県
1931	490,459	216,596	139,746	134,117
1939	522,270	230,000	149,140	143,130
1943	87,466	40,957	4,036	42,473
1944	26,019	19,117	2,316	4,586
1931-1944	- 464,440	- 197,479	- 137,430	- 129,531
1939-1944	- 496,251	- 210,883	- 146,824	- 138,544

ナチ・ドイツ占領支配の終焉とポーランド・ウクライナ紛争

1943年2月のスターリングラードの戦いでドイツ軍がソ連軍に敗北すると、ドイツ軍は西方へ撤退し始めた。しかし、ナチ・ドイツの東欧支配が揺らぎ、ソ連の再占領が進む間、ガリツィアでは権力の空白が生まれようとしていた。その結果、ポーランド人、ウクライナ人勢力の間では、同地域の支配をめぐる紛争が激化したのである。

OUNでは、既に新たな軍事機構が組織されていた。まずOUNバンデラ派や反ソ・反独勢力は、1942年秋に「ウクライナ蜂起軍（Українська повстанська армія, УПА / UPA）」、通称UPAを結成し、ロマン・シュヘーヴィチ（Роман Шухевич 1907-1950）が司令官に就任、反ソ・反独・反ポーランド武装闘争を本格化させた。他方、戦況で劣勢に立たされたドイツ占領当局に対しては、その過酷な統治に対する不満が、現地住民の間で噴出した。戦後のニュルンベルク法廷の審理で提出された、ウクライナ中央委員会委員長のクビヨヴィチが1943年2月フランクに宛てた覚書によれば、クビヨヴィチは、ウクライナ人労働者が強制労働の末に死亡した事例やガリツィア地区の治安の悪化を指摘するとともに、「ポーランド人による虚偽の密告」によって、無実のウクライナ人住民が反ドイツと疑われドイツ占領軍により処刑されていると非難していた。ウクライナ人がドイツ人とともにボリシェビズムと戦い「新たなヨーロッパ」を建設するためには、「正当な秩序や生活と労働の安定」が前提であるとクビヨヴィチは主張し

たのである。[Kubijowytsch 1947] ウクライナ人の不満を和らげるため、ドイツ占領当局は、ウクライナ中央委員会とメリニク派による独自のウクライナ軍事機構の創設を許した。これが親衛隊配下の第十四武装擲弾兵「SS ガリツィア師団（SS-Galizien）」である。SS ガリツィア師団は、単にウクライナ人から構成されるだけでなく、ギリシャ・カトリックの司祭も従軍するなど、ウクライナ民族のアイデンティティを体現する組織とみなされた。[柳沢 2008：12] 対するポーランド側では、国内軍（Armia Krajowa）が結成され、1944 年 8 月から 10 月のワルシャワ蜂起をはじめ、ポーランド人の対独武装闘争を主導していた。

　1943 年初頭、ポーランド国内軍と OUN バンデラ派の間で交渉が持たれたが、東ガリツィアの領有をめぐり両者は折り合えなかった。ポーランド側はあくまで大戦前のポーランド国境までの領土の回復を目指していたのに対し、ウクライナ側は完全独立を唱えたためである。同時期、ロンドンのポーランド亡命政府とソ連の間では、1943 年 4 月末にナチ・ドイツが「カティンの森」事件を公表したことで、関係を断行するまでに悪化していた。亡命政府とソ連はそれまで東ガリツィア、ヴォリーニを含む西ウクライナの領土と国境線をめぐり交渉を続けていたが、フルシチョフは「ウクライナの統一」をウクライナ人の悲願として、西ウクライナ（東ガリツィア、ヴォリーニを含む）全土の領有権を正当化していた。ソ連の助力を必要とするイギリスは、ポーランド亡命政府首班スタニスワフ・ミコワイチク（Stanisław Mikołajczyk 1901-1966）に、1921 年のリガ条約で定められた旧東方国境線ではなく、ルヴフ／リヴィウ地方をポーランド領に含める代わりに、残りの東ガリツィアをソ連に割譲するという、ポーランド・ソヴィエト戦争時のカーゾン線 B 案を将来のポーランド国境にするよう迫った。

スタニスワフ・ミコワイチク

ミコワイチクは、イギリスに領土問題の交渉を委ねたが、英首相チャーチルは、1943年11月のテヘラン会談でルヴフ／リヴィウの帰属もソ連に譲るカーゾン線A案を呑んでしまう。しかもこの時、チャーチルは領土が変更される際、「何箇所かで住民交換」を行う可能性にも言及していた。[広瀬1993：79-82；Markowski 2021：15-16]

　他方で、「ポーランド国内軍ルヴフ地区（Okręg Lwów Armii Krajowej）」はヴワディスワフ・フィリプコフスキ（Władysław Filipkowski 1892-1950）大佐の指揮下に、1943年初頭、東ガリツィアで密かに蜂起の準備を進めていた。青年期のスタニスワフ・レムもまた、このポーランド人の抵抗運動にかかわっていた。[レム2004]

　しかし、OUNバンデラ派はポーランド国内軍の蜂起の情報を事前に察知していた。同軍がポーランドの他地域からも援軍を得て、西ウクライナ全域を掌握することは、第一次世界大戦後のポーランド・ウクライナ戦争の結末をOUN幹部に思い起こさせた。ウクライナの独立を実現する上で今や最大の障害がポーランドとなったのである。[柳沢2004：32] こうしてOUNバンデラ派内では、「ポーランド人」に対する先制攻撃論が高まる。他方で、ポーランド国内軍の間でも、独ソと並んでウクライナ人は「最悪の敵」とみなされ、ウクライナ人住民をソ連領に追放すべきという意見が多数であった。[Mick 2016：319]

　OUNバンデラ派・UPAとポーランド国内軍のどちらが攻撃を先に仕掛けたかは、現在も議論となっている。しかし両軍の戦闘中、OUNバンデラ派、UPAによって1943年1月と2月には、リヴィウ州とテルノーピリ州の一部、3月と4月には、スタニスラヴィウ州でポーランド人住民の虐殺が発生した。ポーランド人研究者の試算では1943年末までのポーランド人の死者は1000から2000人にのぼるとされる。[Motyka 1997：376；Hryciuk 2005：315] 翌1944年にもOUN／UPAは東ガリツィアの各地のポーランド人集落を襲撃し、13,000から16,000人が殺害されたとポーランド人研究者は推計している。[Hryciuk 2005：315] 東ガリツィアでのUPAの作戦はポーランド人住

第二次世界大戦とガリツィア

民の殺害よりも追放に重きが置かれており女性や子どもに対する殺害も控えられたため、同時期のヴォリーニでOUN/UPAによって推定5万人近くのポーランド人住民が虐殺された事件と比べ犠牲者数は少なかった。しかし、個人、家族、農村共同体など民間人を標的とする悲惨な殺戮が作戦中に発生したことに変わりはない。[Motyka 2011：191]

たしかにUPAの内部には、同組織の創設者の一人、タラス・ブリバ＝ボロヴェツィ（Тарас Бульба-Боровець 1908-1981）などのように、ポーランド人との「兄弟争い」は疑いようのない誤りだと批判する者もいた。[Hrycak 2000：256] 1943–44年のOUN及びUPAによるポーランド人の殺戮は、作戦の計画性や残忍性においてホロコーストに加担することで学んだと歴史家のスナイダーは指摘する。[Snyder 2003：162] OUNバンデラ派とそれが率いるUPAの兵士による殺戮は、ポーランド人だけにとどまらなかった。1943年にはライヴァルのOUNメリニク派や、ブリバ＝ボロヴェツィの関係者とされたウクライナ人もまた殺害された。

ウクライナのもう一つの軍事機構であるSSガリツィア師団もまた、1944年2月にはフタ・ピェニアツカの集落を燃やし、500人のポーランド人住民を虐殺するなど、数々の住民虐殺を犯していた。またSSガリツィア師団は、SS部隊の傘下で東欧各地のユダヤ人殺戮にも関与したとされる。

第一次世界大戦後のガリツィア戦争では、停戦に向けて協力していたギリシャ・カトリックとローマ・カトリックも、今回は両者の間の連携を図ることができなかった。シェプティツィキー府主教は「汝殺すなかれ」という戒律を双方の信徒に向けて発するよう、リヴィウ／ルヴフのローマ・カトリック大司教ボレスワフ・トファルド

タラス・ブリバ＝ボロヴェツィ

フスキ（Boresław Twardowski 1864-1944）に呼びかけた。しかし、両者の間では、住民殺戮の経緯や責任をめぐって意見が対立し、共同声明はまとまらなかった。その一方で、ウクライナ人住民の中には自発的にポーランド人の隣人を保護する者もあった。現代のポーランド人歴史家ロムアルト・ニェジェルコは、東ガリツィアでポーランド人住民を救ったウクライナ人を「正義の人」として記録し、

ヴォリーニ、東ガリツィアの虐殺事件の犠牲者追悼碑（ポーランド、ヴロツワフ、2023年）。戦後東ガリツィアから多くのポーランド人住民が移住したヴロツワフの犠牲者追悼碑には、現在ポーランドとウクライナ双方の国旗の色のリボンが結ばれた花束が供えられている。

628人のポーランド人を救ったウクライナ人は488人に上るとしている。[Niedzielko 2007] ギリシャ・カトリック司祭もまた、教会内にポーランド人住民を保護したり、UPA部隊と交渉し、人質となったポーランド人住民解放の交渉を行った。[Motyka 2011：230]

　東ガリツィアの各地で民間人の虐殺を引き起こしながらも、OUNバンデラ派は、独ソの「帝国主義勢力」とその「協力者」であるポーランドに抵抗し、「被抑圧民族」を代表する組織として自らを正当化した。綱領ではウクライナ運動と他の抑圧された諸民族との連帯が謳われた。ヴォリーニを占領したUPAは、1943年8月から、ソ連軍の捕虜や脱走兵などからアゼルバイジャン人、アルメニア人、グルジア人、ウズベク人、カザフ人、タタール人、リトアニア人の部隊を編成した。同年11月22日、OUNバンデラ派は、当時のソヴィエト連邦下の13の民族の代表が参加する「東欧・アジア被抑圧諸民族会議」を開催した。この会議では、東欧とアジアの人民による共同委員会の設立と、すべての抑圧された人民による統一戦線の結成が提唱された。[Hrycak 2000：253；柳沢 2004：29]

第二次世界大戦とガリツィア

しかし、1943 年末にはソ連軍の新たな反攻が始まった。翌年初めにはポーランド国内軍も「嵐」作戦と呼ばれる武装蜂起を全国で展開していた。東ガリツィアでもポーランド国内軍は、各地で UPA や SS ガリツィア師団、ドイツ軍と戦った。特にリヴィウ市郊外の集落ハナチウでは、国内軍はヴォリーニから逃れたポーランド人住民や、プシェミシル／ペレミシュリの強制収容所から脱走したユダヤ人を保護しながら、UPA の攻撃を撃退した。[Markowski 2021：96-97] ハナチウはドイツ軍によって平定されたが、1944 年 7 月 22 日にリヴィウ市内でも国内軍の作戦が本格的に開始された。作戦には 3200 から 3300 人のポーランド兵が参加し、鉄道施設や警察署をドイツ占領当局から奪取した。対して UPA はドイツ軍、ポーランド国内軍、ソ連軍との戦闘で戦力を消耗し、弱体化していた。根拠地であったヴォリーニから撤退した UPA はカルパチア山脈に逃れ、ゲリラ戦を続けた。他方で SS ガリツィア師団も、既にこの時点では UPA と事実上対ソ戦で共闘関係を築いていた。[Yurkevich 1986：78] 同師団は、ドイツ軍によって東ガリツィアのブロディ戦線に配備されたが、7 月のソ連軍との戦闘で壊滅状況に陥り、スロヴァキアに撤退した。

　ソ連軍は 1944 年 6 月にバグラチオン作戦と呼ばれる大規模な反攻作戦を行い、翌月には東ガリツィアのドイツ軍の防衛線を突破、同地域全域の掌握を目指す中、7 月 26 日から 27 日にかけてドイツ軍はリヴィウ市中から撤退していた。ソ連軍の機先を制して同月 27 日にポーランド国内軍はリヴィウ市庁舎を占領し、ポーランド国旗を掲げた。しかし、ドイツ軍と入れ替わるように入城したソ連軍は、直ちに市中のポーランド国旗を撤去した。7 月 28 日にポーランド人兵士は武装解除され、国内軍ルヴフ地区幹部は「ソ連兵の殺害、武器の隠匿、ウクライナ人の婦女暴行」の責任を問われ、ソ連の秘密警察の NKGB や NKVD によって逮捕された。[Markowski 2021：175-176] 7 月 30 日、フルシチョフがリヴィウ／ルヴフに入り、ソ連軍のリヴィウ占領が祝われた。同市がポーランド人の「ルヴフ」に戻ったのはわずか数日間

だけであった。だが、ソ連のリヴィウ／ルヴフ占領後も、UPA は依然としてカルパチア山脈などで武力闘争を続けており、ユダヤ人住民がほとんど失われた東ガリツィアでは、依然としてポーランド人とウクライナ人の対立が深刻化していた。

1944 年 11 月、ロンドンでは、ルヴフ／リヴィウのポーランド帰属を求め続けていたミコワイチクが亡命政府首相を辞任し亡命政権が求心力を失う一方、同年 7 月にソ連を後ろ盾として共産主義系のポーランド国民解放委員会がルブリンに設立、12 月に臨時政権を発足させた。解放委員会も 7 月の時点では、ソ連との国境をカーゾン線 A とすることには同意していたがルヴフ／リヴィウはポーランド領に含めるべきという声も依然、内部で強かった。しかし、1945 年 2 月のヤルタ会談では、既にリヴィウ／ルヴフを手中に収めているソ連の求めによって、同市を含む東ガリツィア全土をソ連領とする国境線を米英が追認した。[広瀬 1993：179] 戦況で劣勢に立たされる中、ナチ・ドイツはウクライナ人勢力の支持をつなぎとめるため、ドイツ国内に収監していたバンデラなど OUN 幹部を解放した。彼らは「ウクライナ国民委員会」を 1945 年 3 月に結成し、SS ガリツィア師団の残存兵から新軍を編成しようとしたが、8 月にベルリンは陥落した。バンデラは戦後西ドイツのミュンヘンに滞在していたが、ソ連側のスパイによって 1959 年に暗殺されてしまう。

1944 年 11 月 1 日、シェプティツィキー府主教は死去した。生前彼は、ローマ・カトリック側との停戦に向けた協力も失敗に終わり、自身の力の限界を感じながらも、武力による民族紛争の解決には反対し続けていた。1943 年に『リヴィウギリシャ・カトリック主教新聞』に寄稿した文章の中では「復讐を天に求めるこの流血の叫びを止めるにはどうすればよいか？」と自問し、「全能の神の恩寵だけが私たちを助けることができる。私たちに有効な手段はただ一つ、祈りである」と述べていた。[Motyka 2011：240-241] しかし、彼が願い続けた、戦後のガリツィアでウクライナ人とポーランド人が共存する未来は、民

族問題の決着を望む連合国と社会主義政権によって、その可能性を閉じられようとしていた。

第九章

第二次世界大戦後のガリツィア

イヴァノ＝フランキウシクの中心部に保存されているポーランド国民詩人アダム・ミツキェヴィチの銅像

プシェミシルに再興された合同教会派の聖ヨハネ聖堂

第二次世界大戦後、ユダヤ人口のほとんどを失ったガリツィアは、さらなる人口の変化を経験した。ポーランド・ウクライナ間の住民交換によって、旧西ガリツィアのウクライナ人はウクライナへ、東ガリツィアのポーランド人はポーランドへ移住を余儀なくされたのである。移住に抵抗するウクライナ人住民に対してポーランド政府は「ヴィスワ作戦」を展開し、ポーランド東部に追放した。西ガリツィアはポーランド人が、東ガリツィアはウクライナ人がほぼ大半を占めることになり、前者は現在のマウォポルスカ県、ポトカルパッカ県、後者は西ウクライナのリヴィウ州、イヴァノ＝フランキウシク州、テルノーピリ州として再編された。こうして多民族が共住するガリツィアは過去のものとなったのである。しかし、ガリツィアの歴史的記憶は、ウクライナ国内では抑圧される一方、国外に亡命・移住したウクライナ人、ポーランド人の間で受け継がれた。冷戦終結後は、「ヨーロッパへの回帰」が唱えられるウクライナ、ポーランド両国でガリツィアは再び注目を集めている。

ポーランド・ウクライナ間の住民交換

　中東欧の戦後は民族移動の時代であった。同地域を移動した約3,100万人の人々の大半を占めたのがドイツ人であり、これにポーランド人が続いた。しかし、なぜ彼らは移住を余儀なくされたのか。その背景にはソ連の西方進出とそれに伴う国境の変更がある。1944 年 7 月、ソ連はポーランドに樹立したルブリンのポーランド臨時政権と国境を画定し、西ウクライナ、ベラルーシ西部の領土を獲得した。代わりにポーランドは旧ドイツ領の東部領土を自国領に含めることを約束された。その一方で、それぞれの領土に残る少数民族は国境の外に追放された。ポーランド領内のドイツ人の追放が、第二次世界大戦のナチ・ドイツによる侵略の「報復」としての側面と新領土（ポーランド側は中世ポーランド以来の「回復された領土」と呼んだ）の「ポーランド

第 9 章

化」の側面の双方があった一方で、ソ連政府による自国領からのポーランド人の追放は、1939年のポーランド侵攻以来の「ソヴィエト化」の継続といえる。また追放政策が行われたのは、ソ連占領統治に対する現地住民の抵抗運動を抑えるためでもあった。ソ連側によってポーランド国内軍幹部が逮捕された後も、リヴィウのポーランド人の間では、NIE（反体制、独立）と呼ばれる地下組織が結成され、ソ連占領軍に抵抗し続けた。これに対し、ソ連当局は、1944年から1946年にかけて、地下組織関係者約4000人を逮捕した。また、1945年1月9日までに「反ソ分子」として逮捕された772人の中には、14人の大学教授、21人の技術者、6人の医師、5人の司祭が含まれていた。ソ連当局はポーランド人をドンバスの鉱山にも労働力として動員した。[Motyka 2011：287] 他方でUPAはカルパチア山脈周辺を拠点に、ソ連、ポーランド双方に対し、抵抗運動を続けた。UPAは度々ポーランドの警察や軍隊を攻撃し、ポーランドの移住者を防ぐために空き村を焼き払った。

　ポーランド、ウクライナ双方の草の根の抵抗運動に手を焼くソ連占領当局と、ソ連の指導下で樹立されたルブリンのポーランド社会主義政権（人民解放委員会）は、問題の根本的な解決策として双方のマイノリティ住民の移住を構想する。1944年9月9日、ソ連のウクライナ社会主義共和国第一書記ニキータ・フルシチョフは、ポーランド人民解放委員会の代表エドヴァルト・オスプカ=モラフスキ（Edward Osóbka-Morawski 1909-1997）とルブリンで会談した。両者の間で交わされたルブリン協定によって、ウクライナ領にいるポーランド人とポーランド領にいるウクライナ人の住民交換が決定された。移住は公式には住民の「自発的」な意思によって

ルブリン会談（1944年）

第二次世界大戦後のガリツィア

行われなくてはならないとされた。ヤルタ会談が始まる1945年2月1日までに移住の完了を目指し、ポーランド側、ウクライナ側双方で「再定住委員会」が設置された。最初の移住は、ウクライナ人口が多くを占めながらもポーランド領とされたヘウムであり、次にカルパチア山脈周辺のレムコ人が対象とされた。

　しかし、1945年に入り2月を過ぎても住民の自発的な出国は進まなかった。それまで反目していたポーランド自由独立軍（AK-WiN）とUPAは同年7月に地元の住民の犠牲を減らすため双方の戦闘を中止し、共にソ連の占領統治に抵抗することを発表した。AK-WiNとUPAは、局地的にはソ連軍や治安警察に対し襲撃を行う共同作戦を実施することもあった。[Motyka, Wnuk 1997] 7月24日には、ルブリン、ジェシュフ、クラクフの三県から10人のウクライナ人住民代表とポーランド政府との間で会談が開かれ、ポーランド政府が移住への協力を期待したのに対し、ウクライナ人代表者は、むしろ移住を望まないウクライナ人住民は残留させ、文化自治なども認めるよう要求した。こうして住民の自発的移住が困難と見たポーランド共産主義政権は、8月に反乱分子掃討を名目に、西ガリツィアの農村に軍を派遣した。[吉岡2001：80-81]

ヨサファート・コツィロウシキー司教。2001年に教皇ヨハネ・パウロ二世によって列聖された。

　ポーランド軍によって西ガリツィアのウクライナ人の農村は焼き払われ、住民は立ち退きを強いられた。また、劣悪な環境の下、住民の輸送が行われたため、犯罪行為も多発し、多くの老人や子どもが途上で亡くなった。ギリシャ・カトリック教会の聖職者も弾圧の対象となり、プシェミシルのギリシャ・カトリック司教ヨサファート・コツィロウシキー（Йосафат Коциловський 1876-1947）は、ウクライナとポーランド間で移送・送還を繰り返された末に、シベリ

第9章

ビェシュチャディのポーランド軍の追放作戦 [Motyka 2011：295]

ア奥地の収容所で殉教した。[Subtelny 2001：162] 1946年4月には、ポーランド軍は、「ジェシュフ軍団」を編成し、カルパチア山脈の一角をなす、ポーランド・スロヴァキア国境付近のビェシュチャディ山脈に居住する住民の追放作戦を集中的に展開した。

1944年から46年まで行われた「住民交換」の結果、東ガリツィアからは約61万8200人の「ポーランド人」がポーランド領に、西ガリツィアからは約48万8000人の「ウクライナ人」住民がウクライナ領に「移住」した。[Hryciuk, Ruchniewicz i in. 2022：85、226] しかし、1946年に住民移動の完了が宣言されたにもかかわらず、旧西ガリツィアに当たるポーランド南東部には依然として20万人のウクライナ人が残留していた。

ヴィスワ作戦

1947年3月28日、ポーランド国防省次官カロル・シフィエルチェ

フスキ（Karol Świerczewski）将軍が UPA に暗殺されると、UPA の掃討を求めてポーランド国内の世論は沸騰した。しかし、事件以前からポーランド政府内では、UPA の活動を抑えるためには、地下組織を壊滅させるだけでは不十分であると考えられていた。ただし、ソ連当局がポーランドからのウクライナ人のさらなる移住者を受け入れることに同意しなかったため、政府内では、唯一の解決策としてウクライナ人住民をドイツから獲得した「回復領」に分散させて強制移住させる案が浮上する。1946 年末から 1947 年初めにかけて、ポーランド政府はウクライナ人の「再定住者リスト」をすでに作成していた。[吉岡 2001：83、Motyka 2011：307] ウクライナ人の強制移住作戦は 1947 年秋に、ソ連国内のウクライナ人の国外追放と同時期に実施されることになっていたが、シフィエルチェフスキ将軍暗殺によって開始が前倒しされた。ポーランド人歴史家グジェゴシュ・モティカは次のように述べている。

　追放作戦は 1947 年 4 月 28 日午前 4 時に始まった。まずサノク、レスコ、プシェミシル、ブジョズフ、ルバチュフの一部が対象となった。6 月初めには、ヤロスワフ、ルバチュフ、ゴルリツェ、ノヴィ・ソンチ、ノヴィ・タルクの各地区とルブリン県でも徐々に追放が始まった。作戦中、軍隊は村を環状に囲み、住民に再定住が行われることを通告した。数時間の猶予が与えられた住民は、必需品、貴重品を荷造りした。その後、兵士に連行され、それぞれの村の住民は集合場所に案内された。多くの場合、そこは有刺鉄線で囲まれ、厳重に警備された牧草地だった。そこで UB [公安局] 将校が避難民を選別し、「不安分子」を洗い出そうとした。移住民とその財産の正確なリストが作成され、情報提供者の募集が行われ、1947 年 6 月までに 852 人の情報提供者が得られた。地下組織との共謀が疑われる者は、すぐに逮捕されないまでも、「A」（UB による指定）、「B」（軍偵察による指定）、「C」（輸送司令官の申し立て）

といった特別なカテゴリーに分けられた。このような指定を受けた家族は、各村にせいぜい1人ずつ定住することになっていた。残りのウクライナ人は国境から遠く離れた場所に連れて行かれ、地域人口の10パーセントを超えない範囲で集団収容された。これはすべて、ポーランド人に囲まれた彼らがすぐに同化できるようにするためであった。[Motyka 2011：313]

　選別の際に「不安分子」とされた者の中には、ヤヴォジュノ（Jaworzno）収容所に送られる者もいた。同収容所は、かつてナチスのアウシュヴィッツ強制収容所の支所を転用したもので、聖職者や教師など、ウクライナ人の知識人階級が多く送られた。4000人にのぼる収容者のうち、547人が起訴されクラクフの軍事法廷に送られた。しかし、それ以外の者については、残酷な尋問方法にもかかわらず、地下組織とのつながりは発見されなかった。実際、拘留された者のほとんどは普通の農民で、時には家族全員が拘留されたこともあった。

　移住の強制に加えて、次の二つの問題もあった。一つ目は、移住の対象となるウクライナ人の定義である。言語的、文化的に多様な地域の住民を一つの民族に同定するのは困難であり、その際にポーランド政府が参照したのは、ナチ・ドイツ占領期に作成された「民族リスト」等であった。[Snyder 2003：198] 二つ目は、レムコ人の移住である。彼らは、これまでウクライナ民族のアイデンティティを感じておらず、ウクライナに移住する理由も見いだせなかった。

　ヴィスワ作戦はソ連とチェコスロヴァキアの軍隊も支援を受け、ポーランドの警察と軍は、1947年4月28日から8月28日の間に、14万人のウクライナ人が強制移住された。強制移住された人数は、ポーランド南東部に残っていたウクライナ人の4分の3に達した。

　第二次世界大戦後のウクライナ人の強制移住とヴィスワ作戦は、共産主義政権下では常にタブー視されるか反ポーランド組織への対応として正当化された。冷戦終結後の1990年、ポーランド上院はヴィス

第二次世界大戦後のガリツィア

ワ作戦を人道的行為ではないと決議した。2002年4月22日、ポーランドとウクライナの大統領はそろって、ヴィスワ作戦を公式に非難した。

東ガリツィアからポーランドへの「移住者」

　1944-46年の住民交換の結果、東ガリツィアからポーランドへ移住した人々はどこへ向かったのだろうか。その多くは、旧西ガリツィアに当たる近隣のジェシュフ県やクラクフ県に加え、第二次世界大戦前はドイツ領であった「回復領」と呼ばれるポーランド西部（シロンスク地方など）に移住したのである。1945年から1950年の間に約320万人ものポーランド系住民が旧ポーランド東部領土からシロンスクに移住した。[衣笠 2020：238] 1950年の統計では、ソ連領からの移住者はポーランド西部のヴロツワフ県の移住者全体の3分の1、オポーレ県の半数を占めた。[Hryciuk, Ruchniewicz i in. 2022：110] ヴロツワフにはリヴィウから様々な文物が運び込まれたが、中でもルヴフ大学の蔵書や、オッソリネウム図書館のポーランド語著作物、「パノラマ・

ヴロツワフ市に輸送されるリヴィウのフレドロ像（オッソリネウム蔵）

ラツワヴィツカ」の壁画がそのまま移され、ヴロツワフ市の新たな文化資源となった。[衣笠 2020：238] またリヴィウからヴロツワフに移住したルヴフ大学やルヴフ工科大学の教員は、そのままヴロツワフ大学やヴロツワフ工科大学の職に就き、かつてのルヴフの知的環境をヴロツワフに伝えた。

スタニスワフ・レム（1966年）

　リヴィウからクラクフに移住を強いられたポーランド人の中には、若きスタニスワフ・レムや詩人、著作家のズビグニェフ・ヘルベルト（Zbigniew Herbert 1924-2004）がいた。レムやヘルベルトはクラクフのヤギェウォ大学で学びながら、自作を発表し、戦後ポーランド文学をけん引していく。レムは『惑星ソラリス』など一連のSF作品で名高い一方、自伝『高い城』で故郷のルヴフを回想した。また、ヘルベルトは『コギト氏』（1974年）という自身の出世作となる詩集の中に「故郷の町に帰ることを考えるコギト氏」という題で、故郷に対する複雑な思いを次のように吐露している。

ズビグニェフ・ヘルベルト

　　もし私がそこに戻ったとしても
　　きっとそこにはいないだろう
　　私の影ひとつ
　　子供時代の木立ちも
　　小さな鉄のプレートが付いた十字架も
　　そこに腰かけて私が呪文を囁いたベンチも
　　栗と皿
　　私たちのものであるいかなるものも無い
　　[ヘルベルト 2024：208]

第二次世界大戦後のガリツィア

ヴォィチェフ・キラル

音楽家の例では、ルヴフ／リヴィウで生まれた、ヴォィチェフ・キラル（Wojciech Kilar 1932-2013）が、ポーランドに移住後、ジェシュフの音楽学校や、クラクフ音楽院で学んだ。当時のクラクフ音楽院には、西ガリツィアのタルヌフ近郊のデンビツァ（Dębica）に生まれたクシシュトフ・ペンデレツキ（Krzysztof Penderecki 1933-2020）が学んでおり、戦後ポーランドの現代音楽の新しい潮流を生もうとしていた。キラルもまた、新たにミニマリズムの音楽を見出し、純音楽作品のほか、アンジェイ・ヴァイダ監督作『パン・タデウシュ』（1999年）など映画音楽にも多くの作品を提供した。今日では彼の純音楽作品に対する再評価も進んでいる。

西ウクライナの「ソヴィエト化」と「リヴィウ人」の登場

第二次世界大戦後、ウクライナ・ソヴィエト社会主義共和国に吸収された西ウクライナは、1939年から41年のソ連の支配を再び経験した。ソ連政府はOUN / UPAの掃討とともに「反体制派」と目された市民を逮捕した。逮捕者は、旧ゲットーなどナチスの施設を転用して拘禁した。ギリシャ・カトリック教会も再び弾圧された。同教会はシェプティツィキー府主教という精神的主柱を失い、1945年には後任のヨシフ・スリピー（Йосиф Сліпий 1892-1984）府主教ほか上層聖職者800人以上がソ連当局に逮捕された。同時にソ連政府は、ギリシャ・カトリックを「ファシスト」「アメリカのスパイ」「反動の弾薬庫」であるという誹謗中傷キャンペーンを行い、改革のためにはロシア正教会との合同が必要であると主張した。合同に反対する司祭740人を逮捕し、流刑に処した末に、1946年3月にギリシャ・カトリックとロシア正教会の「再合同」のための宗教会議が開かれた。しかし、ギリ

シャ・カトリックからの出席者の中で司教以上の上層聖職者は一人もおらず、合同を支持する者だけによる形式的なものであった。同会議によってブレスト合同の無効とギリシャ・カトリックとロシア正教の「再合同」が宣言された。[中井1998a：108] スリピー府主教らは1963年にシベリアにおける抑留から解放されたものの、ウクライナ国外への亡命を余儀なくされた。国内に残るギリシャ・カトリックは、教会組織を解体された後も、密かに信仰を守り続け、1980年代終わりには西ウクライナの信徒数は500万人にのぼった。体制から抑圧されながら信仰を維持するキリスト教組織は、当時「沈黙の教会」と呼ばれた。[中井ほか1998：331-332；Pelikan 1990：181]

他方で、戦後の西ウクライナはソ連の政策で農業の集団化と工業化が図られた。1950年までに150万人の西ウクライナの農民が約7000の集団農場に属した。工業では従来の石油産業に加え、ドイツから接収した機械を用いて、自動車やバスなどの生産が図られた。1945年から1950年まで西ウクライナでは工業生産が230％増加し、ウクライナ全土の生産量の10％を占めた。1945年には4万3000人足らずであったリヴィウのウクライナ人工場労働者は1958年に14万8000人に達した。[Subtelny 2009：491-492]

戦後のリヴィウには新しい移住者が流入した。すなわち、他のソヴィエト共和国から来た移住者、1939年以前の東ウクライナからの移住者、そして戦後の西ウクライナの農村部からの移住者である。これらの新しい住民の人口は、ポーランド人、ウクライナ人など、戦前に残っていたリヴィウ住民の人口を圧倒した。他方で、彼らはソ連の他の都市と異なる西欧風の街並み

キーウ＝リヴィウ間を走った都市間バス [https://photo-lviv.in.ua/lviv-50-khrokiv-mynuloho-stolittia/]

第二次世界大戦後のガリツィア

や、ポーランドから輸入されるポーランド語の出版物から、ポーランドや西側の文化に触れる機会を得られた。こうした新しい「リヴィウ人（Львівяни）」は、第二次世界大戦以前から居住するリヴィウ市民とは過去の記憶と経験を共有しない一方、ソ連国内でヨーロッパの文化的影響を最も受けた「ソ連の西ウクライナ」人という独自のアイデンティティを育んでいったとウクライナ現代史研究者のウィリアム・リッシュは指摘する。[Risch 2011：55]

　一方で、第二次世界大戦後のソ連の戦争犠牲者は約 2,800 万人に上り、戦争による男性の死亡は女性のそれを大幅に上回ったことで、結婚適齢期の男性が圧倒的に不足していた。そのためソ連政府は、1944年の家族法で、「子だくさんの母親」には、母子手当ての増額、産休の増加、育児施設の整備などの出産奨励策を行ったり「母親英雄」として表彰したりするとともに、婚外子を認めることで、人口の増加を図ろうとした。1946 年の「子だくさんの母とその父親の職業別にみる子どもの数」という統計（下表参照）では、父親が職業不詳である「その他、不明」が他の二倍を占めている。これは、戦死者、負傷者、失業者あるいは父親そのものが家庭に存在しないケース（婚外子）も多く含まれると思われ、当時父親のいない家庭で母親が家計の主たる担い手となっている状況がうかがえる。[光吉 2005：141；中地 2021]

		父親の職業		
		労働者・ホワイトカラー	コルホーズ	その他・不明
子供の総数		6,704	2,005	7	4,692
母親の職業	ホワイトカラー・労働者	232	151	0	81
	コルホーズ	10	1	6	3
	主婦	1,798	1,370	1	427
	その他・不明	4,664	483	0	4,181

　1954 年のスターリン死後、60 年代のソ連国内では言論や文化活動

第 9 章

の統制が緩み、ウクライナでも比較的自由な出版活動が可能となった。ヴォリーニ出身の詩人でウクライナ作家同盟のリヴィウ支部長を務めたロスティスラウ・ブラトゥニ（Ростислав Братунь 1927-1995）は雑誌『十月』を 1963 年から 1966 年まで編集した。同誌は、ウクライナの新進の作家や詩人の作品の他、スターリン期に弾圧されたウクライナ人作家の作品や西側を含む海外作品のウクライナ語訳なども積極的に紹介

ロスティスラウ・ブラトゥニ

した。しかし、1964 年のフルシチョフの失脚とブレジネフの書記長就任によって、再び国内の統制が厳しくなると、ブラトゥニはリヴィウ支部長を解任された。1979 年 4 月にリヴィウを中心に活動していた歌手、シンガーソングライターのヴォロディーミル・イヴァシュク（Володимир Івасюк 1949-1979）が、市郊外の森で不審死した事件については、KGB の関与が現在も疑われている。

　フルシチョフやチェルネンコ、ゴルバチョフなどソ連の最高指導者にはウクライナ出身ないしウクライナ系の背景を持つ者もいたが、それによってウクライナの地元住民に特別の配慮が払われることはなかった。専門家の間では、ウクライナは天然資源を搾取され、住民が厳重な監視下に置かれた点で、ソ連の「国内植民地」として長らく扱われてきた、という見方がある一方、ウクライナはソヴィエト期において、軍事産業や宇宙・ハイテク産業の集積地としてソ連国内随一の経済発展を達成し、むしろロシアの方が国内植民地であったという見解もある。いずれにせよ、第二次世界大戦までロシアや

ヴォロディーミル・イヴァシュク [http://www.ivasyuk.domivka.net]

第二次世界大戦後のガリツィア

ソ連の支配を受けなかった西ウクライナ、特に東ガリツィアのソヴィエト化は、それまで伝統として受け継がれてきた政治的、文化的自由の抑圧という問題を含んでいるため、後世の歴史家の評価は単に経済面だけにとどまってはならないだろう。

コラム：社会主義期のポーランドと西ウクライナの新都市・団地

社会主義期には、旧市街地の周辺に労働者向けの新たな団地の形成が進んだ。ポーランド南西部のクラクフ県では、1950年代、クラクフ郊外にノヴァ・フータ（Nowa Huta）と呼ばれる労働者の都市が建設された。都市の建設の様子は、映画監督のヴァイダによって、『大理石の男』（1977年）によって印象的に描かれている。ノヴァ・フー

ノヴァ・フータの中心部

タは近郊のレーニン製鉄所などで働く労働者を中心に 5 万人の住民が暮らし、中央広場から放射状に住宅地が幾何学的に広がっていた。道路沿いの棟には、低層階にアーケードが、高層階に住宅が配された。また地下には、核攻撃に備えるためのシェルターも作られた。社会主義政権は、農村出身の労働者を都市型の生活に順応させ、保守的とされたクラクフの生活水準を超える未来型都市を目指した。1964 年の調査ではテレビの保有台数で、ノヴァ・フータの住民がクラクフ市民を上回っていたという。[菅原 2018：202] しかし、当初は政権の意向で「教会のない街」として計画されたノヴァ・フータは、住民運動によって教会の建設が 1967 年に始まり 1977 年に完成した。[加藤 2005] 教会建設の際には、後に教皇となるクラクフ司教カロル・ヴォイティワ（Karol Wojtyła 1920-2005）も訪れた。1980 年代以降、ノヴァ・フータは反体制派の連帯運動の拠点となった。冷戦後は、衰退が見られたものの、近年では博物館も開館するなど、社会主義期の建築様式や生活環境の面影を現在に伝える名所となっている。

西ウクライナでは、リヴィウ郊外のシヒウ（Сихів）に 12 万人が暮らす一大住宅団地（Мікрорайон）が造成された。当時ソ連国内で問題となっていた住宅不足を解決するため、ウクライナ・ソヴィエト政権は、集合住宅を大量かつ効率的に建設した。同時に労働者の理想的な街を目指し、病院や保育、教育施設などの公共施設が建てられ、当時の社会主義的理念である、育児などの家庭生活を私的空間から公的空間に開く「共同化」が進められた。[本田 2023] 住宅は当初、青とベージュ色のタイルの壁ばかりであったが、断熱性能が不十分であった。そこで居住者が自分でファサードの断熱用に、様々な色の漆喰で覆うようになり、今日のシヒウの特徴的

現在のシヒウの住宅団地

第二次世界大戦後のガリツィア

な景観を形成したという。1991年の独立後は、教会の建設も相次いだ。[Інтерактивний Львів]

ウクライナ・ディアスポラ

　ガリツィアのウクライナ人の記憶を引き継いだのは、戦後ガリツィアから国外に移住した難民、移民であった。国連難民高等弁務官事務所の前身にあたる国際難民機関は、1951年までのウクライナから西側諸国への難民は11万3677人を記録し、米国（4万5044人）、オーストラリア（1万9607人）、カナダ（1万4877人）、英国（1万5001人）などに移住したと報告している。[Golczewski 1993：263] 移民の波はその後も続き、1959年までに160万人がウクライナ国外に移住した。その内米国への移住者は約95万4000人、カナダへの移住者は38万人にのぼった。ウクライナ人移民の宗教別内訳で最も多かったのが東方カトリック教会（ガリツィアのギリシャ・カトリック及びウクライナ全体の合同教会）の信者であり、当時のソ連国内の宗教弾圧が移民の引き金の一因になったことがうかがわれる。

米国、カナダへのウクライナ人移民の宗教別内訳（1980年）
[Golczewski 1993：265]

米国	移民数
ウクライナ・カトリック（合同）教会	285,000
合同教会（カルパート＝ルーシ）	263,000
ウクライナ正教会	90,000
正教（カルパート＝ルーシ）	108,000
ロシア正教	200,000
ローマ・カトリック	100,000

カナダ	移民数
ギリシャ・カトリック	186,000
ウクライナ正教	116,000
ローマ・カトリック	88,000

　ウクライナ人難民、移民は移住先でも種々の扶助団体や青年団体、

第9章

金融組合などの互助団体を組織し、ウクライナ・カトリック系（＝東方カトリック系）の教育施設も設立するなど、ガリツィア時代からの民族団結の伝統を維持したとされる。[Subtelny 2009：561] ギリシャ・カトリックの総主教座の再興を認められず、教皇パウロ六世からイタリアの小都市の司教に任じられたスリピー（死後、総大主教と称される）は、70年代にかけてウクライナ移民社会の中でギリシャ・カトリックの共同体の維持と発展のために力を注いだ。

ディアスポラの厳しい境遇に置かれたウクライナ人の心を慰めたのは、しばしばウクライナ語の歌謡であった。東ガリツィアのウクライナ人言語学者の娘に生まれたクウィトカ・ツィシク／ケイシー・シシク（Квітка Цісик / Kasey Cicyk 1953-1998）は米国を拠点に歌手として活動し、『マイ・ソング（You light up my life）』（1977年）で一躍注目された。他方で彼女はウクライナ語の歌も多く録音し、現在でもウクライナの国内外で広く愛されている。

「クウィトカ——ウクライナの歌」（1980年）

西側のディアスポラ社会の成立とともに、ウクライナ人研究者の尽力によって教育・研究機関も次第に整備された。米国ではハーヴァード大学のウクライナ研究所（1973年設立）、カナダではアルバータ大学、トロント大学のカナダ・ウクライナ研究所（1976年設立）、西ドイツではミュンヘンのウクライナ自由大学（1945年にウィー

オメリャン・プリツャク

第二次世界大戦後のガリツィア

イヴァン・L・ルドニツィキー

ンから移転)などである。ハーヴァード・ウクライナ研究所初代所長のウクライナ中世史家オメリャン・プリツァク（Омелян Пріцак / Omeljan Pritsak 1919-2006）は、戦間期にルヴフ大学で学び、第二次世界大戦中のナチ・ドイツによる強制労働の苦難を経て、戦後米国に移住した。またウクライナ近代史家のイヴァン・リシャク・ルドニツィキー（Іван Лисяк-Рудницький / Ivan L. Rudnytsky 1919-1984）は、東ガリツィアの政治家の一家に生まれ（母親は女性運動家のミレーナ・ルドニツィカ）、ルヴフ大学に在学したが、第二次世界大戦中はユダヤ系であった母親とともに亡命生活を送り、戦後はカナダで研究を続けた。ここに北米でのウクライナ史学の基礎が築かれたのである。

東側でも、ソ連国内と比べ出版規制が相対的に緩いポーランドでは、クラクフのヤギェウォ大学とキーウ大学との共同研究による、ポーランド・ウクライナ関係に焦点を当てたウクライナ史論集が1970年に出版された。[Karaś, Podraza red. 1970]

ディアスポラ世界におけるポーランド人とウクライナ人の邂逅

冷戦期、フランスのパリでは亡命ポーランド知識人がメゾン・ラフィット文学研究所（Instytut Literacki）を拠点に1976年に『クルトゥーラ（Kultura）』（文化）を創刊し、政治、社会、文芸の評論活動を行った。同雑誌には、編集主幹イェジ・ギェドロイツ（Jerzy Giedroyc 1906-2000）と往復書簡を交わすなど、親交があった、東ガリツィアのコロミヤ出身でベルリン自由大学教授のボフダン・オサドチュク（Богдан Осадчук 1920-2011）をはじめ、様々なウクライナ知識人も寄稿した。文学研究所からは1920年代のウクライナ民族運動に関するアンソロ

第9章

ジーも出版された。[中井 2022：83] ポーランド・ウクライナ史の軋轢にも触れる同文集を出した背景には、ギェドロイツが現ベラルーシの首都ミンスクのポーランド王族の家庭に生まれ、かねてからポーランド国内の少数民族問題に関心を持っていたことも関係している。彼は、戦間期には自身が編集にかかわった自由主義系の雑誌『青年同盟（Bunt Młodych）』でシェプティツィキー府主教のインタビューを掲載するなど、ポーランド・ウクライナ間の相互理解や融和に向けた活動に取り組んでいた。[Hnatiuk 2014：69] 戦後ポーランド亡命知識人の多くが、リヴィウや、戦前ポーランド領であったリトアニアの首都ヴィルニュスの回復を唱えていたのに対し、ギェドロイツやクラクフ出身の政治評論家ユリウシュ・ミェロシェフスキ（Juliusz Mieroszewski 1906-1976）は戦後のポーランド・ソ連間の国境線を承認する立場をとった。ギェドロイツらはポーランドの失地回復要求が、他国から見れば帝国主義の再来に映ると主張した。対して、ポーランドが、自国ととりわけ歴史的に深いつながりのあるリトアニア、ウクライナ、ベラルーシのソ連からの独立を支援することは、将来のポーランドの安全保障を確かなものにするだけでなく、ポーランド外交に道徳的な次元を付け加えると論じたのである。[Snyder 2003：223；Portonov 2020：41-43]

イェジ・ギェドロイツ

ボフダン・オサドチュク

　1975 年 7 月、オーストラリアの首都キャンベラで開かれたカトリックの聖体大会でクラクフ司教カロル・ヴォイティワは、亡命中のスリピーと初めて会談した。ヴォイティワ司教は会談前からスリピーに宛

第二次世界大戦後のガリツィア

てた書簡（1971年4月13日）の中で、非合法下でもウクライナ国内で密かに信仰を守るギリシャ・カトリックを「存在する教会（kościół będący）」として鼓舞していた。[Pelikan 1990：181] 1978年、ヴォイティワ司教が新教皇ヨハネ・パウロ二世として就任すると、スリピーは新教皇にポーランド語の書簡を送った。その中でポーランド、ウクライナ両国でキリスト教が受容された時代から1000年目を記念する年に、「スラヴの東」、特にウクライナにおけるキリスト教会の「堅固な守護者」が現れたとスリピーは書き、これまでの前任者の中でヨハネ・パウロ二世以上に「スラヴの魂」を理解する教皇はいないとその就任を寿いだ。対して教皇も翌年7月にスリピーに宛てた書簡の中で、「ルーシ」を、ロシアではなくウクライナを指す言葉として初めて用いた。[Pelikan 1990：11、26-27] その後のヨハネ・パウロ二世の政策は、1970年代の東西冷戦の「雪解け」を背景にしたヴァティカン全体の対ソ融和外交に抑えられてしまい、総主教座の復興などギリシャ・カトリック側の希望を実現するのは困難であった。冷戦崩壊後のウクライナでのギリシャ・カトリックの再建を見ることなく1984年に亡くなったスリピーは、生前、ギリシャ・カトリックの状況を根本的に改善するには、ローマ・カトリックと正教会の間の統一（エキュメニズム）に向けた取り組みを進めるべきであるとヨハネ・パウロ二世に進言している。[Pelikan 1990：208] それはかつてシェプティツィキー府主教が理想としたものでもあった。し

教皇ヨハネ・パウロ二世とヨシフ・スリピー総大主教 [https://ugcc.ua/en/church/history/patriarch-yosyf-slipy/]

かし、ローマ・カトリック内部では東方カトリック教会を対正教関係
の正常化の妨げとみなす立場も現在まで見られる。[福嶋 2015：112]
これに対し、ヨハネ・パウロ二世は、1995 年 11 月 12 日、ブレスト
合同 400 周年を記念する教書の中で、エキュメニズムを進めるにあた
り「東方カトリック教会がその妨げになると考えてはならない」と述
べ、同教会が東西教会の橋渡しになることを期待していた。[Przebinda
2001：207]

冷戦崩壊とウクライナ独立

　ウクライナでは、作家・活動家のヨシプ・テレリャ（Йосип Тереля
1943-2009）らの主導で 1982 年に「ウクライナの信者と教会の権利を守
るイニシアティヴ・グループ」が発足し、東方カトリック教会の合法
化を求める運動が高まった。ソ連国内でペレストロイカを進めていた
ゴルバチョフはこれに対し、当初強硬な弾圧を加えた。運動は政権と
の対決路線を強め、民主化など政治的な主張を唱える派も現れるよう
になった。反体制運動への変化を危惧したゴルバチョフは、1988 年に
ヴァティカンを訪問し、教皇庁と会見した際に、東方カトリック教会
の合法化を約束、翌年に正式に合法化された。[中井 1998a：333-334]
　西ウクライナでは 1987 年前半、ウクライナ人政治犯が刑務所や収
容所から釈放され、政治運動の機運が高まった。1988 年 6 月 13 日月
曜日には、リヴィウでタラス・シェウチェンコ・ウクライナ語協会の
集会が当局に禁止されたことに抗議する 1000 人ほどの群衆がリヴィ
ウ大学構内のイヴァン・フランコ像の前に集結し、3 日後には 8000
人に拡大した。翌週の火曜日には当局による集会参加の禁止にもかか
わらず、サッカースタジアムに 5 万人が集結した。6 月末に反体制政
治団体「ウクライナ・ヘルシンキ同盟」が組織され、議長にはジャー
ナリスト出身でリヴィウ市議会議長も務めるヴヤチェスラウ・チョル
ノヴィル（В'ячеслав Чорновіл 1937-1999）が就任した。同団体は、

1988年、リヴィウで開催されたギリシャ・カトリックの合法化を祝う行進
[Зінкевич і інш. 2012]

現在のリヴィウ中心部に設置されたヴヤチェスラウ・チョルノヴィルの銅像

1970年代から1980年代にかけて広がった「ウクライナ・ヘルシンキ・グループ」の活動を引き継ぎ、当初はウクライナの完全独立ではなく、ソ連の独立国家連合体への転換を主張し、内政面では民主的に選出された評議会への権力の移譲、警察司法の民主化、市場経済の導入、外交面ではウクライナが独自の外交を行う権利を求めた。[Hrycak 2000：311] 同年9月にはウクライナ全国規模の民主派の運動「ウクライナ国民運動」が発足

した。

こうした政治的な民主化運動に加え、西ウクライナでは宗教的、民俗的なウクライナ文化の復興運動も発展した。1987年7月にリヴィウでは「レウ協会（Товариства Лева）」が結成された。リヴィウ市を建設した中世のレウ（獅子）公にちなんで協会の創設者である詩人のブルトゥニが名付けた。同協会は、これまで共産党当局によって抑圧されていたクリスマスなどの年中行事における、宗教的、民俗的な慣習を復活させることを目指した。クリスマスに上演さ

レウ協会のパンフレット [Стецюк 2012]

れるヴェルテプ（вертеп）と呼ばれる人形劇や宗教的な民謡がそれにあたる。協会のメンバーの学生は、劇の上演や民謡の歌唱、フォークソングの演奏に加え、伝統衣装を身につけて街に出たり、農村部を訪ね、伝統工芸品の黒陶器の製法を学んだりした。こうした文化活動は、当時の中東欧諸国で見られた反体制派の政治運動と比べると穏健な性格のものであったが、ポーランドからの活動家との交流を通し、同協会でも政治的な活動について議論されるようになった。特にシェウチェンコ・ウクライナ語協会は、リヴィウ市議会に、バスターミナルのネオンサインをロシア語のリヴォフ（Львов）からウクライナ語のリヴィウに変更するよう求めたが、既にリヴィウや東ガリツィアの各地では住民自身が日常のロシア語の表示をウクライナ語に変える草の根の運動が広がっていた。[Kenny 2000：307-309] また1988年11月1日には、リヴィウのリチャキウ墓地にある、第一次世界大戦後のガ

リツィア戦争で斃れたシーチ射撃団の墓所で住民の追悼集会が開かれた。この集会で、レウ協会を代表して演説したブラトゥニは、これまでソ連統治下で見過ごされてきたウクライナ史の「余白」について語り、「墓所はスターリン後も冒涜されてきた。しかし、今日のグラスノスチ期において、ウクライナの自由のために戦った者の記憶を称えることが可能となった」と結んだ。集会には非合法下のギリシャ・カトリックの聖職者も参加し、ウクライナの代表的な反体制派詩人、ヴァシーリ・ストゥス（Василь Стус 1938-1985）の詩も朗読されている。[The Ukrainian Review 1989. 4：45]

　このようにウクライナの自由、すなわち「ウクライナ人であろうとした」がゆえに犠牲となったウクライナの人々を追悼したブラトゥニであったが、将来のウクライナ国家が、文化的に単一であるべきと考えていたわけではない。1990年3月に米国でウクライナ政治学者のロマン・ソルチャニクのインタビューを受けた際、ブラトゥニは、リヴィウにユダヤ系やロシア系、ポーランド系、ハンガリー系の少数民族の文化団体が組織されたことを「誇りに思う」と明言している。ブラトゥニは「私たちは一つの国民です。それが意味するのは、我々が一つの魂を持つという目的を有していることです。つまりウクライナを西部と東部に分けることはできないのです」と述べながら、「[文化的な]特質は残り続けます。そう、異なる民族集団や方言があるのは恐らく良いことです。それは国富なのです」と続けている。ブラトゥニは、ウクライナ国民という共通の帰属意識に必ずしも単一の文化が必要であると考えたわけではなく、国家の統合のためにはむしろウクライナ国内の文化的な多様性を尊重するべきと説いたのである。[Solchanyk 1992：97、103]

　1989年10月28日にウクライナ・ソヴィエト共和国ではウクライナ語が公用語化され、12月1日にギリシャ・カトリックの合法化が実現した。1990年1月22日には、1919年の同日の東西ウクライナの統一記念日を記念する「人間の鎖」と呼ばれるデモンストレーション

がリヴィウからキーウまで行われた。同年3月にはウクライナ・ソヴィエト共和国全土で最高会議選挙が行われた。与党共産党による選挙干渉にも遭い、野党の民主派は選挙戦で苦戦したが、西ウクライナでは全議席を獲得した。[中井ほか 1998：128]

　1991年8月のモスクワのクーデタ失敗によってソ連国内が混乱に陥る中、8月28日にウクライナは独立を宣言し、12月1日にはウクライナ全土で独立の是非を問う国民投票と大統領選挙が同時に行われた。西ウクライナの民主派は候補にチョルノヴィルを推薦した。残りの候補も全員が独立支持だったこともあり、国民投票の結果は、投票者の90％以上、全有権者の内4分の3以上が独立を支持する結果となった。他方で、大統領選挙では、チョルノヴィルは、西ウクライナのヴォリーニ出身で、共産党で長くキャリアを築きながら、ソ連からのウクライナ分離独立の立場にも接近したレオニード・クラウチューク（Леонід Кравчук 1934-2022）に敗れた。初代大統領に就任したクラウチュークであったが、ソヴィエト時代の残滓を引きずる権威主義的な政治運営を行い、後任のクチマ政権でもウクライナ国内の政治改革はなかなか進まなかった。チョルノヴィルは、1999年のクチマの再任を争う大統領選の最中、5月25日に謎の事故死を遂げた。

「中欧」論とガリツィアの「地詩学」

　独立を達成したものの、その後のウクライナの歩みは困難なものであった。初代のクラウチューク大統領は、「ヨーロッパへの回帰」を唱えてEU加盟を目指し、ポーランドなどの周辺諸国との安全保障協定の締結も試みた。後継のクチマ大統領も、2002年に将来的なNATO加盟希望を表明した。しかし、EU加盟に当たってはウクライナの不安定な国内政治・経済や汚職が問題視され、NATO加盟もロシアとの関係悪化を恐れる既存の加盟国の間で意見の対立が生じたため、双方のウクライナ加盟交渉は一向に進展しなかった。[合六

2015；東野 2018]

　1990年代以降、ウクライナをめぐる問題が「ヨーロッパとロシアの地政学的な対立に原因がある」という言説がウクライナ内外で広まるにつれ、ウクライナは「西」に属するのかあるいは「東」に属するのか、と問う声が高まった。だがそれについての議論は、文化的側面や政治体制の側面から過度に単純化されたものが多かった。こうした状況に対し、1985年にリヴィウで結成された「ブ・バ・ブ」（Бу-Ба-Бу）と呼ばれる新しい文学グループの一人である作家のユーリー・アンドルホーヴィチ（Юрій Андрухович 1960-）は、ポーランド人作家アンジェイ・スタシュク（Andrzej Stasiuk 1960-）とともに『私のヨーロッパ——いわゆる中欧についての二つのエッセイ』という著作を2000年に刊行した。同書が「いわゆる中欧」という副題を付したのは、東方正教の諸民族とカトリック、プロテスタントの諸民族の間の「宗教的・文化的境界」によって「東欧」と「中欧」を分ける、主にドイツ語圏の学者が唱えた地政学的な中欧論とは異なる視角を示すためと考えられる。[リデー 2004：15] 他方で、スラヴ語圏においても、「東欧」と呼ばれた地域を、歴史的、文化的にロシアとも西欧とも異なる歩みを辿ってきた「中欧」として捉えなおす議論はあったが、戦後西側の言論空間で広く知られる契機になったのは、チェコの亡命作家ミラン・クンデラが、1983年にフランス語で発表した「誘拐された西欧——あるいは中欧の悲劇」である。クンデラは、中欧を「地理的に中央部にありながら文化的には西、政治的には東に位置する、最も複雑なヨーロッパの地域」と定義し、「最小限の空間に最大限の多様性」のある「諸民族のヨーロッパのミニチュア」としての中欧と、「一切を画一化し、中央集権化していこうとする」ロシアを理念的に対比した。そして中欧の

ユーリー・アンドルホーヴィチ

人々によるロシアやソ連の支配に対する「抵抗の深い意味は、そのアイデンティティを擁護すること、つまりはその西欧性を擁護すること」であると主張した。[クンデラ 1991] ドイツ語圏の地政学的な中欧論と比べると、クンデラの議論は、ポーランド、チェコ、ハンガリー等、「カトリック教会やラテン文字」文化を共有する国々を対象にしている点では類似するが、宗教的には正教圏でもルーマニア（トランシルヴァニア）等旧ハプスブルク君主国の歴史を共有する国々も対象にしている点でそれとは異なるといえる。他方で、クンデラはウクライナ人が中欧に含まれるどうかは明言していないが、ロシア民族ないし「ソヴィエト民族」に強制的に同化させられている諸民族の一つとして例に挙げ、ウクライナ人の消滅という「すさまじい、信じられない出来事は、世界が気づくことなく行われている」と脚注で言及している。[Kundera 1983]

　これに対し、アンドルホーヴィチは、『私のヨーロッパ』所収の「中央・東の修正」というエッセイで、ウクライナが「ビザンティウム、ギリシャ正教、キリル文字」の「東欧」文化圏や「ロシア（ルースキー）世界」に属し、中欧とはかけ離れた位置にあるという見方に、題名の通り修正を加えようとした。その際、ロシアの支配に第二次世界大戦前まで服さなかったガリツィアは、ウクライナ史上重要な意味を持つ。アンドルホーヴィチは、自らの家族の来歴から故郷の街イヴァノ＝フランキウシクの街の歴史、そしてガリツィア全体の歴史をたどった。現代に残るハプスブルクの伝統を維持してきた人々の様子を、諧謔的な筆致で次のように書いている。

　　この世界 [ハプスブルク期のガリツィア社会] の大部分は廃墟と化したが、ガリツィアの方言で罵り、高校時代に学んだラテン語を知り、フルシチョフとビートルズの時代に、フランツ・フェルディナント大公を出迎えに来たかのような格好をした、あの奇妙で前かがみになった老人たちを覚えている。彼らはあらゆる粛清や家

第二次世界大戦後のガリツィア

宅捜索、国外追放、国有化にもかかわらず、どのようにそうした
服装を維持できたのか——それが疑問だ！私は彼らの古い匂いを
覚えている。普通ではない、年老いた身体の匂いとは異なるもの
だ。疲労、病気、悩みが、長い年月を経て人の中に蓄積された後
に、あの特別な匂いは現れる。それは崩壊の徴候である。彼らは
あらゆる点で[私たちと]異なる。私の幼少期には既に彼らは地球
外生命体のようであり、動脈硬化、偏頭痛、躁病、そしてほとん
ど使いこなせないロシア語に苛まれていた。あるいは日常の社会
関係の失調が、彼らを世間の注目から遠ざけていたのだろうか？
[Andruchowycz 2000：10；Andrukhovych 2018：6]

　アンドルホーヴィチは、ソヴィエト時代を経てリヴィウの住民の記
憶から失われつつあった、ガリツィア時代を知る地元住民の持つ、世
間から疎外されながらも、あたかも秘密結社のように内部で伝統を守
り続ける不思議な雰囲気に、幼少期から嫌悪感とともに興味を惹かれ
ていたという。やがて彼は、史跡や、自然の河川や森林、湖、石など
からも歴史の痕跡をたどり、かつて鉄道がウィーンからリヴィウを経
由し故郷のイヴァノ＝フランキウシクを通っていたことや、祖父がガ
リツィアからアメリカに移民した時代背景に思いをはせる。それは単
なるノスタルジアではなく、祖父が移民管理の際に受けただろう米国
での東欧移民に対する差別、両親が受けた第二次世界大戦の惨禍、そ
して戦中・戦後のジェノサイドや追放に及ぶ。繰り返される悲劇はロ
シアとドイツの狭間にあり、両国の侵略を受けてきた中欧の歴史的宿
命であった。他方でアンドルホーヴィチは、西側の知識人の発言に見
られる、「私たちの幸福な社会では歴史を必要としない。不幸な社会
だけが歴史を必要とする。それは自らや他者に対して不幸を語りたが
り、自らの失敗や無能力を正当化したいからだ」「歴史中心主義は男
性中心主義である」という無理解に対して、次のように反論している。

第9章

私たちの不幸は、私たちが、歴史への省察を深く渇望している事実からくるのではない。実際、ここでは全てが逆なのである。私たちが歴史について知っているのは、ほんのわずかであり、全体主義の時代において、私たちに与えられた歴史は、「唯一の正しい方法」によって、改ざんされ、用意され、蒸留され、重荷を背負わされてきた（それゆえ消耗した）のである。[Andruchowycz 2000：26；Andrukhovych 2018：17]

　このようにアンドルホーヴィチが、自身の家族史を紐解きながらガリツィアの過去を想起する方法は、文化や政治体制からウクライナ人全体を「東」や「ロシア世界」に位置すると本質主義的に捉えたり、ウクライナの問題を西欧対ロシアという「地政学上の対立」に還元したりする議論とは対照的である。己自身や他者を理解するには過去に対する「開放性」を持つことが必要であると説くアンドルホーヴィチの歴史の見方は、『私のヨーロッパ』に「航海日誌」というエッセイを寄せたスタシュクのものに通じる。当時、マウォポルスカ県のチャルネ（Czarne）というレムコ人の小村で暮らしていた彼は、住民との交流を通して、第二次世界大戦後のレムコ人が追放された歴史や、現在もレムコ人が、正教会を信仰し、レムコ語という独自の言語を話し、キリル文字を使用するなど、周辺住民からすれば異質な「東」の文化とみなされるものを維持して生活している様子をエッセイで描写している。1995年にはレムコ人を主人公にした『ガリツィア物語』という小説も著すなど、マイノリティの側から「中欧」やガリツィアの地誌を捉えなおすのがスタシュクの姿勢である。このようにアンドルホーヴィチやスタシュクの文章はいずれも、言語や文化を基準にして固定的に地域の境界線を引き、地域間の

アンジェイ・スタシュク

第二次世界大戦後のガリツィア

マルティン・ポラック『ガリツィア：失われた世界の旅』(2001年)

対立を強調する地政学的発想ではなく、個人史や少数民族の歴史から失われた過去を想像することで、中欧という地域を再構成するという意味の、アンドルホーヴィチの造語である「地詩学（geo-poesia）」を表したものであった。[加藤 2014]

他方で、ドイツ語圏からガリツィアの地詩学に注目したのは著作家のマルティン・ポラック（Martin Pollack 1944-）であった。彼は、ヨーゼフ・ロートやブルーノ・シュルツなど、ユダヤ系の作家の作品などを参考に、19〜20世紀初頭のガリツィアの情景を再構成し、自らが想像しながら「旅行」する『ガリツィアへ』という作品を1984年に発表した。同書はドイツ語圏におけるガリツィアの再評価の契機となった。

ガリツィアの歴史をめぐる国際的な対話と研究の発展

1990年代以降、ポーランド・ウクライナ間の対話に少なからぬ役割を果たしたのは、第二次世界大戦後、故郷のガリツィアを追われた人々であった。戦間期ルヴフ／リヴィウのポーランド人社会主義者の家庭に生まれ、社会主義期は反体制派の旗手の一人として、そして体制転換後はポーランド第三共和国の労働・社会政策大臣や下院議員などを務めたヤツェク・クーロン（Jacek Kuroń 1934-2004）や、ヴィス

ワ作戦でポーランド各地に追放されたウクライナ人の子孫が 1990 年に結成した「ポーランド・ウクライナ人同盟」などである。[中井 2022] 彼らは、ヴィスワ作戦の非人道性を確認するポーランド議会の決議を主導するとともに、ポーランド・ウクライナ合同の歴史家対話を開催し、その成果を論集『ポーランド・ウクライナ：困難な問題』として、1997 年から 2005 年にかけてポー

ヤツェク・クーロン

ランド語、ウクライナ語の両方で出版した。しかし、後述するようにポーランド・ウクライナ間の歴史認識問題の先鋭化もあり、第二次世界大戦期における両国の共同研究はその後停滞した。ハプスブルク期のガリツィア史研究は、現在でも両国の歴史家の間の研究交流が盛んな一分野といえる。

ポーランド側では戦後「失われた」ガリツィアに関する研究が進み、とりわけ 1990 年代以降に、クラクフのヤギェウォ大学やポトカルパツカ県のジェシュフ大学が拠点となり、ハプスブルク期のガリツィアに関する国際的なシンポジウムが開かれたり、研究論集が出版されたりした。戦後を代表するポーランド史家として高名かつガリツィアの政治運動の著作もあるステファン・キェニェーヴィチ（Stefan Kieniewicz 1907-1992）や、ガリツィアのウクライナ民族運動の研究者ヤン・コジク（Jan Kozik 1934-1979）、ガリツィアのポーランド政治社会史のユゼフ・ブシュコ（Józef Buszko 1925-2003）などが戦後のガリツィア史研究の先駆者として挙げられ、現在に至るまで多くの研究者が輩出されている。

他方ウクライナ側で多民族史としてのガリツィア史研究の端緒を開いたのは、ウクライナ本国よりもむしろ北米のウクライナ研究者であったといえる。歴史家のポール・ロバート・マゴチ（Paul Robert Magocsi 1945-）やジョン・ポール・ヒムカ（John-Paul Himka 1949-）は、

両者ともウクライナ民族運動史の研究者として著名であるが、マゴチはカルパート・ルーシン人研究、ヒムカはガリツィアのホロコースト研究なども並行して行っており、19世紀から20世紀のガリツィア史を対象とする膨大な論文や著作を著している。独立後、ウクライナ本国でも自由な歴史研究が可能になると、ガリツィア史もまた注目を浴び、リヴィウ国立大学やウクライナ・カトリック大学、イヴァノ=フランキウシク国立大学などで研究が進んでいる。ウクライナ史家の中でガリツィアの地域的特徴にかねてから注目していたのは歴史家のヤロスラウ・フリツァーク（Ярослав Грицак 1960-）である。彼はこれまでウクライナ史をロシア史だけではなく、隣国のポーランドなどを含む中東欧史全体の枠組みで理解する必要性を訴え、ウクライナ近現代史を欧米の構築主義的なナショナリズム理論なども踏まえながら体系的に叙述した。近年ではウクライナ史をグローバルな視点から見直す通史も著している。

　戦後のガリツィア・ユダヤ史研究は、イスラエルや米国で亡命歴史家によって少数ながら研究が続けられた。戦間期ポーランドで既にガリツィア・ユダヤ史の専門家として知られ、戦後は当事者としてリヴィウのホロコーストの記録も残したフィリップ・フリードマン（Filip Friedman 1901-1960）や、ポーランドや米国で近代ガリツィア・ユダヤの啓蒙主義とハシディズム、労働運動史を研究したラファエル・マーラー（Raphael Mahler 1899-1977）、ヘブライ語でガリツィア・シオニズム研究の大著をものオーストリア・イスラエル系のしたナタン・ミカエル・ゲルバー（Nathan Michael Gelber 1891-1966）等が戦後の研究の先駆者として知られる。2000年代以降、東欧諸国の体制転換によって、現地に自由に渡航し史資料を閲覧することが可能になったこともあり、ユダヤ研究は飛躍的な発展を遂げた。ポーランドでは各地の大学でユダヤ学科が設置されるなど専門的な研究が進んでおり、ウクライナでも近年では若手を中心に研究者が輩出されている。

　また近年では、ドイツ語圏でのガリツィア史研究も深化を遂げつつ

ある。ウィーン大学では 2006 年から 2019 年にかけてハプスブルク期のガリツィア史研究専門の博士課程プログラムが設置されていた（現在は終了）。近年のハプスブルク期のガリツィア史研究は国民史の枠組みを超え、帝国論やポスト・コロニアル研究の成果などを積極的に取り入れてきたが、既存のポーランド史、ウクライナ史、ユダヤ史研究との接合をいかに図るかは今後の課題といえる。

ガリツィアの歴史認識問題と過去をめぐる想起

　上記のような歴史研究が発展する一方で、他国の場合と同様、歴史認識をめぐる問題が、ウクライナと周辺諸国との間でしばしば先鋭化する場合があるのも事実である。ここではポーランド・ウクライナ間のガリツィアをめぐる問題を中心に見ていく。

　ポーランドは、ウクライナの独立を初めて承認した国家であったが、2000 年代にリヴィウのリチャキウ墓地にあるポーランド人戦没者の墓の再建問題が浮上したことで、ウクライナとの間に微妙な亀裂を生じさせた。第一次世界大戦後のリヴィウ／ルヴフ市街戦で斃れた少年少女から成る義勇兵「ルヴフの鷹」を含むルヴフ守備隊が埋葬された墓地は、第二次世界大戦後、リヴィウがポーランド領からウクライナ領に割譲にされた後、荒廃したままであった。1989 年に墓地整備に関するポーランド・ウクライナ合同員会が発足した。しかし同年リヴィウに進出したポーランド企業が従業員を使い、墓地を自発的に整備しようとしたため、墓地管理者ともめる事態となった。1998 年 9 月にポーランド大統領アレクサンデル・クワシニェフスキ（Aleksander Kwaśniewski）が墓地を訪問し献花を行ったが、落書きや損壊など墓地に対する嫌がらせも増え、再建計画はなかなか進まなかった。ポーランド側で反発が強まる中、同国内で冷静な議論を呼びかけたのが、ヤツェク・クーロンである。2002 年の公開書簡の中でクーロンは、ウクライナ人がポーランド人戦没者墓地整備に反対するのは理解でき

ることであり、ポーランド人が国内のドイツ兵やロシア兵戦没者の墓地を積極的に整備しているだろうかと問いかけた。これに対し、ウクライナ側でも墓地整備を支持する声が上がり、ギリシャ・カトリック主教や、ローマ・カトリック司教も仲介に乗り出した。こうした紆余曲折を経て、隣接するウクライナ・ガリツィア軍兵士戦没者の墓地とともにルヴフ守備隊の墓地の整備が決まり、2005年6月24日、墓地の開園式が行われた。記念式典には、ポーランドのクワシニェフスキ大統領とウクライナのクチマ大統領などポーランド、ウクライナ両国の要人や、フランスとアメリカの外交団メンバーなど多くの関係者が出席した。[Markowski 2019] しかしその後も墓地のシンボルとなる正門前のライオン像の配置をめぐり意見対立が続き、墓地でのトラブルもなくならなかった。2022年5月20日、ルヴフ守備隊墓地の正面に据えられた獅子の像は、ウクライナ市民の手で正式に除幕された。リヴィウのアンドリー・サドヴィ市長は、これは2022年のロシアによるウクライナ全面侵攻の際にポーランド市民がウクライナ難民に示した助けに対する感謝の表現であると述べ、両国の歴史的和解への一歩となることに期待を表明した。[Твоє місто 2022.05.20]

ポーランド・ウクライナ間の歴史認識で最も対立しているのは、第二次世界大戦時の東ガリツィアやヴォリーニで虐殺を引き起こしたOUN、UPAの評価をめぐる問題である。ウクライナのユシチェンコ大統領が、2010年にはバンデラに「ウクライナ英雄」の称号を贈った。しかし、2013年にはヤヌコーヴィチ政権下で、「ファシストやナ

リチャキウ墓地のポーランド人戦没者墓の正門前に設置された獅子像

チスとみなされる民族主義者」の名誉回復を禁じる法案が審議された。ユーロ・マイダン革命とロシアのクリミア侵略後の 2015 年 4 月、ウクライナ最高会議は、UPA を含むウクライナ独立闘士の英雄性を否定する者に対する処罰を導入する「20 世紀にウクライナ独立のために戦った人々の法的地位と追憶」法を採択した。対して、ポーランドで 2015 年に成立した右派の PiS（法と正義）政権は、ウクライナに対してより積極的な歴史政策を開始し、翌年、ヴォリーニ虐殺をポーランド人に対するジェノサイドと認定する決議を議会にかけ、全会一致で可決した。2017 年 4 月、ウクライナは、国境付近のポーランドの小村フルショヴィツェで UPA の記念碑が取り壊されたことへの対応として、ヴォリーニ地方を始めとするウクライナ国内でのポーランド人の遺体の発掘作業を禁止し、ポーランド社会に強い怒りを呼んだ。さらに 2018 年 1 月、ポーランド議会は、「1925–1950 年のウクライナ民族主義者の犯罪」を否定した際に刑事責任を導入する法改正を行った。以降、ポーランドとウクライナの歴史に関する対話は、事実上凍結された。[田中 2023：3]

　しかし、実際のウクライナ、ポーランド国内双方の市民社会からは、上記の政府の方針に対する異論も上がっていた。アンドルホーヴィチは、ドンツォウやバンデラを称揚するウクライナ国内の右派セクターや自由党を度々批判している。歴史家のフリツァークは、2009 年のポーランド紙のインタビューの中で、バンデラの問題を「ウクライナ＝ポーランドやウクライナ＝ロシアの問題としてではなく、ウクライナ人同士の問題」として捉えるべきであると述べた。歴史認識をめぐる問題を外交問題化させず、ウクライナが欧州統合に加わるためには、ウクライナ人自身による批判的な自らの過去との取り組みが必要であると説いたのである。[Hrycak 2009] その一方で、ヒムカやスナイダーなどのホロコースト研究に関する文章が、2012、2013 年にヤヌコーヴィチ政権の政治家によって無断で翻訳され頒布されるなど、外国研究者の批判的な研究は、ウクライナ国内で親ロシア

アンドレイ・シェプティツィキー記念勲章 [https://jcu.org.ua/projects/medal-imeni-mitropolita-sheptickogo]

側によって政治的道具として利用されてしまう場合もあった。[Himka 2021：66] ウクライナ・カトリック大学は、2012 年にシェプティツィキー府主教のユダヤ人救助の功績を公的に記念し、アンドレイ・シェプティツィキー記念勲章を創設した。[赤尾 2022：129-130] ポーランド側では、ヴォウィン事件の記念碑設置は、遺族らによる追悼の意味を越えて一部の極右団体のシンボルになりつつあったが、かつてガリツィアの中心都市の一つであったジェシュフの市長は、2017 年に、ポーランド人とウクライナ人の間で「永久に憎悪を煽りつづけるべきではない」として記念碑設置の訴えを退けた。同様の決定は、イェレニア・グラ、トルニ、キェルツェなどほかの都市にも広がった。[宮崎 2024：129]

　歴史的記憶の想起においては、ユダヤ人に関するものも近年注目され始めている。アメリカ・イスラエル系の歴史家オメル・バルトフは、2007 年に、当時風化しつつあったガリツィアにおけるユダヤ人の史跡や遺産を訪ね、それにまつわる記憶を、ホロコースト期の負のものも含めて記録した歴史書を著した。[Bartov 2007] 2004 年には失われつつあるユダヤ遺産を写真として残すためにフォトジャーナリストと考古学者によってクラクフに「ガリツィア・ユダヤ博物館」が設立され、2020 年、2022 年には日本でも巡回展が開催された。[西村 2022] リヴィウのゲットー跡には 2016 年に「テロの領域——全体主義の記憶博物館」が完成し、市中心部の黄金のバラ・シナゴーグ跡は、現在、

公共財団「都市史センター」によって整備・保存されている。

　ウクライナやポーランドにおいて、共産主義時代の公的史観や現代のロシア政府が拡散するプロパガンダを排し、失われた自国史や郷土史を取り戻す作業が続いている。同時に、他国や他民族の視点にも配慮しながらガリツィア地域全体の歴史を再構成し、その記憶を想起する試みは、今後も長い年月を要すると思われる。

「テロの領域――全体主義の記憶博物館」

黄金のバラ・シナゴーグ跡

第二次世界大戦後のガリツィア

参考文献

事典類（欧語）

Die österreichisch-ungarische Monarchie in Wort und Bild, Bd.19, Galizien, Wien, 1898.

Encyclopedia of Ukraine, Toronto Buffalo London: Canadian Institute of Ukrainian Studies, 2001.

The YIVO Encyclopedia of Jews in Eastern Europe, New Haven: Yale University Press, 2008.

Wielka Encyklopedia Powszechna PWN, Kraków: Państwowe Wydawnictwo Naukowe, 2005.

統計（欧語）

Die Ergerbnisse der Volkszählung vom 31. Dezember 1910 im Reichsrate vertretenen Königreichen und Ländern, 1. Heft. Die summarischen Ergebnisse der Volkszählung. mit 6 Kartogrammen, Bureau der K. K. statistischen Zentalkommision, Wien, 1912.

HP

Інтерактивний Львів: https://lia.lvivcenter.org/#!/map/

Culture. pl.: https://culture.pl/pl

欧語文献

Aftanazy, Roman, *Dzieje rezydencji na dawnych kresach Rzeczypospolitej. Tom 7. Województwo ruskie, Ziemia Halicka i Lwowska*, Wydanie drugie przejrzane i uzpełnione, Wrocław: Zakład Narodowy im. Ossolińskich, 1995.

Andruchowycz, Jurji, Stasiuk, Andrzcj, *Moja Europa. Dwa eseje o Europie zwanej Środkową*, Wolowiec: Wydawnictwo Czarne, 2000.

Andrukhovych, Yuri, *My Final Territory: Selected Essays*, translated by Mark Andryczyk, Michael M. Naydan, with one essay translated by Vitaly Chernetsky, edited with and with annotations by Michael M. Naydan, Toronto, Buffalo, London: University of Toronto Press, 2018.

Althoen, David. "Natione Polonus and the Naród szlachecki: Two myths of national identity and noble solidarity." *Zeitschrift für Ostmitteleuropa-Forschung*, 52, 2003, 475-508.

Bartov Omer, *Erased: Vanishing traces of Jewish Galicia in present-day Ukraine*, Princeton: Princeton University Press, 2007.

Бевз, М., Бірюльов, Ю., Богданова, Ю., Дідик, В., Іваночко, У., Клименюк Т., та інші. *Архітектура Львова: Час і стилі. XIII—XXI ст*, Львів: Центр Європи, 2008.

Бойко, Володимир, Гаврилюк, Олег, *Замки Тернопілля,* Тернопіль: Новий колір, 2009.

Brown, Kate, *A Biography of No Place: From Ethnic Borderland to Soviet Heartland*, Cambridge, Massachusetts: Harvard University Press, 2003.

Байдак, М. *Юліан Лаврівський, 1821–1873*, https://lia.lvivcenter.org/uk/persons/lavrivskyi-yulian/

Böhler, Jochen, *Civil War in Central Europe, 1918–1921: The Reconstruction of Poland*, Oxford: Oxford University Press, 2018.

Borodziej, Włodzimierz, Górny, Maciej, *Nasza wojna, Imperia 1912-1916, Narody 1917–1923* (EPUB), Warszawa: Grupa Wydawnicza Foksal, 2022.

Budurowycz, Bohdan, "Sheptytskyi and the Ukrainian Nationalism after 1914", Magocsi, John Paul (ed.), *Morality and Reality: The Life and Times of Andrei Sheptyts'kyi*, introduction by Jaroslav Pelikan, Edmonton: Canadian Institute of Ukrainian Studies, 1989.

Bunčić, Daniel, "On the dialectal basis of the Ruthenian literary language". *Die Welt der Slaven*, 60 (2). 2015, 276-289.

Buszko Józef, *Zum Wandel der Gesellschaftsstruktur in Galizien und der Bukowina*, Wien: Verlag der österreichischen Wissenschaften, 1978.

____ , *Galicja 1859–1914. Polski Piemont?*, Warszawa: Krajowa Agencja Wydawnicza, 1989.

Buzek, Josef, „Das Auswanderungsproblem und die Regelung des Auswanderungswesens in Österreich", *Zeitschrift für Volkswirtschaft, Sozialpolitik und Verwaltung*, Heft X, 1901, 441-511 .

Chojnowski, Andrzej, *Koncepcje polityki narodowościowej rządów polskich w latach 1921–1939,* Wrocław: Wyd. Zakład Narodowy im Ossolińskich, 1979.

____ , *Ukraina*, Warszawa: Wydawnictwo Trio, 1997.

____ (opr.) *Tadeusz Hołówko o demokracji, polityce i moralności życia publicznego*, Warszawa: Wydawictwo Sejmowe, 1999.

Chwalba, Andrzej, *Przegrane zwycięstwo. Wojna polsko-bolszewicka 1918–1920*, Wołowiec: Wydawnictwo Czarne, 2020.

Ciancia, Kathryn, *On Civilization's Edge: A Polish Borderland in the Interwar World,* New York: Oxford University Press, 2021.

Davies, Norman, *Boże igrzysko. Historia Polski* (EPUB), Wydanie poszerzone, Przekład autoryzowany Elżbieta Tabakowska, Kraków: Znak, 2010.

Erlacher, Trevor, *Ukrainian Nationalism in the Age of Extremes: An Intellectual Biography of Domytro Dontsov*, Cambridge, Massachusetts: Distributed by Harvard University Press for the Ukrainian Research Institute, Harvard University Press, 2021.

Fink, Carole, *Defending the Rights of Others: The Great Powers, the Jews, and International Minority Protection, 1878–1938,* Cambridge: Cambridge University Press, 2004.

Font, Márta, Barabás, Gabor, *Coloman, King of Galicia and Duke of Slavonia (1208–1241)*, Leeds: Arc Humanities Press, 2019.

Frank, Alison, *Oil Empire: Visions of Prosperity in Austrian Galicia.* Cambridge, Massachusetts: Harvard University Press, 2005.

Франко, Iван, *Вiдрубнiсть Галичини*, Харкiв: Форiо, 2021.

Fras, Zbigniew, *Galicja*, Wrocław: Wydawnictwo Dolnośląskie, 2000.

Freiherr, Christoph, Bieberstein, Marschall von, *Freiheit in der Unfreiheit. Die nationale Autonomie der Polen in Galizien nach dem österreichisch-ungarischen Ausgleich von 1867. Ein konservativer Aufbruch im mitteleuropäischen Vergleich*, Wiesbaden: Harrassowitz Verlag, 1993.

Friedlich, Klaus-Peter, (bearb.), *Die Verfolgung und Ermordung der europäischen Juden durch das nationalsozialistische Deutschland, 1933–1945, Bd. 9, Polen: Generalgouvernement August 1941–1945*, München: Oldenbourg, 2014.

Galas, Michał, Polonsky, Antony, (eds.), *Jews in Kraków, Polin*, Oxford, Portland, Oregon: The Littman library of Jewish Civilization, 2011.

Glaser, Amelia, (ed.), *Stories of Khmelnytsky: Competing literary legacies of the 1648 Ukrainian Cossack uprising*, Stanford, California: Stanford University Press, 2015.

Golczewski, Frank, "Rural anti-semitism in Galicia before World War I", in: Chimen Abramsky, Maciej Jachimczyk, and Antony Polonsky, (eds.), *The Jews in Poland,* New York: Basil Blackwell, 1986.

_____ , „Die ukrainische Diaspora nach dem Zweiten Weltkrieg", Frank Golczewski (Hg.), *Geschichte der Ukraine*, Göttingen, Vandenhoeck & Ruprecht, 1993.

Gross, Jan Tomasz, *Revolution from Abroad: The Soviet Conquest of Poland's Western Ukraine and Western Belorussia*, Princeton, New Jersy: Princeton University Press, 1988.

Hagen, Mark von, *War in a European Borderland: Occupations and Occupation Plans in Galicia and Ukraine, 1914–1918,* Seattle: University of Washington Press, 2007.

Himka, John-Paul, *Socialism in Galicia. The Emergence of Polish Social Democracy and Ukrainian Radicalism: 1860–1890*, Cambridge, Massachusetts, Distributed by Harvard University Press for the Harvard Ukrainian Research Institute, 1983.

参考文献

_____ , *Galician Villagers and the Ukrainian National Movement in the 19th Century*, Basingstoke Macmillan in association with Canadian Institute of Ukrainian Studies, University of Alberta, 1988.

_____ , "Sheptys'kyi and the Ukrainian Nationalism Movement before 1914", Magocsi, John Paul (ed.), *Morality and Reality: The Life and Times of Andrei Sheptyts'kyi*, introduction by Jaroslav Pelikan, Edmonton: Canadian Institute of Ukrainian Studies, 1989.

_____ , "Metropolitan Andrey Sheptytsky and the Holocaust", Petrovsky-Shtern, Yohanan, Polonsky, Antony, (eds.), *Jews and Ukrainians, Polin: Studies in Polish Jewry Volume 26*, 2014, 337-360.

_____ , *Ukrainian Nationalists and the Holocaust: OUN and UPA's Participation in the Destruction of Ukrainian Jewry, 1941–1944*, Stuttgart: ibidem-Verlag, 2021.

Hnatiuk, Ola, „Ukraina na łamach „Buntu Młodych" i „Polityki"", Magdalena Semczyszyn i Mariusz Zajączkowski, (re.), *Giedroyc a Ukraina. Ukraińska perspektywa Jerzego Giedroycia i środowiska paryskiej „Kultury"*, Warszawa, Lublin, Szczecin: Instytut Pamięci Narodowej, 2014.

Грабовецький, Володимир, *Західно-українські землі в період народно-визвольної війни 1648–1654 рр.*, Київ: Наукова думка, 1972.

Hrycak Jarosław, *Historia Ukrainy. 1772–1999: narodziny nowoczesnego narod,* przełożyła K. Kotyńska, Lublin: Instytut Europy Środkowo-Wschodniej, 2000.

_____ , „Bandera wasz i nasz", *Polityka,* 15 08 2009. https://www.polityka.pl/archiwumpolit yki/1913644,1,bandera-wasz-i-nasz.read

_____ , Chruścińska, Iza, *Zrozumieć Ukrainę. Historia mówiona* (EPUB), Krytyka Polityczna: Warszawa, [2018] 2022.

Hrytsak, Yaloslav, "Lviv: A Multicultural History through the Centuries", *Harvard Ukrainian Studies* , 2000, Vol. 24, 2000, 47-73.

_____ , *Ivan Franko and His Community*, translated by Marta Olynyk, Edmonton: Canadian Institute of Ukrainian Studies Press, 2018.

Грицак, Я. *Подолати минуле: глобальна історія України*, Київ: Портал, 2022.

Hryciuk, Grzegorz, *Polacy we Lwowie, 1939–1944. Życie codzienne*, Warszawa: Wydawnictwo Książka i Wiedza, 2000.

_____ , *Przemiany narodowościowe i ludnościowe w Galicji Wschodniej i na Wołyniu w latach 1931–1948*, Toruń: Wydawnictwo Adam Marszałek, 2005.

_____ , Ruchniewicz, Małgorzata, Sinkiewicz, Witold, i in.,*Wysiedlania, wypędzenia, ucieczki 1939–1959: Atlas ziem Polski*, Wydanie drugie. Warszawa: Demart, 2022.

Husar, Lubomyr, "Sheptyts'kyi and Ecumenism", Magocsi, John Paul (ed.), *Morality and*

Reality: The Life and Times of Andrei Sheptyts'kyi, introduction by Jaroslav Pelikan, Edmonton: Canadian Institute of Ukrainian Studies, 1989.

Inazo, Nitobe, *Bushido. Dusza Japonii*, Lwów i Warszawa, 1904.

Janeczek, Andrzej, "Ethnicity, Religious Disparity and the Formation of the Multicultural Society of Red Ruthenia in the Late Middle Ages", Thomas Wünsch, Andrzej Janeczek (eds.), *On the Frontier of Latin Europe. Integration and Segregation in Red Ruthenia, 1350–1600 / An der Grenze des lateinischen Europa. Integration und Segregation in Rotreußen, 1350–1600*, Warsaw: Institute of Archaeology and Ethnlogy of the Polish Academy of Science, 2004.

Janowski, Maciej, *Inteligencja wobec wyzwań nowoczesności. Dylematy ideowe polskiej demokracji liberalnej w Galicji w latach 1889–1914*, Warszawa: Instytut Historii PAN, 1996.

Judson, Pieter M., *The Habsburg Empire: A New History*, Cambridge, Massachusetts: The Belknap Press of Harvard University Press, 2016.

Kahane, David, *Lvov Ghetto*, translated by Jerzy Michalowicz from Hebrew, Amherst: University of Massachusetts Press, 1990.

Капраль, М. *Національні громади Львова XVI–XVIII ст. (соціально-правові взаємини)*, Львів: Літературна агенція "Піраміда", 2003.

_____ ред. *Атлас українських історичних міст / Ukrainian Historic Towns Atlas.Т. 1: Львів / Lviv*, Львів-Lviv, 2014.

_____ ред. *Атлас українських історичних міст / Ukrainian Historic Towns Atlas.Т. 3: Жовква / Zhovkva*, Львів-Lviv, 2016.

Kaps, Klemens, *Ungleiche Entwicklung in Zentraleuropa: Galizien zwischen Überregionaler Verflechtung und imperialer Politik 1772–1914*, Wien, Köln, Weimar: Böhlau Verlag, 2015.

Karaś, Mieczysław, Podraza, Antoni, (red.), *Ukraina: Teraźniejszość i przeszłość*, Kraków: Państwowe Wydawnictwo Naukowe, Oddział. w Krakowie, 1970.

Kenny, Padraic, "Lviv's Central European Renaissance, 1987–1990", *Harvard Ukrainian Studies*, Vol. 24, 2000, 303-312.

Kieniewicz, Stefan, *Konspiracje galicyjskie, 1831–1845*, Warszawa: Kaiażka i Wiedza, 1950.

Kleveman, Lutz C., *Lemberg. Die vergessene Mitte Europas*, (eBuch), Berlin: Aufbau Verlag 2015.

Kozik, Jan, *The Ukrainian National Movement in Galicia: 1815–1849*, edited and with an introduction by Lawrence D. Orton, translated from the Polish by Andrew Gorski and

Lawrence D. Orton. The Canadian Library in Ukrainian Studies. Edmonton: University of Alberta, Distributed by the University of Toronto Press, 1986.

Kozłowski, Maciej, *Między Sanem a Zbruczem, Walki o Lwów i Galicję Wschodnią 1918–1919*, Kraków: Wydawnictwo ZNAK, 1990.

Kubijowytsch, Wolodymyr, "Letter from Professor Dr. Wolodymyr Kubijowytsch, leader of the Ukrainian Central Committee to Frank". 25 February 1943, giving detailed description of German outrages against the Ukrainian population; sixteen appendices (Exhibit USA-178) *Trial of the Major War Criminals Before the International Military Tribunal, XXVII*. 1947, PS-1526, 306-326.

Kundera, Milan, « Un occident kidnappé ou la tragédie de l'"Europe centrale », *Le Débat*, 27, 1983. 5, 3-23.

Kuzmany, Börries, *Brody. Eine galizische Grenzstadt im langen 19. Jahrhundert*. Wien, Böhlau Verlag, 2011.

___ , „Jüdische Pogromflüchtlinge in Österreich 1881/82 und die Professionalisierung der internationalen Hilfe", in: Börries Kuzmany, Rita Garstenauer, (Hgg.), *Aufnahmeland Österreich. Über den Umgang mit Massenflucht seit dem 18. Jahrhundert*, Vienna, Mandelbaum, 2017, 94-125.

Lieberman, Herman, *Pamiętniki*, wstęp i opracowanie Andrzej Garlicki, Warszawa: Wydawnictwo: Wydawictwo Sejmowe, 1996.

Linkiewicz, Olga, *Lokalność i nacjonalizm: Społeczności lokalne w Galicji Wschodniej w dwudziestoleciu międzywojennym,* Universitas: Kraków, 2018.

Lipińska, Aleksandra, "Eastern outpost: The sculptors Herman van Hutte and Hendrik Horst in Lviv c. 1560–1610", Frits Scholten, Joanna Woodall, Dulcia Meijers (eds.), *Art and Migration: Netherlandish Artists on the Move / Kunst en Migratie Nederlandse kunstenaars op drift*, 1400–1750, Leiden, Boston: Brill, 2014.

Magocsi, Paul Robert, *A History of Ukraine*, Toronto Buffalo London: University of Toronto Press, 1996.

___ *The Roots of Ukrainian Nationalism: Galicia as Ukraine's Piedmont*, Toronto, London, Buffalo, University of Toronto Press, 2002.

___ *With Their Backs to the Mountains: A History of Carpathian Rus' and Carpatho-Rusyns*, Budapest, New York: Central European University Press, 2015.

___ and Petrovsky-Shtern, Yohanan, *Jews and Ukrainians: A Millenium of Co-Existence*, Toronto, University of Toronto Press, 2016.

Mark, Rudolf A., „Die gescheiterren Staatsversuche", Frank Golczewski (Hg.), *Geschichte der Ukraine*, Göttingen, Vandenhoeck & Ruprecht, 1993.

Markovits, Andrei S. and Sysyn, Frank E., (eds.), *Nationbuilding and the Politics of Nationalism* : Essays on Austrian Galicia, Cambridge: Harvard Ukrainian Research Institute, distributed by Harvard University Press, 1982.

Markowski, Damian K., *Dwa Powstania: Bitwa o Lwów 1918* (EPUB), Kraków: Wydawnictwo Literackie, 2019.

＿＿, *Lwów 1944* (EPUB), Warszawa: Bellona, 2021.

Mazower, Mark, *Hitler's Empire: How the Nazis Ruled Europe*, New York: Penguin Press, 2008.

Mędrzecki, Włodzimierz, *Kresowy Kalejdoskop: Wędrówki przez ziemie wschodnie Drugiej Rzeczypospolitej 1918–1939* (EPUB), Kraków: Wydawnictwo Literackie, 2018.

Mick, Christoph, *Lemberg, Lwów, L'viv, 1914–1947: Violence and Ethnicity in a Contested City*, West Lafayette: Purdue University Press, 2016.

Miller Aleksei I., *The Ukrainian Question: The Russian Empire and Nationalism in the Nineteenth Century*, Budapest New York: Central European University Press, 2004.

Miodunka, Piotr, *Społeczność małych miast południowej Małopolski od końca XVI wieku do końca XVIII wieku*, Kraków: Uniwersitas, 2021.

Mises, Ludwig von, *Die Entwicklung des gutsherrlich-bäuerlichen Verhältnisses in Galizien (1772–1848)*, Wien, Leipzig, 1902.

Moskalets, Vladyslava, "Jews in Habsburg Galicia: Challenges of Modernity", Olena Palko, Manuel Férez Gil (eds.), *Ukraine's Many Faces: Land, People, and Culture Revisited*, Bielefeld: transcript Verlag, 2023.

Motyka, Grzegorz, *Ukraińska partyzantka 1942–1960*, Warszawa: Oficyna Wydawnicza RYTM, 1997.

＿＿, Rafał Wnuk, *Pany i Rezuny. Współpraca AK-WiN i UPA, 1945–1947*, Warszawa: Oficyna Wydawnicza Volumen,1997.

＿＿, *Od rzezi wołyńskiej do akcji "Wisła" Konflikt polsko-ukraiński 1943–1947* (EPUB), Kraków: Wydawnictwo Literackie, 2011.

Motylewicz, Jerzy, "Ethnic Communities in the towns of Polish-Ukrainian Borderland in the Sixteenth Seventeenth, and Eighteenth Centuries", Christopher Hann and Paul Robert Magocsi eds. "*Galicia: A Multicultured Land*, Toronto Buffalo London: Canadian Institute of Ukrainian Studies, 2005.

Mroczuka, Ludwik, *Spór o Galicję Wschodnią 1914–1923*, Kraków: Wydawnictwo Naukowe WSP, 1998.

Niedzielko Romuald, (op.), *Kresowa Księga Sprawiedliwych 1939–1945. O Ukraińcach ratujących Polaków poddanych eksterminacji przez OUN i UPA*, Warszawa: Instytut

Pamięci Narodowej, 2007.

Paduchowski, Wojciech, *Galicyjskie górnictwo i hutnictwo w świetle Powszechnej Wystawy Krajowej we Lwowie w 1894 roku,* „Folia Historica Cracoviensia", 20, 2014, 155–177.

Pająk, Jerzy Z., *Wojna a społeczeństwo. Galicja w latach 1914–1918*, Kielce: Wydawnictwo Uniwersytetu Jana Kochanowskiego, 2020.

Papée, Fryderyk, *Historia miasta Lwowa w zarysie,* Lwów, 1924.

Pelikan, Jaroslav, *Confessor Between East and West: A Portrait of Ukrainian Cardinal Josyf Slipyj*, Grand Rapids, Michigan: Wm. B. Eerdmans Publishing Company, 1990.

Podhorodecki, Leszek, *Dzieje Lwowa*, Warszawa: Notka wydawnicza, 1993.

Polonsky, Antony, *The Jews in Poland and Russia*, vols. 3, Oxford, Portland, Or., Littman Library of Jewish Civilization, 2010–2012.

Portnov, Andrii, *Poland and Ukraine: Entangled Histories, Asymmetric Memories*, Essays of the Forum Transregionale Studien, 7, 2020.

Pritsak, Omeljan "The Origin of Rus'", *The Russian Review*, Vol. 36, No. 3, 7. 1977, pp. 249-273.

Prokopovych, Markian, *Habsburg Lemberg: Architecture, Public Space, and Politics in the Galician Capital, 1772–1914*, West Lafayette, Indiana: Purdue University Press, 2009.

Prusin, Alexander Victor, *Nationalizing Borderland: War, Ethnicity, and Anti-Jewish Violence in East Galicia, 1914–1920*, Tuscaloosa: University of Alabama Press, 2005.

Przebinda, Grzegorz, *Większa Europa. Jan Paweł II wobec Rosji i Ukrainy*, Kraków: Znak, 2001.

Pszczółkowski, Michał, *Kresy nowoczesne. Architektura na ziemiach wschodnich II Rzeczypospolitej 1921–1939*, Łódź: Księży Młyn Dom Wydawniczy, 2016.

Purchla, Jacek, Komar, Żanna, Kos, Wolfgang, Rydiger, Monika, and Schwarz, Werner Michael, (eds.), *The Myth of Galicia,* International Cultural Centre and Wien Album published on the occasion of the exhibition "The Myth of Galicia", organized by the International Cultural Centre in cooperation with the Wien Museum. Kraków: International Cultural Centre, 2014.

Rąkowski, Grzegorz, *Ziemia Lwowska. Przewodnik po Ukrainie Zachodniej część III*, Pruszków: Rewasz Oficyna Wydawnicza, 2007.

Risch, William Jay, *The Ukrainian West: Culture and the Fate of Empire in Soviet Lviv*, Cambridge, Massachusetts, London, England: Harvard University Press, 2011.

Rozenblit, Marsha L., *Reconstructing a National Identity: The Jews of Habsburg Austria during World War I*, New York: Oxford University Press, 2001.

Röskau-Rydel, Isabel, (Hg.), *Galizien, Bukowina, Moldau. Berlin 1999 (Deutsche*

Geschichte im Osten Europas), Berlin: Siedler, 1999.

Rudnytsky, Ivan L., *Essays in Modern Ukrainian History*, Edmonton: Canadian Institute of Ukrainian Studies, 1987.

Schipper, Ignaz, „Die galizische Judenschaft in wirtschaftsstastistischer Beleuchutung in den Jahren 1772–1848", *Neue jüdische Monatshefte: Zeitschrift für Politik, Wirtschaft und Literatur in Ost und West*, 10. 2. 1918, S. 223-233.

Serczyk, Władysław A., *Historia Ukrainy*, Wrocław: Zakład Narodowy im. Ossoliński, [1979] 1990.

Сергійчук, В. Кокін, С. Сердюк, С. *Митрополит Андрей Шептицький у документах радянських органів державної безпеки (1939–1944 рр.)*, Київ: Українська Видавнича Спілка, 2005.

Shanes. Joshua, *Diaspora Nationalism and Jewish Identity in Habsburg Galicia,* Cambridge: Cambridge University Press, 2012.

Шептицький, Андрей, «Не убий», *Львівськіархіепархіяльні відомості* 55, №. 11, Львів, листопад 1942, 177-183.

Шевельов, Ю. *Чому общерусский язык, а не вібчоруська мова? З пробл. східнослов.* глотогонії: Дві ст. про постання укр. мови. К.: Вид. дім «КМ Academia», 1994.

Shkandrij Myroslav, *Ukrainian Nationalism: Politics, Ideology, and Literature*, 1929–1956, New Haven & London, Yale University Press, 2015.

Snyder, Timothy, *Reconstruction of Nations: Poland, Ukraine, Lithuania, Belarus, 1569 –1999*, New Haven & London: Yale University Press, 2003.

Solchanyk, Roman, ed. *Ukraine: From Chernobyl' to Sovereignty. A Collection of Interviews*, Foreword by Norman Stone, Edmonton: Canadian Institute of Ukrainian Studies Press, University of Alberta, 1992.

Stauter-Halsted, Keely, *The Nation in the Village. The Genesis of Peasant National Identity in Austrian Poland: 1848–1914*, Ithaca: Cornell University Press, 2001.

Стецюк, Валентин, *Історія Товариства Лева, Істор. Праця*, 2012.

Struve, Kai, Bauern und *Nation in Galizien. Über Zugehörigkeit und soziale Emanzipation im 19. Jahrhundert*, Göttingen, Vandenhoeck & Ruprecht, 2005.

Subtelny, Orest, "The Soviet Occupation of Western Ukraine, 1939–41: An Overview", Roman Waschuk (ed.), *Ukraine During World War II: History and Its Aftermath*, Edmonton: University of Alberta. Canadian Institute of Ukrainian Studies, 1986.

_____, "Expulsion, Resettlement, Civil Strife: The Fate of Poland's Ukrainians, 1944–1947", Philipp Ther and Ana Siljak (eds.), *Redrawing Nations: Ethnic Cleansing in East-Central Europe, 1944–1948*, New York: Rowman and Littlefield, 2001.

参考文献

____ , *Ukraine. A History,* 4th ed., Toronto: University of Toronto Press, 2009.

Świątek, Adam, *Gente Rutheni, Natione Poloni: The Ruthenians of Polish Nationality in Habsburg Galicia*, translated by Guy Russell Torr., Edmonton: Canadian Institute of Ukrainian Studies Press, 2019.

Tarnawski Ostap, *Literacki Lwów 1939–1944. Wspomnienia ukraińskiego pisarza*, z języka ukraińskiego przełożyła Anna Chraniuk, wstęp, opracowanie redakcyjne, przypisy Bogusław Bakuła, Poznań: Biblioteka Porównań, 2004.

Tokarczyk, Olga, *Księgi Jakubowe albo Wielka podróż przez siedem granic, pięć języków i trzy duże religie, nie licząc tych małych*, Kraków: Wydawnictwo Literackie, 2014.

Томашівський, С. *Народні рухи в Галицькій Руси 1648 р.*, „Записки Наук. Тов. ім. Шевченка", т. 23-24, 1898.

Ther, Philipp, *Center Stage: Operatic Culture and Nation Building in Nineteenth-Century Central Europe*, translated by Charlotte Hughes-Kreutzmüller, West Lafayette: Purdue University Press, 2014.

Твоє місто „На польському військовому цвинтарі у Львові відкрили статую Левів". 2022. 05. 20, https://tvoemisto.tv/news/na_polskomu_viyskovomu_memoriali_u_lvovi_vidkryly_statui_leviv_132572.html

Тищик. Б. Й. *Західно Українська Народна Республіка (1918–1923). Історія держави і права*, Львів: Тріада плюс, 2004.

The Ukrainian Review: A Quarterly Journal devoted to the study of Ukraine, 7, 1989.

Unowsky, Daniel, "Peasant political Mobilization and the 1898 anti-Jewish Riots in Western Galicia". *European History Quarterly*, 7, 2010.

Войтович Л.В. *Галич у політичному житті Європи XI–XIV століть*. Львів: Левада, 2017.

Vushko, Iryna, *The Politics of Cultural Retreat. Imperial Bureaucracy in Austrian Galicia: 1772-1867*, New Haven & London: Yale University Press, 2015.

Wandycz, Piotr S., *Soviet-Polish Relations, 1917–1931*, Cambridge, Massachusetts: Harvard University Press, 1969.

____ *The Lands of Partitioned Poland, 1795–1918*, Seattle and London: University of Washington Press, 1974.

Wehrhahn, Torsten, *Die Westukrainische Volksrepublik. Zu den polnisch-ukrainischen Beziehungen und dem Problem der ukrainischen Staatlichkeit in den Jahren 1918 bis 1923*, Berlin: Weißensee Verlag, 2004.

Wendland, Anna Veronika, *Die Russophilen in Galizien. Ukrainische Konservative zwischen Österreich und Russland, 1848–1915,* Vienna: Verlag der Österreichischen Akademie der

Wissenschaften, 2001.

Wittlin, Józef, *Mój Lwów*, Wrocław: Wrocławskie Wydawnictwo Warstwy, [1946], 2017.

Wolff, Larry, *The Idea of Galicia. History and Fantasy in Habsburg Political Culture*, Stanford, California: Stanford University Press, 2010.

_____ , *Woodrow Wilson and the Reimagining of Eastern: Europe*, Stanford: Stanford University Press, 2020.

Wołczański, Józef (op.), *Nieznana korespondencja arcybiskupów metropolitów lwowskich Józefa Bilczewskiego z Andrzejem Szeptyckim w czasie wojny polsko-ukraińskiej, 1918– 1919 roku*, Lwów, Kraków: Wydaw. Bł. Jakuba Strzemie Archidiecezji Lwowskiej, 1997.

Wysocki, Alfred, *Sprzed pół wieku*, Kraków: Wydawnictwo Literackie, 1956.

Wyżga, Mateusz, *Homo movens. Mobilność chłopów w mikroregionie krakowskim w XVI– XVIII wieku*, Kraków: Wydawnictwo Naukowe Uniwersytetu Pedagogicznego, 2019.

Яковенко, Н. *Нарис історії України з найдавніших часів до кінця XVIII ст.*, Київ: Генеза, 1997.

Yurkevich, Myroslav, "Galician Ukrainians in German Military Formations and in the German Administration", Roman Waschuk (ed.), *Ukraine During World War II: History and Its Aftermath*, Edmonton: University of Alberta. Canadian Institute of Ukrainian Studies, 1986.

Zahra, Tara, *The Great Departure: Mass Migration from Eastern Europe and the Making of the Free World*, New York: W. W. Norton, 2016.

Zayarnyuk, Andriy. "Obtaining History: The Case of Ukrainians in Habsburg Galicia, 1848– 1900", *Austrian History Yearbook*, Vol. 36, 2005, 121-147.

Żarnowski, Janusz, *Społeczeństwo Drugiej Rzeczypospolitej: 1918–1939*, Warszawa: Państwowe Wydawnictwo Naukowe, 1973.

Zdrada, Jerzy, *Zmierzch Czartoryskich*, Warszawa: Państwowe Wydawnictwo. Naukowe, 1969.

_____ , „Julian Ławrowski", *Polski Słownik Biograficzny*. 1973.

_____ , *Historia Polski 1795–1914*, Warszawa: Wydawnictwo Naukowe PWN, 2017.

Zimmerman, Joshua D., *Jozef Pilsudski: Founding Father of Modern Poland*, Harvard University Press, 2022.

Зінкевич О., Обертас О. Ред.*Рух опору в Україні: 1960–1990. Енциклопедичний довідник,* Київ: Смолоскип, 2012.

事典類（邦語）

『ブリタニカ国際大百科事典』
『新版 東欧を知る事典』平凡社、2015 年
川成洋、菊池良生、佐竹謙一編『ハプスブルク事典』丸善出版、2023 年

邦語文献

青島陽子「帝国支配の時代―ロシア帝国、ハプスブルク帝国下のウクライナ」黛秋津編『講義 ウクライナの歴史』山川出版社、2022 年

赤尾光春「S・アン゠スキーの『ガリツィアの破壊』と記憶のポリティクス」(上)『思想』(1093) 2015 年 5 月 7-29 頁
＿＿「S・アン゠スキーの『ガリツィアの破壊』と記憶のポリティクス」(下)『思想』(1094) 2015 年 6 月 111-135 頁
＿＿「ロシア語を話すユダヤ人コメディアン VS ユダヤ人贔屓の元 KGB スパイ」『現代思想』50（6）2022 年 6 月 119-136 頁

麻生陽子「両大戦間期のウクライナ西部の町リヴィウ―ハプスブルク時代の痕跡をたどったロート『ガリツィアへの旅』―」『アカデミア. 文学・語学編』115、2024 年 2 月、225-247

新井陽大「19 世紀末東ガリツィアにおけるポーランド同化ユダヤ人の自己認識と他者理解 - 新聞『祖国』における公開書簡を手掛かりに -」『早稲田大学大学院教育学研究科紀要：別冊』31（2）2024 年 3 月、49-59 頁

安齋篤人「戦間期ガリツィア・ユダヤ人の都市近郊農業とエスニック・マーケティング」『ユダヤ・イスラエル研究』38、2024 年 12 月

伊狩裕「啓蒙と『半アジア』――カール・エーミール・フランツォース試論 (1)」『言語文化』3（2）2000 年 12 月 145-178 頁
＿＿「権利のための闘争――カール・エーミール・フランツォース試論 (2)」『言語文化』4（2）2001 年 12 月 393-428 頁
＿＿「カール・エーミール・フランツォースとウクライナ」『言語文化』9（1）

2006 年 1-47 頁
＿＿「分水嶺レンベルク：象徴としての地誌」『同志社大学グローバル地域文化学会紀要』（14）2020 年 3 月、65-96

池田嘉郎『ロシア革命――破局の 8 か月』岩波書店、2017 年

伊東孝之『現代ポーランド史』山川出版社、1988 年

伊東孝之、井内敏夫、中井和夫編『ポーランド・ウクライナ・バルト史』山川出版社、1998 年

井内敏夫「中世のポーランドと東方近隣諸国」伊東孝之、井内敏夫、中井和夫編『ポーランド・ウクライナ・バルト史』山川出版社、1998 年
＿＿「1846 年のポーランド――クラクフ蜂起とガリツィア農民運動」『東欧史研究』3、1980 年、5-21 頁

岩崎周一『ハプスブルク帝国』講談社、2017 年

上村敏郎「18 世紀末ハプスブルク君主国におけるガリツィアの啓蒙：ガリツィアをめぐる啓蒙知識人の眼差し」『社会文化史学』（67）2023 年 3 月、25-44 頁

ウォーラーステイン、イマニュエル『近代世界システム理論 1600 〜 1750』川北稔訳、名古屋大学出版会、1993 年

ウクライナー（Ukraïner）「ウクライナ語とは何なのか？」2023 年 https://www.ukrainer.net/ukuraina-go-ttenandesuka/

ウラム、スタニスワフ『数学のスーパースターたち―ウラムの自伝的回想』志村利雄訳、東京図書、1979 年

オーキー、ロビン『ハプスブルク君主国 1765–1918』NTT 出版、2010 年

大木毅『独ソ戦――絶滅戦争の惨禍』岩波書店、2019 年
大津留厚『ハプスブルクの実験――多文化共存を目指して』中央公論社 1995 年
＿＿「ガリツィア・ユダヤ人のアメリカ」山田史郎他著『移民』ミネルヴァ書房、

参考文献

1998 年
____水野博子、河野厚、岩崎周一編『ハプスブルク史研究入門──歴史のラビリンスへの招待』昭和堂、2013 年
____「1907 年東ガリツィアの国政選挙」『歴史学研究』(1036) 2023 年 6 月、35-45 頁

岡部芳彦『日本・ウクライナ交流史 1937-1953』神戸学院大学出版会、2022 年

小川万海子『ウクライナの発見：ポーランド文学・美術の 19 世紀』藤原書店、2011 年

梶山祐治『ウクライナ映画完全ガイド』パブリブ、2024 年

加藤有子「両大戦間期ガリツィアの文芸界とユダヤ人」塩川伸明、小松久男、沼野充義編『ユーラシア世界 2──ディアスポラ論』東京大学出版会、2012 年
____「ポーランド・ウクライナ国境地帯からみた『ヨーロッパ』－ユーリィ・アンドルホヴィチとアンジェイ・スタシュクの中欧論」『現代思想』42 (10) 2014 年 6 月、164-174 頁

加藤久子「社会主義ポーランドにおけるカトリック教会をめぐる報道―ノヴァ・フタでの教会建設過程に着目して―」『東欧史研究』27、2005 年、90-103 頁

カントローヴィチ、エルンスト・H『王の聖なる身体（上）──中世政治神学研究』筑摩書房、2003 年

キェニェーヴィチ、ステファン『ポーランド史』加藤一夫、水島孝生訳、恒文社、1996 年

衣笠太朗『旧ドイツ領全史』パブリブ、2020 年
____『ドイツ帝国の解体と「未完」の中東欧──第一次世界大戦後のオーバーシュレージエン／グルヌィシロンスク』人文書院、2023 年

栗生沢猛夫「分領制ロシアの時代──諸公国の分立とモンゴルの侵入」田中陽児、倉持俊一、和田春樹編『世界歴史大系ロシア史〈1〉9〜17 世紀』山川出版社、1995 年

＿＿『「ロシア原初年代記」を読む——キエフ・ルーシとヨーロッパ、あるいは「ロシアとヨーロッパ」についての覚書』成文社、2015 年

＿＿『キエフ・ルーシ考 断章——ロシアとウクライナの歴史家はどう考えてきたか』成文社、2024 年

＿＿井上浩一『世界の歴史 11　ビザンツとスラヴ』中央公論新社、2009 年

黒川祐次『物語 ウクライナの歴史』中央公論新社、2002 年

クンデラ、ミラン「誘拐された西欧——あるいは中央ヨーロッパの悲劇」『ユリイカ』23（2）1991 年 2 月、62-79 頁

合六強「ウクライナと NATO 加盟問題」*EUSI Commentary*, 59, 2015 年 9 月 https://www.hit-u.ac.jp/kenkyu/eusi/eusicommentary/vol59.pdf

小粥良「ガリチアの首都レンベルク」『山口大学独仏文学』28、2006 年 12 月、75-107 頁

＿＿「イヴァン・フランコの『Die Auswanderung der galizischen Bauern』（1892）」『山口大学独仏文学』29、2008 年 2 月、17-44 頁

小山哲、中井和夫「貴族の共和国とコサックの共和国」伊東孝之、井内敏夫、中井和夫編『ポーランド・ウクライナ・バルト史』山川出版社、1998 年

小山哲「われもまたインドに至らん——近世ポーランドにおける『新世界』認識とウクライナ植民論—」『人文學報』85、2001 年 6 月、1-25 頁

＿＿『ワルシャワ連盟協約（一五七三年）』東洋書店、2013 年

＿＿「リトアニア・ポーランド支配の時代——十四〜十八世紀の近世ウクライナ地域」黛秋津編『講義　ウクライナの歴史』山川出版社、2022 年

小山虎「国際政治に振り回されたポーランドの論理学」*PLANETS*、2020 年 2 月 26 日 https://note.com/wakusei2nd/n/n032b1ff0409c

今野元『多民族国家プロイセンの夢 ——「青の国際派」とヨーロッパ秩序』名古屋大学出版会、2009 年

佐伯彩「1868 年幻のガリツィア巡幸」『人間文化研究科年報』31、2016 年、15-24

頁

____「1880 年ガリツィア巡幸とドイツ・リベラル-『ノイエ・フライエ・プレッセ』の論評を中心に-」『寧楽史苑』63、2018 年 67-82 頁

____「19 世紀後半、ポーランド人議員の政治志向―フランチシェク＝スモルカの場合―」『寧楽史苑』67、2022 年、119-135 頁

貞包和寛「ウクライナ、ルシン、レムコの多層的な関係――国家の隙間に生きる人々と言葉」服部倫卓、原田義也（編著）『ウクライナを知るための 65 章』明石書店、2018 年

ザッハー＝マゾッホ、レオポルト・フォン『ザッハー＝マゾッホ集成 I：エロス』平野嘉彦、中澤英雄訳、西成彦訳・解説、人文書院、2024 年

____『ザッハー＝マゾッホ集成 II：フォークロア』中澤英雄訳・解説、人文書院、2024 年

____『ザッハー＝マゾッホ集成 III：カルト』平野嘉彦訳・解説、人文書院、2024 年

ザッヘル＝マゾッホ、レオポルド・フォン『ガリチア物語』高本研一訳、桃源社、1976 年

志賀浩二『無限からの光芒――ポーランド学派の数学者たち』日本評論社、1988 年

篠原琢「東欧のユダヤ人をどのように記述するか　野村真理著『ガリツィアのユダヤ人――ポーランド人とウクライナ人のはざまで』によせて」『東欧史研究』32、2011 年、75-85 頁

ジャブコ、ユリヤ『日本が知らないウクライナ――歴史からひもとくアイデンティティ』大学教育出版、2023 年

シュペルバー、マネス『すべて過ぎ去りしこと…』鈴木隆雄、藤井忠訳、水声社、1998 年

シュルツ、ブルーノ『ブルーノ・シュルツ全集 I・II』工藤幸雄編訳、新潮社、1998 年

ショア、マーシ『ウクライナの夜——革命と侵攻の現代史』池田年穂訳、岡部芳彦解説、慶応義塾大学出版会、2022 年

ショーレム、ゲルショム『ユダヤ神秘主義』山下肇、石丸昭二、井ノ川清、西脇征嘉訳、法政大学出版局、1993 年

白木太一「近世のルシ県におけるシュラフタと地域社会に関する一考察―クラシツキ家とフランチシェク・カルピンスキを例に―」篠原琢編『ヨーロッパ東部境界地域の共有遺産研究 I. ガリツィア』東京外国語大学、EU インスティチュート・イン・ジャパン、国際文化研究所、2011 年
＿＿『一七九一年五月三日憲法』東洋書店、2013 年 [群像社、2016 年]

菅原祥『ユートピアの記憶と今——映画・都市・ポスト社会主義』京都大学出版会、2018 年

スナイダー、ティモシー『赤い大公——ハプスブルク家と東欧の 20 世紀』池田年穂訳、慶應義塾大学出版会、2014 年
＿＿『ブラッドランド——ヒトラーとスターリン大虐殺の真実』布施由紀子訳、筑摩書房、2015 年
＿＿『ブラックアース——ホロコーストの歴史と警告』池田年穂訳、慶應義塾大学出版会、2016 年

相馬保夫「民族自決とマイノリティ―戦間期中欧民族問題の原点」田村栄子、星乃治彦編『ヴァイマル共和国の光芒——ナチズムと近代の相克』昭和堂、2007 年

田中徳一「ドイツ・オーストリア・ガリチアにおける『寺子屋』劇受容の概観」日本比較文学会編『越境する言の葉——日本比較文学会創立六〇周年記念論集』彩流社、2011 年

田中祐真「ポーランドの対ウクライナ姿勢―ウクライナとの「連帯」における政治的・心情的背景―」*Roles Report*, vol. 24, 2023 年

田村雲供『フロイトのアンナ O 嬢とナチズム——フェミニスト・パッペンハイムの軌跡』ミネルヴァ書房、2004 年

参考文献

鶴見太郎「ウクライナにおけるユダヤ人の歴史」黛秋津編『講義　ウクライナの歴史』山川出版社、2022 年

デーブリーン、アルフレート『ポーランド旅行』岸本雅之訳、鳥影社、2007 年

ドイッチャー、アイザック『非ユダヤ的ユダヤ人』鈴木一郎訳、岩波書店、1970 年

中井杏奈「ウクライナの隣人としてのポーランド——戦後ポーランド知識人の思想と行動から辿る二国間関係」『現代思想』2022 年 6 月臨時増刊号、81-88 頁

中井和夫『ソヴェト民族政策史——ウクライナ 1917-1945』御茶ノ水書房、1988 年
＿＿＿ a『ウクライナ・ナショナリズム——独立のジレンマ』東京大学出版会、1998 年 [再版 2022 年]
＿＿＿ b「キエフ・ルーシ」伊東孝之、井内敏夫、中井和夫編『ポーランド・ウクライナ・バルト史』山川出版社、1998 年
＿＿＿ほか「独立と民主化の時代」伊東孝之、井内敏夫、中井和夫編『ポーランド・ウクライナ・バルト史』山川出版社、1998 年
＿＿＿『ウクライナ・インテレクチュアル・ヒストリー』群像社、2024 年

永岑三千輝『独ソ戦とホロコースト』日本経済評論社、2001 年
＿＿＿「東ガリツィアにおけるホロコーストの展開」『関東学院大学経済学会研究論集』227、2006 年 4 月、53-67 頁

中澤達哉『近代スロヴァキア国民形成思想史研究——「歴史なき民」の近代国民法人説』刀水書房、2009 年

中澤英雄「他民族の共存から世界平和へ——ザッハー・マゾッホの多文化的世界」池田信雄、西中村浩編『間文化の言語態』東京大学出版会、2002 年

中谷昌弘「ロシア・ユダヤ人の国内移住および国外移民とポグロム：1881 年を中心に」『社会経済史学』83（3）2017 年、381-401 頁

中地美枝「『女性に自ら決める権利が与えられるべきだ』：ソ連における戦後の人口増加政策と 1955 年の人工妊娠中絶の再合法化」50、2021 年、1-20 頁

西村木綿「反ユダヤ主義——追い詰められるユダヤ人」渡辺克義編『ポーランドの歴史を知るための55章』明石書店、2020年

＿＿「第二次世界大戦前のクラクフのユダヤ人社会 —ガリツィア・ユダヤ博物館の巡回展によせて—」*Artes MUNDI*, 7、2022年、92-101頁

野村真理『ガリツィアのユダヤ人——ポーランド人とウクライナ人のはざまで』人文書院、2008年 [新装版2022年]

＿＿『隣人が敵国人になる日——第一次世界大戦と東中欧の諸民族』人文書院、2013年

＿＿「西ウクライナの古都リヴィウが見てきたこと」『世界』2023年3月号

ハウマン、ハイコ『東方ユダヤ人の歴史』平田達治、荒島浩雅訳、鳥影社、1999年

服部倫卓、原田義也（編著）『ウクライナを知るための65章』明石書店、2018年

早坂眞理『ウクライナ——歴史の復元を模索する』リブロポート、1994年

＿＿『近代ポーランド史の固有性と普遍性：跛行するネイション形成』彩流社、2019年

原田義也「『ウクライナ』とは何か——国名の由来とその解釈」服部倫卓、原田義也編著『ウクライナを知るための65章』明石書店、2018年

＿＿「オレーナ・テリーハはいかにしてウクライナの詩人となったか」102（152）『三田文学』2023年、188-199頁

ハワード、マイケル『第一次世界大戦』馬場優訳、法政大学出版会、2014年

東野篤子「ウクライナとNATO 遠い加盟への道のり」服部倫卓、原田義也（編著）『ウクライナを知るための65章』明石書店、2018年

平野高志『ウクライナ・ファンブック』パブリブ、2020年

ヒルバーグ、ラウル『ヨーロッパ・ユダヤ人の絶滅』上下、望田幸男、原田一美、井上茂子訳、柏書房、1997年

参考文献

広瀬佳一『ポーランドをめぐる政治力学——冷戦の序章 1939 〜 1945』勁草書房、1993 年

福嶋千穂「ブレスト教会合同（一五九五‐九六年）」の社会的背景—近世ポーランド・リトアニア『共和国』におけるルテニアの正教会—」『史林』86（382）2003 年、86-121 頁
____「『ハジャチ合意』（一六五八‐五九年）にみるルテニア国家の創出」『史林』93（5）2010 年、633-666 頁
____『ブレスト教会合同』群像社、2015 年
____「『ルシ』再考」『東京外国語大学論集』（94）2017 年、189-207 頁

福元健之『王のいない共和国の誕生』群像社、2023 年

プロヒー、セルヒー『ウクライナ全史——ゲート・オブ・ヨーロッパ』上下、鶴見太郎監訳、桃井緑美子訳、大間知知子翻訳協力、明石書店、2024 年

ヘルベルト、スビグェニエフ『ヘルベルト詩集』関口時正訳、未知谷、2024 年

ホメンコ、オリガ「独立後の現代ウクライナ文学：プロセス、ジャンル、人物」『スラヴ文化研究』2019 年、16、104-127

本田晃子『革命と住宅』ゲンロン、2023 年

松里公孝『ポスト社会主義の政治——ポーランド、リトアニア、アルメニア、ウクライナ、モルドヴァの準大統領制』筑摩書房、2021 年
____『ウクライナ動乱——ソ連解体から露ウ戦争まで』筑摩書房、2023 年

ミウォシュ、チェスワフ『ポーランド文学史』関口時正、西成彦、沼野充義、長谷見一雄、森安達也訳、未知谷、2006 年

光吉淑江「第二次世界大戦直後の西ウクライナにおける女性—ソ連型母性主義と『子だくさん』の母を中心に—」『ロシア・東欧研究』34、2005 年、133-145 頁

南塚信吾編『ドナウ・ヨーロッパ史』山川出版社、1999 年

宮崎悠『ポーランド問題とドモフスキ——国民的独立のロゴスとパトス』北海道大学出版会、2010年

____「ヨーロッパの中のポーランド：ウクライナ民主化運動への反応」『成蹊法学』80、2014年、136-217頁

____「変容するポーランド＝ウクライナ関係と歴史認識——『ヴォウィン事件』八〇周年を手がかりに」歴史学研究会編『ロシア・ウクライナ戦争と歴史学』大月書店、2024年

村田優樹「第一次世界大戦、ロシア革命とウクライナ・ナショナリズム」『スラヴ研究』64、2017年、1-40頁

____「二〇世紀初頭のウクライナ・ナショナリズムとロシア・ナショナリズム——『独立説』と『一体説』の系譜」『現代思想』2022年6月臨時増刊号、43-51頁

____「ウクライナ・ナショナリズムと帝国の崩壊（一九〇五〜一九二一年）」黛秋津編『講義　ウクライナの歴史』山川出版社、2022年

安井教浩「第二共和政ポーランドにおける議会政治の幕開けと民族的少数派（1）：東ガリツィア・ユダヤ人の選択」『長野県短期大学紀要』62、2007年、137-151頁

____「第二共和政ポーランドにおける議会政治の幕開けと民族的少数派（2）：東ガリツィア・ユダヤ人の選択」『長野県短期大学紀要』64、2009年、137-154頁

柳沢秀一「『ウクライナ民族主義者組織（OUN）』と『ウクライナ蜂起軍（UPA）』のウクライナ独立国家構想とその戦略—対ソ政策と対ポーランド政策を中心に」『現代史研究』(50) 2004年、21-37頁

____「独ソ戦期ドイツ占領体制とウクライナ：『ウクライナ民族主義者組織（OYH）』の対独政策における『協力』と『抵抗』」『ロシア史研究』82、2008年、4-16頁

矢野久『ナチス・ドイツの外国人——強制労働の社会史』現代書館、2004年

吉岡潤「ポーランド共産政権支配確立過程におけるウクライナ人問題」『スラヴ研究』48、2001年、67-93頁

リデー、ジャック『中欧論』田口晃、板橋拓己訳、白水社、2004年

参考文献

レム、スタニスワフ『高い城・文学エッセイ』沼野充義、巽孝之、芝田文乃、加藤有子訳、国書刊行会、2004 年

レーベヂェフ編『ロシヤ年代記』除村吉太郎訳、原書房、1979 年

『ロシア原初年代記』國本哲男、山口巌、中条直樹ほか訳、名古屋大学出版会、1987 年

ロート、ヨーゼフ『ラデツキー行進曲』平田達治訳、岩波書店、2014 年
____『放浪のユダヤ人』平田達治訳、吉田仙太郎訳、法政大学出版局、1985 年
____『ヨーゼフ・ロート ウクライナ・ロシア紀行』ヤン・ビュルガー編、長谷川圭訳、2021 年

ロドヴィッチ、ヤドヴィガ・M「新渡戸稲造とポーランド」『新渡戸稲造研究』12、2003 年、125-141 頁

渡辺克義編著『ポーランドを知るための 60 章』明石書店、2001 年
____『物語　ポーランドの歴史』中央公論新社、2017 年

ワッサースタイン、バーナード『ウクライナの小さな町——ガリツィア地方とあるユダヤ人一家の歴史』工藤順訳、作品社、2024 年

図版出典

特に注記のないものについては、筆者撮影の写真を除き、以下のものを用いた。
Wikimedia Commons.
Internet Encyclopedia of Ukraine: https://www.encyclopediaofukraine.com/
Urban Media Archive: https://uma.lvivcenter.org/en

地図出典

Wikimedia Commons

Magocsi, Paul Robert, *Galicia: A Historical Survey and Bibliographic Guide,* Toronto: University of Toronto Press, 1983.

あとがき

　全面侵攻直前の 2021 年 12 月、ポーランドの大学に留学中の筆者は
リヴィウに史料調査のため滞在していた。街中はクリスマスのお祝い
のため人であふれ、活気に満ちていた。よもやこの後にウクライナの
存亡のかかった大戦争が起きるとは思いもしなかった。もっとも、ウ
クライナはすでにその時点で、東部で 7 年もの間、ロシアとの戦争
を続けていたことは知られている。筆者がリヴィウを初めて訪れた
2015 年の時も、リヴィウの教会の壁一面に貼られた東部の戦没者の
遺影に衝撃を受けたことを覚えている。

　パブリブの濱崎誉史朗氏から著書の依頼を受けたのは、ロシアのウ
クライナ全面侵攻が開始されてから一年ほど経った時期であった。ガ
リツィアの複雑な領土や国制の歴史的変遷について概説してほしいと
いう依頼であったが、筆者には疑問があった。ロシアのウクライナ全
面侵攻を契機にウクライナに対する関心は日本でも高まったものの、
果たして日本の読者にガリツィアというマイナーな地域に対する関心
がどれほどあるのだろうか、と。

　しかし、筆者がその時、依頼を引き受けたのは、日本におけるウク
ライナに対する理解を少しでも深まり、現状を変えられれば、という
切迫した思いがあったからである。ウクライナ史関連の研究は、これ
まで日本でも少しずつ蓄積されてきたが、一般の読者がそれを知る機
会は多くない。1991 年の独立後、ウクライナ内外のウクライナ史研
究で特に進展したのが、ポーランドやハプスブルクなど、ロシアや旧
ソ連以外のヨーロッパ諸国とのかかわりであるだけに、それを日本に
紹介する意義は決して小さくないと筆者は考えている。そもそも、ポー
ランド人やユダヤ人との関係に配慮しつつ、焦点はウクライナ側に当
てたガリツィアの通史的な書物は、邦語はおろか、欧語でも未だほと
んどないのが現状である。そのため、本書の執筆は常に暗中模索の感

があり、試行錯誤の連続であった。

　筆者の本来の専門は、戦間期東ガリツィアのユダヤ史である。そのため、周辺のポーランド史はともかく、ウクライナ史については執筆当初、未知な部分が多かった。本書を書くきっかけをくださった、衣笠太朗さん（神戸大学大学院専任講師）にまず御礼を述べたい。2021年から2023年にかけてポーランドのヴロツワフ大学に留学中、多くの文献に触れられたことは幸いであった。筆者を受け入れてくださった同学の文献学部ユダヤ学科（Katedra Judaistyki）には深く謝意を表したい。また厳しい戦時中にもかかわらず、筆者に適切な文献を教授してくださったウクライナの先生方や文書館の方々、知人にも感謝したい。特にヤロスラウ・フリツァーク（Ярослав Грицак）先生、ヴラディスラヴァ・モスカレツィ（Владислава Москалець）先生、ナディヤ・スココヴァ（Надія Скокова）氏、オーリハ・コザチョク（Ольга Козачок）氏、並びに戦時中に筆者の滞在を許してくださったリヴィウの都市史センター財団（Центр міської історії / Lviv Center for Urban History）に感謝申し上げる。ウクライナに滞在した折は、平野高志さん（ウクルインフォルム）が本書に関してご相談にのり、原稿も一部見てくださるなど、感謝に堪えない。クラクフ滞在中は、永井今日子さんのご家族の方にお世話になり深く感謝したい。

　日本に帰国した後も、博論の執筆と並行して本書の執筆も続いた。刻々と変わる戦況とウクライナ市民の受ける被害を知り、気持ちが揺さぶられながらも、淡々と本書を書き継いでいくしか今できることはないと、己に言い聞かせてきた日々であった。日本で筆者の研究を常に支えてくださっている、指導教員の鶴見太郎先生（東京大学大学院准教授）にまず御礼申し上げたい。また、ガリツィア・ポーランド史に関しては佐伯彩氏（八戸工業高等専門学校助教）、軍事史に関しては荒井恵由氏（東京大学大学院修士課程）に、本書に関連する事柄で助言をいただいた。ウクライナ語の人名・地名表記については、ユリヤ・ジャブコ先生（茨城キリスト教大学准教授）が、お忙しいところ

確認してくださり、厚く御礼申し上げたい。編集者の濱崎誉史朗氏は、度々拙著の原稿に目を通し適切なコメントをくださった。また煩雑な本書の編集作業も一手に引き受けてくださり、感謝に堪えない。無論、本書の内容上の責任は筆者一人にある。

　本書は、一般向けの性格を持つが、専門家からの批判を受けることも予想できる。未熟な筆者には、勉強不足の部分や思わぬ誤解も多く、率直に批判を受け入れることで、後学に資すこととしたい。

あとがき

索引

アンドルホーヴィチ、ユーリー（作家）　24、368、369、370、371、
　372、377

ヴァイダ、アンジェイ（映画監督）　135、198、352、356

ヴァシレフスキ、レオン（政治家）　178、179、245、296

ウィルソン、ウッドロー（政治家）　218、226、227、228、236、251、
　252

ウクライナ国民共和国（東ウクライナ）　18、127、219、222、223、
　224、235、249、250、252、253、257、259、260、261、265、266、
　273

ウクライナ国民民主同盟（UNDO）　284、289、313、315

ウクライナ民族主義者組織（OUN）　9、10、19、24、284、285、
　286、287、288、289、291、298、304、313、319、320、321、323、
　327、328、331、335、336、337、338、339、341、352、376、383、
　385、387、390、400

ウクライナ蜂起軍（UPA）　15、19、335、400

ウクライノフィレ（ウクライナ派）　14、15、153、154、179、180、
　181、191、196、210、211、212、215

カジミェシュ三世（ポーランド大王）　8、32、43、44、45、46、47、
　57、71、96

カハネ、ダヴィド（ラビ）25、324、325、326、329、330、332、333、
　334

キューブリック、スタンリー（映画監督）　189

クーロン、ヤツェク（政治家）　372、373、375

ゴウホフスキ、アゲノル（政治家）　147、148、149、151

ゴシュチンスキ、セヴェリン（詩人、評論家）　130、135

シュペルバー、マネス（作家）　24、206、207、211、212、213、
　310、395

シェプティツィキー、アンドレイ（聖職者）　24、25、102、195、

196、197、208、209、211、222、223、226、227、229、231、238、241、242、243、251、253、255、262、267、273、274、287、288、299、314、330、331、332、338、341、352、361、362、378

ステパニウ、オレーナ（軍人）　19

スリピー、ヨシフ（聖職者）25、352、353、359、361、362

ソ連内務人民委員部（NKVD）　312、313、315、328、340

ダニーロ（ハーリチ・ヴォリーニ公、ルテニア王）　5、17、32、39、40、41、44、57

チョルノヴィル、ヴヤチェスラウ（ジャーナリスト、政治家）363、364、367

テレジア、マリア（ハプスブルク君主）　110、112、116、117

ドモフスキ、ロマン（政治家）191、217、218、228、232、244、251、262、266、272、399

ドンツォウ、ドミトロ（思想家）209、285、286、298、377

ナティオ　3、70、71、72、73、85、93、94、144

西ウクライナ国民共和国　5、9、17、18、27、52、55、61、230、231、236、244、248、250、257、258、260、271、274、277

日本通り（リヴィウ）　69

ネイション　27、71、136、142、144、156、181、221、227、278、279、398

パデレフスキ、イグナツィ・ヤン（ピアニスト、政治家）218、232、252

ハーリチ・ヴォリーニ公国　17、21、30、32、38、39、40、41、42、43、44、45、57、60、61、105、144

バンデラ、ステパン（活動家）15、24、286、319、320、321、327、335、336、337、338、339、341、376、377

ピウスツキ、ユゼフ（政治家）178、179、216、217、218、220、231、232、239、241、242、244、245、253、260、261、262、265、266、267、272、273、277、283、289、291

フメリニツィキー、ボフダン（軍人）　8、63、71、78、83、84、85、

索引

86、87、88、89、91、92、97、98、103、309

フランコ、イヴァン（作家、詩人）　24、136、137、156、164、177、179、180、181、182、186、191、195、197、287、299、312、363、394

ブラトゥニ、ロスティスラウ（詩人）　25、355、365、366

フリツァーク、ヤロスラウ（歴史家）　16、35、91、181、221、231、258、374、377、403

フルシェウシキー、ミハイロ（歴史家、政治家）180、211、222、223

フルシチョフ、ニキータ（政治家）311、312、336、340、345、355、369

フレドロ、アレクサンデル（劇作家）　134、135、196、350

ペトルシェヴィチ、イェウヘン（政治家）229、240、273、274

ホウフコ、タデウシュ（政治家）244、245、266、287、296

ミーゼス、ルートヴィヒ・フォン（経済学者）　115

メリニク、アンドリー（活動家）319、320、336、338

モスクヴォフィレ（ロシア派）153、154、180、191、210、212、215

ヨーゼフ二世（ハプスブルク君主）58、112、116、117

ヨーゼフ、フランツ（一世）（オーストリア・ハンガリー皇帝）146、147、165、169、184、185、201、228

ルソフィレ（ルテニア派）153、154、179、180、196、208、210、212、215、

レウ一世（ハーリチ・ヴォリーニ公）29、42、44

レヴィツィキー、コスティ（政治家）138、166、191、220、239、240、315

レム、スタニスワフ（作家）303、304、305、351、401

ロート、ヨーゼフ（作家）　4、14、24、49、182、183、184、185、372、391、401

安齋篤人 著

東京大学大学院総合文化研究科地域文化専攻博士課程
在学中。1993（平成5）年、茨城県生まれ。東京外国
語大学国際社会学部卒業後、東京大学大学院総合文化
研究科地域文化専攻修士課程修了。ポーランド政府奨
学金を受給し、ヴロツワフ大学留学(2021-2023年)。
専門は中東欧ユダヤ近現代史。

メールアドレス
anzai.atsuto@gmail.com

X(Twitter) 安齋篤人
@IET6gbtaEoV51Js

fb アカウント
Atsuto Anzai

境界地域研究第一巻

ガリツィア全史

ウクライナとポーランドをめぐる歴史地政学

2024年12月10日　初版第1刷発行
2025年6月1日　初版第2刷発行
著者：安齋篤人
装幀＆デザイン：合同会社パブリブ
発行人：濱崎誉史朗
発行所：合同会社パブリブ
〒103-0004
東京都中央区東日本橋2丁目28番4号
日本橋CETビル2階
03-6383-1810
office@publibjp.com
印刷＆製本：シナノ印刷株式会社